한국의   미술들

한국의   미술들

한국의 미술들   개항에서   해방까지

김영나   워크룸 프레스

서문

2018년 여름에 한 TV 방송국에서 방영한 「미스터 션샤인」은 높은 시청률을 올린 인기 드라마였다. 구한말 격동기를 배경으로 펼쳐지는 이 드라마는 신미양요 때에 어린 노비로 미군 군함을 타고 떠났다가 돌아온 미군 장교, 의병 활동을 하던 사대부의 딸, 일본의 로닌(浪人)이 된 백정의 아들, 일본 유학을 다녀온 양반의 아들, 그리고 서양식 호텔을 운영하는 여성의 이야기이다. 그런데 드라마의 포스터가 흥미로웠다. 인물들이 각각 한복, 서양식 드레스나 양복, 미군 군복, 그리고 일본 기모노를 입고 등장하기 때문이다. 드라마이기는 하지만 이런 다양한 문화의 의상을 입은 인물들이 등장할 수 있다는 것은 그만큼 이 시대의 문화가 혼성화되어 전통과 신식이 공존하던 시기였음을 시사한다.

근대(近代)는 단순히 가까운 과거를 의미하는 것만은 아니다. 근대라는 용어에는 전(前) 시대와 분명히 구분되는 새로움이 내포되어 있다. 근대는 서구에서 시작되었고 근대성과 근대미술은 글로벌한 현상이었지만 그 전개 과정은 지역마다 달랐다. 한국 근대미술의 기점도 보는 시각에 따라 다를 수 있지만 이 책에서는 그 서막을 동아시아의 문화권에서 벗어나 국제사회에 발을 내디디는 1880년대부터 서술했다. 서구 국가들과 수교를 맺는 1880년대부터 일제강점기가 막을 내리는 1945년까지의 시기는 서양 문화가 동아시아 국가에 밀려오면서 세계 질서가 새롭게 재편되던 시기였다. 서양 문화의 도입과 수용으로 생활과 사고방식에 큰 변화가 나타나면서 근대미술은 회화, 조각과 같은 순수미술에서보다는 생활과 밀접한 관련이 있는 건축, 사진이나 인쇄 매체의 새로운 시각 미술에서 시작되었고 점차 화단으로 확산하게 된다.

일제강점기에는 식민주의와 함께 일본 문화가 침투해 들어왔다. 일본은 전람회, 박물관 등의 공적 기관이나 사진이나 인쇄 매체를 통해 조선인의 문화 정체성을 만들어 내려고 했다. 한국의 근대미술을 국내에서의 활동뿐 아니라 일본, 서양의 미술과 문화의 흐름과 연계해서 보아야 하는 이유가 이러한 역사적 배경에 있다. 동양과 서양, 전통과 근대성, 식민주의와 민족주의, 개인과 군중이 공존하던 이 혼성의 시기에 미술가들은 어떻게 표현하고 활동했는지, 또 당시의 문화 정체성은 무엇이었는지를 조명하는 것은 미술사학자의 도전이기도 하다. 이 책은 바로 이러한 문제의식을 가지고 1880년대 개항에서 1945년 해방까지의 한국 근대미술에 대한 서술로, 해방 이후부터 2010년까지의 미술을 서술한 『1945년 이후 한국 현대미술』(2020)의 전편이다.

이 책은 그동안 근대미술을 연구하면서 그 격동하는 역사적, 사회적 배경 속에서 서술한 개설서가 있었으면 했던 아쉬움에서 쓰기 시작했다. 지난 20-30년간 근대미술 연구는 그동안 주가 되었던 회화에서부터 삽화, 전시, 제도 등으로 확장되었고, 주요 작가들의 카탈로그 레조네 구축, 구술 채록, 개인 소장품 조사 등이 진행되고 있지만 아직도 개개 미술가의 생애사, 제작 연대, 작품 제목 등에서 불확실한 부분이 남아 있다. 미진한 부분의 연구가 더 진전되어야 함을 인정하면서도 이제 대학에서도 근대 한국미술사 과목이 개설되고 있어, 세계미술사 속에서 한국 근대미술의 흐름을 서술할 필요가 있다고 생각했다. 이것을 목표로 이 책에서는 이제까지의 근대미술이 주로 회화, 조각 중심으로 서술되었던 점을 보완해 건축, 공예, 사진, 전시, 수집 부분을 첨가했다. 책의 제목을 '한국의 미술들'이라고 한 것도 이러한 이유에서이다.

이 책이 출판되기까지 많은 분의 도움이 있었다. 원고를 읽어 주고 많은 조언을 아끼지 않은 목수현, 권행가, 박은영, 김인혜, 김승익에게 특별한 감사를 드린다. 1990년에 일본 국제교류기금의 펠로로 도쿄에 있을 때와 그 후에도 동료 연구자로 교류했던 미술사학자 하야시 요코(林洋子), 야마나시 에미코(山梨繪美子), 오무카 도시하루(五十殿利治)에게도 감사드린다. 이제까지 제대로 고마움을 표현할 기회가 없었던 것 같다. 책의 출판 과정에서 도판을 제공해 준 국립중앙박물관, 국립현대미술관, 리움미술관, 그리고 여러 다른 미술관이나 기관, 그리고 유족에게도 게재 허가를 내 주신 데 대해 감사드린다.

근대미술의 서막

19세기 후반 500여 년의 역사를 지닌 조선 왕조는 근대화한 서구 열강과 동아시아의 급격한 관계 변화 속에서 전통을 고수하려는 세력과 개혁을 추구하는 움직임이 충돌하는 혼란을 겪고 있었다. 서구 강국들은 산업혁명을 거치면서 물질문명과 기술의 획기적인 발전을 이룩하였고 새로운 자원과 시장을 찾아 아시아, 오세아니아, 그리고 아프리카 등지로 뻗어 가면서 제국주의적 야심을 드러내기 시작하였다. 오랫동안 중국, 일본과 함께 동아시아 문화권에 안정적으로 속해 있던 조선도 시시각각 달라지는 세계정세에 직면하게 되었다. 1868년의 메이지 유신으로 서양 문물을 적극적으로 받아들여 근대화한 일본과 달리 조선의 통치 세력은 여전히 시대적 변화를 파악하지 못하고 있었다. 조선의 문호 개방을 호시탐탐 노리던 서구 열강과의 대립은 여러 번 일어났다. 1866년 미국의 상선 제너럴셔먼호가 대동강에 정박한 후 관민과 충돌한 사건이나, 같은 해 프랑스 군함이 프랑스 가톨릭 신부의 처형에 항의하여 강화도를 점령하고 외규장각을 불태우면서 의궤 300권을 강탈한 병인양요, 그리고 1871년 미국 군함이 강화도를 공격한 신미양요 등이 이러한 사건들이었다. 이를 모두 물리친 대원군은 서양은 야만이라는 생각을 더욱 굳히고 곳곳에 척화비를 세우고 강경한 쇄국정책을 고집하였다. 그러나 1873년 대원군이 정계에서 물러나고 고종(1852–1919)의 친정이 시작되면서 조선 왕조의 대외 정책은 개방으로 방향을 수정하게 되었다.

고종은 부국강병을 앞세워 서양의 문물을 긍정적으로 받아들이려고 했다. 1876년에 일본과 맺은 조일수호조규(병자수호조약, 또는 강화도 조약)를 시작으로 1882년에는 미국과 조미수호통상조약을 맺고, 1883년 영국과 독일, 1884년 이탈리아와 러시아 등 1902년까지 총 11개국과 조약을 체결했다. 문호가 개방되자 외교관, 선교사, 여행가,

화가, 교육자 등 많은 외국인이 이국에 대한 호기심에서나 선교를 목적으로, 또는 정보 수집을 이유로 조선을 찾았다. 서양 문화와 문물도 대거 들어오게 되었다. 국제조약에 따라 개방된 인천, 부산, 원산 등의 개항장에는 이제까지 보지 못한 서양의 경이로운 물건들이 수입되고 있었다.

왕실은 사회, 정치적 변혁을 통해 개화 정책을 펴기 시작했다. 고종은 일본에 조사시찰단(朝士視察團)을 보내고(1881), 청나라에는 영선사와 청년 학도들을(1881), 그리고 미국에 조선보빙사(1883)를 파견하여 교육, 문화, 산업, 군사 시설을 견학하고 근대 문명에 대한 지식을 얻고자 했다. 그뿐만 아니라 1882년에서 1908년까지 서구인을 200명 가깝게 초빙해 교육, 법률, 산업 등 여러 분야에서 서양식 시스템으로 쇄신을 꾀하고 혁신된 기술을 도입하고자 했다.[1] 정부 조직도 새롭게 정비해 1880년에 외교와 통상 업무를 주무로 하는 통리기무아문(統理機務衙門)과 통상사(通商司)를 설치하고, 1883년에는 서양식 기계를 담당하는 기무국(機務局), 조폐 기관인 전환국(典圜局), 출판 기관인 박문국(博文局) 등을 설립하였다. 1894년의 갑오개혁은 군국기무처(軍國機務處)를 개혁 추진 기구로 설치해 노비 제도 등 신분제를 폐지하고, 공식 문서에서 국한문 혼용이나 한글을 사용하게 했으며, 교육 개혁을 통해 소학교를 비롯해 사범 학교나 외국어 학교 등을 설립하는 등 폭넓은 변화를 이끌어 냈다.

고종은 그러나 일본이 청일전쟁(1894–1895)에서 승리하고 명성황후 시해 사건(을미사변, 1895)을 일으키자 신변에 위협을 느껴 일본을 피해 러시아 공사관으로 1년간 피신하게 된다. 1897년 경운궁(慶運宮, 현 덕수궁)으로 거처를 옮긴 고종은 국호를 대한제국으로 선포하고 황제에 등극했다. 이것은 일본, 중국, 러시아의 압박을 이겨 내고 대내외에 대한제국이 자주 독립국임을 알려 황제의 권위와

위상을 높이기 위함이었다. 그는 황실의 계보를 정비하고
궁궐 개축 사업을 펼쳤으며, 1899년부터는 태조 및 자신의
어진(御眞) 제작을 추진했다. 근대국가로서 갖추어야 할
시각적 상징물, 예를 들면 태극기, 군기(軍旗), 왕실을 상징하는
이화문(李花紋)을 사용한 우표나 화폐, 훈장 제도 등을 도입한
것도 이때였다.[2]

　　이러한 노력에도 불구하고 고종은 개화에 대한 확실한
비전이나 리더십을 보여 주지 못했고 대한제국 정부는
밀려오는 제국주의의 압박과 정치적 격변을 이겨 내기에는
역부족이었다. 일본은 청일전쟁과 러일전쟁(1904–
1905)에서 승리를 거둔 후 더 이상 주변 국가를 의식하지
않았고 1905년에는 대한제국 정부에 을사조약을 강요하고
감독 기관인 통감부를 설치하였다. 5년 후인 1910년에는
이완용(李完用, 1858–1926) 총리대신과 3대 통감이었던
데라우치 마사타케(寺內正毅, 1852–1919)가 한일병합에
합의하고 8월 22일 순종(1874–1926) 황제는 일체의 통치권을
일본 천황에게 양도하는 병합조약에 강제로 조인하게 된다.
결국 518년간 지속한 조선과 대한제국은 주권을 잃고 식민지가
되었다. 고대에서부터 오랜 역사를 거쳐 오면서 문화를
일본에 전해 주었다고 자처하던 한국인에게 식민 통치는
크나큰 치욕이었다. 수많은 일본인이 조선으로 들어왔고
그들의 자녀를 위한 학교가 곳곳에 세워졌으며 일본인 상가가
즐비하게 늘어서기 시작했다.

　　격동하는 사회 정치적 변화 속에서 서양 문물의 수용은
거스를 수 없는 흐름으로 나타났고 미술에서도 마찬가지였다.
서화(書畵), 상(像), 도자(陶磁) 등의 전통적인 구분이 1880년대
들어 미술이라는 용어로 묶이기 시작했다. 미술은 일본이
1873년에 오스트리아 빈에서 열릴 예정이던 만국박람회의
출품 요강에서 독일어 'Kunstgewerbe'(응용미술)를 번역한
용어였다. 미술은 독일어 'schöne Kunst'(순수미술)나 프랑스어
'beaux-art', 영어의 'fine art'의 번역어로도 사용되었다.
조선에서 이 용어가 처음 등장한 것은 1881년에 일본에
갔던 조사시찰단의 기록에서이다.[3] 처음에는 '미'(美)보다는
'술'(術)의 가치가 강조되어 물건 제조 및 공업과 산업의 연관
속에서 실용적인 기술로 인식되었다. 심미적 가치가 실용적
가치에 우선하게 되고, 미술은 개인의 창조적인 작업이라는
오늘날과 같은 의미로 서서히 자리 잡게 된 것은 1910년대
이후였다.

　　이 새로운 개념의 근대미술의 기점은 보는 관점에 따라
서양 각국과 통상조약을 맺고 서양 문물을 수용하는 1880년대,
정치, 사회의 개혁을 내세운 갑오개혁(1894), 유화가들이
등장하는 1910년대, 본격적인 화단과 전시가 성립되는
1920년대 등 다양한 설이 제기되었다. 이 글에서는 회화나

1
이원순, 「한말 고빙구미인 종감:
외국인고빙문제 연구 서설」(韓末
雇聘歐美人 綜鑑: 外國人雇聘問題 研究 序說),
『한국문화』, 10권(1989): 306, 전문은
241–307. 외국인 고빙은 조선이 직접
초청한 경우보다 청나라나 구미 각국의
추천에 의해 이루어진 경우가 많았고,
이들 중에는 내부 실정을 노출하고 자국의
이익을 위해 일한 인물들도 많았다.

2
이 부분에 대한 연구로는 목수현,
『태극기 오얏꽃 무궁화: 한국의 국가 상징
이미지』(서울: 현실문화 A, 2021) 참조.

3
박정양, 「농상무성사무장정」
(農商務省事務章程), 『일본국농상무성
각국규칙 1』(日本國農務省各局規則 一,
奎2450–1), 『조사시찰단관계자료집』,
허동현 편, 2권(서울: 국학자료원, 2000),
30; 정호경, 「한국 근대기 '미술' 용어의
도입과 그 제도적 인식: 개항기 박람회
경험을 중심으로」, 『현대미술사연구』,
26집(2009): 9에서 재인용.

조각과 같은 순수미술에서보다 생활과 밀접한 관련이 있는 건축, 사진, 인쇄 매체 등에서 새로운 변화가 먼저 나타나는 1880년대를 그 서막으로 보고자 한다.

근대 도시경관과 건축

근대적 변화가 먼저 보이기 시작한 것은 도시 경관이었다. 도시의 물리적 변화가 사람들에게 주는 근대의 경험은 회화, 조각에서보다 훨씬 강력한 것이었다. 오랫동안 목조 건축을 주거 양식으로 삼았던 조선의 도시들은 거의 기와집과 초가집 일색이었다. 정부는 근대 도시의 면모를 갖추기 위해 한성(漢城, 일제강점기의 경성, 현 서울)의 상점들을 재정비했으며, 1896년에는 도시 개조 사업을 벌여 육조거리를 확장하고, 임시 건물을 철거해 길을 넓히는 등 도로를 정비하기 시작했다.[4] 탑골공원과 같은 근대적 도시의 휴식 공간을 만들었을 뿐 아니라 1899년에는 서대문에서 청량리까지 8킬로미터를 달리는 전차도 개통되었다. 한성의 모습은 1880년대부터 외국인이 들어와 거주하고 영사관과 같은 외교 사절들의 공관이나 학교, 성당과 같은 건물을 서양식으로 짓기 시작하면서 변하고 있었다. 초기의 양풍 건축은 모두 서양 건축가들에 의해 설계되었다. 이들은 이미 일본, 중국, 그리고 동남아시아에서 벽돌, 서양식 기둥, 베란다 등을 사용해 토속적인 건축과 서양식을 혼합해 지은 경험이 있는 유럽과 미국의 기술자들이었다.

유럽과 미국 등 각국의 공관이나 거류지는 정동을 중심으로 이루어졌다. 정동에는 당시 외교관이나 조선 관료가 어울리던 사교 클럽인 정동구락부도 있어 사적인 정치 외교의 중심이기도 했다. 이 무렵에 건립해 현재 남아 있는 건물은 영국 공사관(1890–1892, 현 주한영국대사관)으로 영국 건설부 산하 상해건설국의 책임 건축가였던 건축기사 마셜(Francis Julian Marshall, 1833–1914)의 설계로 지어졌다.[5] fig. 1 적벽돌을 재료로 하면서, 장식적인 요소를 배제하고 둥근 아치를 반복적으로 사용한 아케이드와 베란다가 있는 영국 공사관의 건축은 당시 서양식 건물들이 즐비하게 들어선 상하이를 비롯한 중국의 항구 도시에서 흔히 보이는 양식이었다. 이외에도 바로크 양식의 경사진 지붕이 특징인 프랑스 영사관(1897), 러시아인 사바틴(Afanasy Seredin-Sabatin, 1860–1921)이 맡아서 진행한 러시아 공사관(1895)도 그 대표적인 외교 공관이었다. 사바틴은 러시아에서 해양 전문학교와 예술 아카데미를 졸업하고 상하이를 거쳐 1883년에 조선에 온 인물로, 정식 건축 교육을 받지는 않아 처음에는 인천해관 소속으로 부두 축조나 조계 측량 등에 관여했으나 그 후 건립된 여러 건축물에 참여한 것으로 알려진다.

1886년 조불수호통상조약 이후 종교적 자유가 허용되자 가톨릭이나 개신교 교회에서 교육이나 의료, 또는 선교를 위한 건물을 앞다투어 짓기 시작했는데 주로 자국의 영사관이나 공사관 건물이 있는 정동 근처였다. 종교 건축은 선교사들이 직접 설계한 경우가 많았다. 미국인 감리교 선교사 아펜젤러(Henry G. Appenzeller, 1858–1902)가 1885년에 두 명의 학생으로 시작한 배재학당은 1887년에 벽돌 건물로 건립되었다. fig. 2 건축 재료로 벽돌을 수입해 지은 이 건물은 좌우 대칭적인 구조와 아치형 창문을 이용한, 학교 건물로는 첫 양풍 건축이었다. 배재학당에는 교탁과 책상을 갖춘 강의실이 있었고, 영어와 성경 외에 수학 등 다른 과목도 가르쳤다고 한다. 아펜젤러가 건립한 또 다른 건물은 정동제일교회(1897)다. 처음에 남자들은 아펜젤러의 한옥 사택에서, 여자들은 1886년에 파송된 선교사 메리 스크랜턴(Mary F. Scranton, 1832–1909)의 집에서 예배를 보았으나, 점점 교인의 수가 늘어나자 벽돌로 교회를 새로 지었다. 정동제일교회는 장식을 배제하고 평천장을 사용했지만 뾰족한 아치형 창문과 종탑부 등 고딕 양식을 혼합했다. 이 교회는 일본인 요시자와 토모타로(吉澤友太郎)가 설계하고 궁중도편수였던 심의석(沈宜錫, 1854–1924)이 시공했다. 전통 목수의 마지막 세대였던 심의석은 원래 무과에 급제하고 여러 왕실 건축 사업에 참여했던 인물로, 당시 정동구락부에 드나들고 선교사들과 교류하면서 서구 문화를 접할 수 있었던 개화기의 첫 건축가라고 할 수 있다.

성당 건축은 주로 파리 외방전교회에 소속된 성직자들에 의해 주도되었는데 고국 프랑스에서 흔히 볼 수 있는 로마네스크와 고딕 양식을 변형시킨 형태를 선호했다.[6] 1784년에 이승훈(李承薰, 1756–1801)이 북경에 사신으로 갔다가 그곳의 서양 선교사에게 영세를 받고 귀국하면서 시작된 한국의 천주교는 곧 프랑스 신부들이 내한하면서 교세를 확장하였으나 최초의 천주교 사제 김대건(金大建, 1821–1846)이 1846년에 처형당하는 등 박해를 받았다. 이후 종교의 자유가 인정되면서 로베르(Achille Paul Robert, 1853–1922) 신부가 세운 대구의 계산동성당(1901–1902), 그리고 1898년에 코스트(Eugène Jean Georges Coste, 1842–1896) 신부가 설계한 종현성당(현 명동성당) 등이 그 대표적인 예이다.

당시 한성에서 가장 높은 건물이었던 종현성당은 이 도시의 낮은 기와집들의 스카이라인을 무시하고 지은 건축물이었다. fig. 3 이 성당을 설계한 코스트 신부는 1874년부터 홍콩, 싱가포르, 중국, 일본에 있다가 1885년에 한국에 와 조선교구 당가부(唐家部)에서 건축 일을 담당하고 있었다. 종현성당은 라틴십자 형태로 뾰족한 아치, 교차 궁륭, 높은 채광창 층, 색유리 등 고딕 성당의 외형을 본받았다.

4
이태진, 「1896–1904년 서울
도시개조사업의 주체와 지향성」,
『한국사론』, 37호(1997): 181–206.

5
상해건설국은 중국, 일본, 한국의 공사관
건물 건설을 담당하던 조직이었다.
영국 공사관 건축에 관한 연구로는
김갑득·김순일, 「구한말 서울 정동
영국 공사관의 건립에 관한 연구」,
『대한건축학회논문집』, 18권, 통권
168호(2002): 131–138.

6
남호현, 「외국인 선교사와 건축 활동」,
김윤수 외, 『한국미술 100년』(파주:
한길사, 2006), 28.

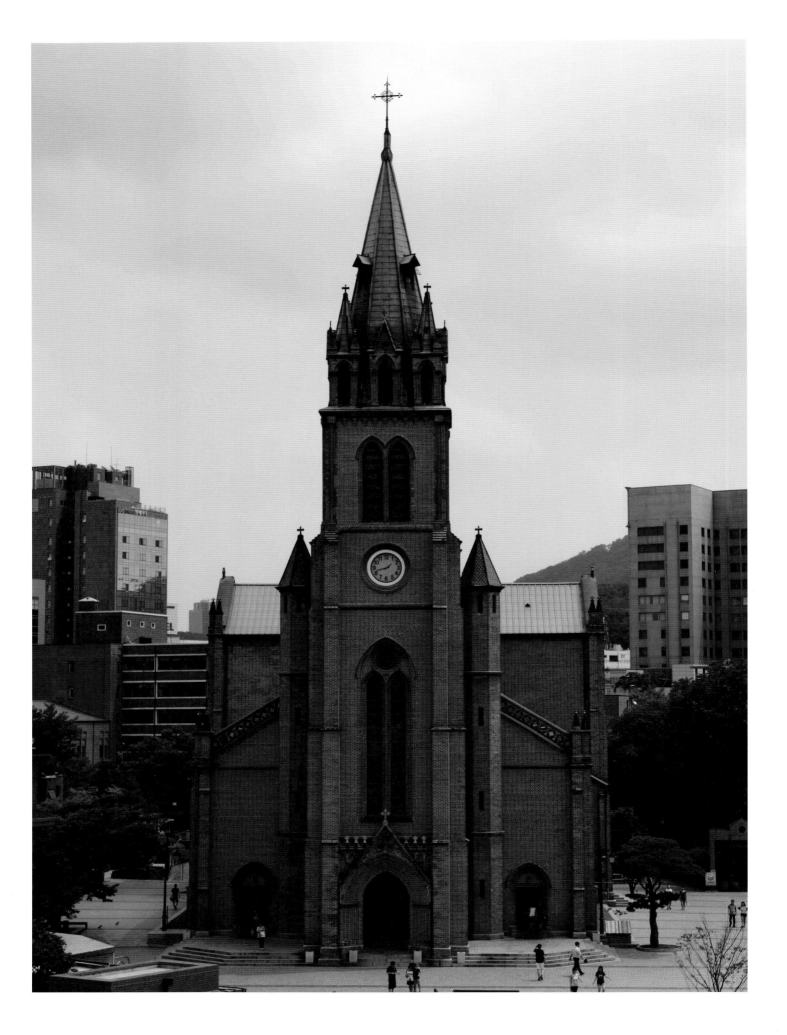

내부 역시 측랑(側廊), 신랑(身廊, 또는 회중석), 익랑(翼廊)의 구분이 확실했다. 주로 석조인 프랑스 고딕 성당들과 달리 코스트 신부는 국내에서 직접 벽돌을 생산해 쌓아 가는 기법을 사용하고자 했다. 그러나 벽돌의 크기가 다양하고 천장은 원칙적으로는 교차 궁륭의 구조로 볼 수 없다는 점에서 종현성당은 고딕 양식을 조선의 상황에 맞게 변형시킨 건축이라고 할 수 있다.

그 후 전주에 전동성당이 프와넬(Victor Louis Poisnel, 1855–1925) 신부의 설계와 보두네(François Xavier Baudounet, 1859–1915) 신부의 주도로 1914년에 완성되었다.fig.4 이 성당이 세워진 장소는 천주교가 박해를 당할 때 신자들이 처형된 곳으로 천주교 역사에서 의미 있는 곳이었다. 실내에는 열주를 사용하고, 천장은 반원형 궁륭을, 외부에 보이는 부벽과 둥근 아치형 창 등을 사용한 전동성당은 대체로 로마네스크 양식이라고 말할 수 있다. 종탑부의 돔이 비잔틴 양식에서 왔다는 점도 흥미롭다.

강화도에 있는 대한성공회 강화성당fig.5은 심의석이 고종의 허락을 받아 지었다고 알려졌는데 서양 성당의 토착화된 형태를 보인다. 강화성당은 사찰의 가람 배치를 응용했고 성당 내부는 신랑과 측랑의 구별이 뚜렷한 바실리카 형태와 평천장을 사용했다.fig.6 2층 구조에 팔작지붕을 갖춘 이 성당은 사찰의 '대웅보전'(大雄寶殿)의 현판이 있어야 할 장소에 '천주성전'(天主聖殿)이라는 현판을 달았고 지붕 꼭대기에는 십자가를 꽂았다. 1889년 코프(Charles J. Corfe, 한국 이름 고요한, 1843–1921)가 영국에서 조선 주교로 서품을 받으면서 시작한 대한성공회는 7년 뒤인 1896년 6월 강화에서 조선인 신자에게 세례를 주었고, 4년 후에는 트롤로프(Mark N. Trollope, 1862–1930) 신부가 강화읍을 내려다보는 견자산에 이 성당을 세웠던 것이다.

교회와 성당 건축이 대부분 로마네스크나 고딕 양식을 따랐다면 대한제국 정부 주도로 지어진 양풍 건축은 르네상스나 바로크의 고전주의 양식에서 영감을 받았다. 고종이 1897년부터 경운궁을 정궁으로 사용하면서 궁 안에는 여러 양풍 건축이 들어서고 있었다. 대부분이 기와 한옥인 가운데 양관(洋館)으로 구성헌(九成軒, 1899년 이전), 정관헌(靜觀軒, 1900년경), 돈덕전(惇德殿, 1901년 추정), 중명전(重明殿, 1899년에 건립한 수옥헌[漱玉軒]이 화재로 소실되자 1901년 재건) 등이 들어섰는데 유달리 눈에 띄게 화강암으로 지어진 석조전(石造殿)fig.7은 황제와 황후가 거처할 신고전주의적 서양식 궁전이었다.

석조전은 국가 재정 전반을 관장하던 탁지부(度支部) 고문이었던 영국인 존 맥리비 브라운(John McLeavy Brown, 1835–1926)이 발의해 1897년에 설계가 시작되었고 1910년

준공되었다. 당시 상하이에서 활약하던 영국 건축가 하딩(John Reginald Harding, 1858–1921)이 설계하고 심의석이 참여한 석조전 건축은 대한제국 황실을 상징하는 오얏꽃 패턴을 중앙 박공에 부조로 조각하고 발코니를 곁들였으며, 대칭과 비례를 중요시했다. 접견실과 홀의 실내도 르네상스와 바로크 양식이 혼합된 고전주의를 따랐다. 지하 1층에는 부엌, 부속 시설, 그리고 시중들의 공간, 1층에는 접견실과 식당, 2층에는 황제와 황후의 침실이 들어섰는데 왕의 침소와 업무 공간을 분리하지 않고 같은 공간에 둔 것은 과거의 궁궐과 다른 점이었다. 석조전의 실내 장식은 영국인 로벨(Richard Goulburn Lovell, 1861–1937)이 담당해 전체적인 색조는 흰색을 주조로 황금색을 가미하였고, 카펫이나 커튼, 가구 등은 영국의 메이플 회사(Maple & Co.) 등에서 조달한 수입품으로 꾸며 격조 있는 분위기를 보여 주었다.[7] fig.8 석조전에 적용된 신고전주의는 19세기 서구의 관공서나 미술관 건물에 유행하던 양식으로 마치 신전과 같은 고고함과 위엄, 안정감을 준다. 고종이 이러한 양풍 건축물을 허락한 것은 근대 국가 건설을 지향한 대한제국의 황제로서 제국의 위용을 세우고자 했기 때문이다.[8] 그러나 석조전이 완공된 것은 1910년으로 이때는 이미 고종이 1907년 순종에게 양위하고 난 후였다. 경운궁은 장수를 기원하는 의미의 덕수궁(德壽宮)으로 명칭이 바뀌었고, 고종은 세상을 떠나는 1919년까지 이곳에 머물렀다.

고종은 자신이 근대적이면서 서양 문화에 개방적임을 보이고자 했다. 언급한 대로 덕수궁 안에는 석조전 외에도 정관헌, 순종의 거처로 사용했다고 알려진 구성헌, 황실 도서관으로 사용하던 중명전, 그리고 외국 사절을 접견하고 연회를 베풀던 돈덕전 등 서양식 건물이 여럿 있었다.[9] 기둥과 아치를 사용하고 대칭 구도를 한 중명전은 기본적으로 고전주의의 비례와 균형을 보이면서도 베란다를 사용하는 등 새롭게 동아시아적으로 변형된 건축이라 할 수 있다. 현재 남아 있는 정관헌fig.9도 서양식 정자이면서 한국적 요소가 섞여 있다. 역시 베란다를 사용하고 내부에는 붉은 벽돌과 서양식 기둥을, 외부는 목조와 구리를 사용했고, 철제 난간에는 전통에서 온 소나무나 사슴 문양을 넣었다. 지붕은 서양식이라기보다 한옥의 팔작지붕에 더 가깝다. 설계는 사바틴 혹은 미국인 토목 기술자였던 존 헨리 다이(John Henry Dye, 1833–1906)가 한 것으로 추정된다.[10] 화려한 장식의 난간을 설치한 정관헌에서 고종은 프랑스, 영국, 중국, 일본 등에서 수입한 가구나 식기, 화병 등을 사용해 다과를 들거나 연회를 베풀기도 했다.

이 무렵 활동한 사바틴이란 인물은 관심을 끈다. 그는 러시아 공사관의 건축가로 알려졌는데 구성헌, 중명전, 돈덕전의 건립에 모두 관여한 것으로 추정되며 이후 손탁

7
석조전의 실내 공간과 장식에 대해서는 최지혜, 「한국 근대 전환기 실내공간과 서양 가구에 대한 고찰: 석조전을 중심으로」(박사 논문, 국민대학교, 2018) 참고.

8
안창모, 『덕수궁: 시대의 운명을 안고 제국의 중심에 서다』(파주: 동녘, 2009), 175–185.

9
『1883 러시아 청년 사바틴, 조선에 오다』, 전시 도록(문화재청, 2020), 81.

10
같은 책, 83.

fig. 5
대한성공회 강화성당, 1900.
출처: 문화재청, 2015년 촬영.

fig. 6
대한성공회 강화성당 내부.
출처: 문화재청.

fig. 7
덕수궁 석조전, 1910. 출처:
서울역사아카이브, 1938년 이전 촬영.

fig. 8
석조전 1층 내부.
출처: 서울대학교박물관.

fig. 9
사바틴 혹은 존 헨리 다이가 설계한
덕수궁 정관헌, 1900년경.

fig. 10
사바틴이 설계하고 심의석이 시공한
독립문, 1897, 유리건판. 국립중앙박물관
소장.

호텔(1902)도 설계했다. 서양의 개선문을 연상시키는 독립문fig. 10도 사바틴의 설계와 심의석의 시공으로 1896년에 착공해 1897년에 세워졌다고 한다.[11] 심의석은 서양의 조적조(組積造, masonry structure) 기술로 석재를 올렸다. 자주 독립의 시대적 열망을 나타내는 독립문은 원래 무악재를 넘어 한양 도성으로 들어오는 중국 사신들을 맞이하던 모화관(慕華館) 옆의 영은문(迎恩門) 자리에 세워졌다. 독립문에서 의미하는 '독립'이란 1894년 청일전쟁에서 패한 청국이 물러나면서 청국에의 종속에서 벗어나 근대적 자주국을 지향하려는 의지를 보여 준다.

독립문은 1895년 미국에서 귀국한 서재필(徐載弼, 1864-1951)이 주도하던 독립협회가 기금을 모아 완공한 것으로 알려졌으나 그가 1896년 6월 20일 자 『독립신문』의 영문판인 『인디펜던트』(The Independent)에 독립문의 건립을 고종이 승인했다고 밝히고 있고 왕태자 명의로 1,000원이 하사된 것을 보면 왕실의 의지가 독립협회를 통해 추진된 것으로 볼 수 있다.[12] 독립문은 서재필이 가지고 있던 화첩에 수록된 파리의 개선문을 모델로 한 축소판이었다고 한다.

1905년 을사늑약 이후 일본이 사실상 실질적인 통치를 하고 여러 근대적 관공서 건물들을 건립하면서 건축 기술자와 관리자가 필요하게 되었다. 이때 주도적인 역할을 한 기구는 1906년에 설립된 탁지부 건축소였고 거의 일본인 관리와 고급 기술자로 구성되었다. 그러나 신기술을 습득한 건축 기술 인력이 필요함을 느끼게 되면서 1907년에 관립공업전습소를 설립했다. 2년제의 이 전습소에는 처음에는 도기, 염직, 목공, 금공, 응용화학, 토목 등 여섯 개 과가 있었는데 1910년에 토목이 폐과되었다. 근대적 건축을 담당할 수 있는 기술자는 목공과의 조가(造家) 분야에서 양성했다. 전습소는 1909년에 첫 졸업생을 배출했고 이들은 관공서 등에서 일을 시작하게 된다.

공업전습소에서 건축 기술자들을 양성하기는 했지만 본격적인 건축가 양성은 1916년에 세운 경성공업전문학교에서였다고 보는 것이 타당할 것 같다. 경성공업전문학교에는 건축과, 토목과, 염직과, 요업과, 응용화학과가 있었는데 1922년에 경성고등공업학교(후일 서울대학교 공과대학)로 개칭했다. 1945년까지(1945년 당시 재학생 포함) 이 학교의 405명의 졸업생 중 한국인은 63명이었으며 그 첫 번째가 1919년에 졸업한 박길룡(朴吉龍, 1898-1943)과 이기인(李起寅)이었다. 박길룡은 1932년에 건축사무소를 개설하면서 대표적인 1세대 건축가로 활약했다. 그런데 최근 나고야 고등공업학교 출신의 이훈우(李薰雨, 1886-1937)가 조선총독부 토목국의 영선사 소속으로 일하다 1920년 이훈우 건축공무소를 개업했다는

사실이 밝혀졌다.[13] 그의 건축물은 현존하지 않지만 천도교 대신사출세백년기념관(大神師出世百年紀念館, 1924)을 비롯해 보성고등보통학교, 조선일보사 평양지국 사옥을 설계한 것으로 알려진다. 건축가들은 이제 설계, 구조 및 건축적 미에 대한 지식을 갖춘 전문가로서의 정체성을 가지고 손 기술과 경험으로 일하던 전통적인 목수를 점차 대체하게 되었다.

1910년 일본의 식민정치가 시작된 이후에는 총독부의 주도로 식민지 경영을 위한 기본적인 근대 시설들이 경성에 속속 들어섰다. 일본은 경성의 중심부에 제국을 상징하는 물리적인 공간을 만들려 하였다. 남대문통(남대문로)을 중심으로 돌과 벽돌로 지어진 장중한 관공서 건물들이 들어서면서 태평통(태평로), 하세가와초(소공로), 메이지초(명동)가 주축이 되었다. 주요 건축물로는 동양척식주식회사(1911), 조선은행(1912), 경성우체국(1915), 경성역(1925), 경성부청(1926) 등을 들 수 있다. 거의 일본 건축가들이 설계한 건물이지만 다수가 서양 국가들이 아시아의 식민지에 많이 지었던 공공 건물의 전형적인 양식을 따랐는데, 중심에 돔이나 탑 같은 형태를 사용해 시선을 중앙에 집중시켰다.

이렇게 양풍 건축물이 들어서면서 건축 구조의 개념과 재료도 달라졌다. 전통적인 목조 건축의 내부 공간은 방의 용도에 맞춰 설계되지 않았지만, 서양식 건축은 내부 구조와 공간이 기능에 따라 달리 설계됐다. 재료도 벽돌이나 국내에서 많이 생산되는 화강석을 이용하고 유리를 제조하기 시작했으며, 서양식 가구, 카펫, 벽지 등은 세창양행이나 다른 외국 상점 등을 통해 수입하거나 1900년 이후 이미 많이 들어와 있던 일본인 가구점들에서 구입할 수 있었다.

공공 건물 중 가장 큰 역사는 1926년의 조선총독부 청사였다.fig. 11 일본은 원래 남산에 통감부 건물을 지었으나 사무 공간의 부족으로 경복궁에 새로 총독부 건물을 짓기로 계획을 세웠다. 1912년 총독부 직속인 총독관방 산하에 토목국을 신설하고 신축 공간을 확보하기 위해 조선 왕조의 본산이던 경복궁의 전각 19채, 대문과 중문 22개, 당(堂) 45개 등을 해체하였다. 총독부가 의뢰한 건축가는 도쿄에 거주하면서 경성에 조선호텔을 설계하던 게오르크 데 랄란데(Georg de Lalande, 1872-1914)였다. 그러나 그는 설계를 완성하지 못한 채 1914년에 세상을 떠났고 결국 대만총독부 설계자 노무라 이치로(野村一郎, 1868-1940?), 조선총독부 건축기사 구니에다 히로시(國枝博)와 한국인으로는 유일하게 박길룡이 참여하여 1926년에 완공했다.

건축 면적 약 7,000평방미터, 연면적 약 30만 1,750평방미터를 차지하면서 지하 1층, 지상 4층의 이 건물은 철근 콘크리트 골조로 중앙에 지름 14미터, 높이 8.17미터의

11
서재필은 1947년도 자서전에서 독일
공사관의 스위스인 기사가 설계했다고
밝혔으나 『경성부사』(京城府史)에는
사바틴과 심의석으로 기록되어 있다. 같은
책, 78; 목수현, 「독립문: 근대기념물과
'만들어지는' 기억」, 『미술사와 시각문화』,
2권(2003): 60–81 참조. 『대한일보』
1947년 18일 자에 실린 「독립문
약사」에는 독립문이 1897년 11월 4일에
준공되었다고 밝혀져 있다.

12
주진오, 「19세기 후반 개화개혁론의
구조와 전개: 독립협회를 중심으로」(박사
논문, 연세대학교, 1995), 85; 목수현,
「독립문」, 60–83.

13
김현경·유대혁·황두진, 「건축가 이훈우에
대한 연구」, 『건축역사연구』, 29권,
3호(2020): 37–49.

fig. 11
『조선박람회기념사진첩』(1929)에
실린 조선총독부 청사, 1926. 출처:
서울역사박물관.

돔을 얹은, 당시로는 동양 최대의 건물이었다. 건물 외부에는 12센티미터의 화강석을 붙이고 내부는 대리석으로 마감한 이 건물은 중앙의 돔이 우뚝 솟은 바로크적 고전주의라고 할 수 있다. 거대한 규모와 높이를 가진 총독부 건물은 식민 권력의 상징이었고 거의 낮은 전통 한옥이 대부분이던 민간 주거 지역과 경복궁의 근정전을 비롯한 전각들을 위압하는 권위적인 분위기를 형성하며 공간의 헤게모니를 장악했다.

신기술의 수용과 공예

시대적 변화는 공예라는 새로운 용어를 탄생시켰다.[14] 공예는 오랫동안 금공, 목공, 도공 등으로 불렸던 장인의 수공업이 점차 기계 생산으로 전환되면서 인공으로 만든 모든 제작품을 포괄하는 의미를 갖게 되었고 나라를 부강하게 하는 산업 기술로 인식되었다. 공예에 대한 새로운 인식은 일본에서 일어난 변화를 목격하면서였다. 일본은 메이지 유신 이후 부국강병과 식산흥업 정책을 펼치면서 유럽과 미국에서 열린 만국박람회에 적극적으로 참여하고 있었다. 아름답고 섬세한 일본 수공예품은 박람회의 인기 품목이었다. 이렇게 수출품으로 큰 성공을 거두자 일본은 공예 기술을 더욱 발전시키기 위해 기계 도면 등을 그릴 수 있는 기술자를 양성하기로 하고, 1876년 최초의 근대적 미술학교인 고부(工部)미술학교를 설립했다. 서양미술의 방법을 습득해 공예품 제작에 적용하려 한 이 학교에서는 이탈리아에서 조각가 빈센조 라구사(Vincenzo Lagusa, 1841–1927)와 화가 안토니오 폰타네시(Antonio Fontanesi, 1818–1882)를 교수로 초빙하여 서양 회화와 조각의 이론과 실기를 가르치도록 했다.

조선에서 공예가 신기술로 국가의 부(富)를 창조하는 데 도움이 된다고 인식하게 된 또 다른 계기는 미국과 유럽에서 열린 만국박람회 참가였다. 1893년 처음으로 세계 무대인 시카고 만국박람회에 참가하고, 뒤이어 1900년 파리 만국박람회에 참가한 조선은 그동안 해외 정보, 기술, 전시 등 모든 면에서 부족했음을 자각하면서 자주적 근대화를 위한 노력과 의식의 변화를 추진하고자 했다.[15] 언론인 장지연(張志淵, 1864–1921)은 『황성신문』에 공예는 나라를 부강하게 하는 신기술의 하나이므로 지식과 기술을 갖춘 인재 양성이 시급하다는 글을 쓰기도 했다.[16] 이에 정부는 서구의 신기술을 과감하게 수용하기로 하고 화폐 주조, 직조, 도자 등 산업 기술과 관계되는 각 분야의 외국인 기술자들을 협력이나 자문을 위해 초빙했다. 1902년에 도자 기술 자문으로 초빙되어 온 인물이 프랑스 세브르에 있는 국립 도자 제작소(Manufacture Nationale de Porcelaine)의 기술자인 레오폴드 레미옹(Léopold Rémion)이었다. 그러나 근대적인 공예 전문학교는 결국 실현되지 못했고 그는 1905년에 돌아간

것으로 알려진다.[17]

국가에서 사용하는 도자기의 경우 원래 경기도 광주에 설치된 사옹원(司饔院)의 분원(分院)에서 제작되었으나 재정과 경영이 악화되어 사옹원은 1883년에 민간 경영으로 전환되었고 결국 어려움을 극복하지 못하고 1895년에 폐업하고 말았다. 당시 생활 도자나 문방구류를 비롯한 다양한 도자는 황실뿐 아니라 중인이나 상인 계급에서도 널리 사용했으나 일본 자기를 비롯한 수입품들이 들어오면서 조선의 도자 산업은 위축되고 있었다. 황실이나 고위 수요층은 프랑스, 영국, 일본 등지에서 수입한 도자를 선호해 궁중 연회나 접대용으로 사용했고 이러한 모습은 안중식(安中植, 1861–1919)이 그린 것으로 전해지는 「조일통상조약체결기념연회도」(1883)fig. 12에 나타난다. 화면 왼쪽에 주빈으로 앉아 있는 인물은 조선 측 전권대신인 민영목이고, 그의 왼쪽에 외교 고문인 독일인 묄렌도르프(Paul Georg von Möllendorff, 1847–1901), 오른쪽에는 일본 측 전권공사 다케조에 신이치로(竹添進一郎, 1842–1917)가 자리하고 있는 것으로 추정된다. 식탁 건너편의 인물들이 앞쪽보다 더 크게 그려진 것은 원근법을 무시했다기보다 더 중요한 인물들이기 때문이 아닌가 생각할 수 있다. 서양식 만찬처럼 식탁에는 꽃과 촛대 등과 함께 고임 음식이 차려져 있고 앞에는 각각의 서양식 식기와 나이프, 스푼, 와인 잔, 양념 통이 놓여 있다.

대한제국 정부는 도자 학교 건립이 무산되자 공업전습소에서 기계 생산을 목표로 한 교육을 실시하고자 했고 이것이 최초의 전문 도자 교육의 시작이었다. 이곳에서는 1881년에 안중식과 함께 영선사 일행의 연수생으로 청나라의 톈진기기국(天津機器局) 화도창(畫圖廠)에서 근대 도면법을 배워 온 조석진(趙錫晉, 1853–1920)이 1908년부터 도기과의 도안 담당 촉탁 강사로 활동하기도 했다.

1908년에는 왕실에서 사용하는 금속공예, 도자, 나전칠기 등의 기물 공급을 위해 한성미술품제작소가 조합 조직 형태로 설립되었고 황실은 기본금 6만 원을 지원했다. 한성미술품제작소의 설립 취지에는 제작 방식을 개선하되 의장(意匠)은 조선식으로 할 것을 천명해 전통 계승의 의지를 확고히 했다. 미술품제작소라는 공식 명칭에도 주목할 필요가 있다. 아직 미술에 대한 인식이 확실하게 형성되지는 않았지만, 미술품제작소라는 이름을 사용한 것 자체는 기능뿐 아니라 만든 솜씨의 미적 가치를 중요하게 인식했기 때문인 것으로 추측된다.

광화문 일대의 황토현에 건립된 한성미술품제작소에는 도안실, 제작실, 사무실을 두었다. 이 제작소는 전통 공예의 형태나 빛깔, 또는 장식 문양 등을 계승해 황실의 품격을

14
1881년에 일본에 조사시찰단의
일원으로 갔던 이헌영의 견문 기록인
『일사집략』(日槎集略)에서 공예라는
용어가 발견된다. 최공호, 「한국공예의
근대화 과정」, 『근대를 보는 눈,
한국근대미술: 공예』, 국립현대미술관
편(서울: 얼과알, 1999), 62에서 인용.

15
조선은 1883년 보스턴에서 열린
박람회(American Exhibition of Products,
Arts and Manufactures of Foreign
Nations)에 비공식적으로 참여해 도자기,
화병, 주전자 등을 출품한 적이 있다.
김원모, 『한미수교사, 조선보빙사의
미국사행(1883)』(서울: 철학과 현실사,
1999), 80-83.

16
장지연, 「논설 공예가면발달」(論說
工藝可勉發達), 『황성신문』,
1900년 4월 25일 자; 「논공예장려지술」
(論工藝奬勵之術), 『황성신문』, 1903년 1월
10일 자.

17
엄승희, 「근대기 한불의 도자교류」,
『한국근현대미술사학』, 25집(2013):
22. 다음 책에서 1900년에 세브르 도자
제작소에서 찍은 학생들 사진 속의
레미옹을 확인할 수 있다. Paul Arthur,
*French Art Nouveau Ceramics, and
Illustrated Dictionary* (Paris: Éditions
Norma, 2015), 27.

fig.12
전(傳) 안중식, 「조일통상조약체결기념
연회도」, 1883, 비단에 채색, 35.5×
53.9cm. 숭실대학교 한국기독교박물관
소장.

유지하면서도 대량생산이 가능하도록 도안실에서 미리 기본 계획이나 입체 도안, 문양 등을 결정했다. 이 도안을 바탕으로 제작실에 소속된 장인들은 수공 제작을 했으며, 사무실은 운영을 담당했다. 제작실에는 처음에 금공부(金工部)와 염직부(染織部)가 있었고 후에 목공부(木工部)가 금공부에 병설되었으며 나중에는 도자부, 제묵부(製墨部)가 들어왔다. 그러나 한성미술품제작소는 경영이 쉽지 않아 1913년에 이왕직(李王職)이 직영하는 이왕직미술품제작소로 바뀌었고 1922년에 다시 일본인 도미타 기사쿠(富田儀作, 1858-1930)에게 넘어가 주식회사 조선미술품제작소가 되었다. 이때부터는 상업주의로 방향을 바꾸어 주로 관광 상품이나 기념품을 생산하며 1936년까지 지속되었다.

미술품제작소의 제품 중 왕실과 부유층 사이에서 가장 수요가 많았던 분야는 금속공예였다.[18] 원래 궁중에서 필요한 귀금속이나 물품은 중앙관청에 소속되어 있던 경공장(京工匠)의 장인들이 제작했으나 해체되어 버렸다. 그 후 금속공예품은 기계 생산으로 바뀌면서 일반인에게도 저렴하게 공급되었지만 질적으로 퇴보하고 있었다. 한성미술품제작소에서 생산한 금속공예품은 왕실의 권위와 상징성을 지닌 고급품들이었다. 탕기나 제기 등 전통적인 기형과 함께 화병을 비롯한 서구적인 기형도 제작했고, 전통적인 단조(鍛造) 기법 외에도 프레스 기법 등을 실험하기도 했다. 또한 기물을 브랜드화시켜 미술품제작소에서 제작했음을 알리는 '美', '漢美'(한성미술품제작소)의 각인과 은의 순도를 나타내는 순은(純銀) 각인을 하는 방식을 사용했다. 1910년 한성미술품제작소에서 제작한 「명치사십삼년명 이화문서양식잔」fig.13은 순은의 잔 세트로 서구적 기형의 와인 잔 형태에 받침에는 왕실을 상징하는 오얏꽃 문양이 새겨져 있고 '美' 자가 찍혀 있다. 잔의 동체 명문으로 보아 1910년 9월 이왕직의 사무관으로 근무했던 일본인 다가 다카노부(多賀高廷)에게 증정된 것임을 알 수 있다.[19] 1910년대에 이왕직미술품제작소에서 만든 「은제이화문탕기」fig.14는 탕기 뚜껑과 몸체에 오얏꽃 문양을 넣고 뚜껑에는 전형적인 길상문자 형식으로 만수무강(萬壽無疆)의 명문이 금으로 감입되어, 연회에서 사용하던 화려함을 보인다.

황실에서는 한국이나 일본인 개인 수공업자에게도 금속공예품을 주문해 사용하기도 했다. 「은제이화문화병」 fig.15은 바닥에 '小林'과 '純銀' 각인이 찍혀 있어, 일본 세공상회인 고바야시토케이텐(小林時計店)에 주문해 기계 생산된 화병임을 확인할 수 있다.[20] 주석의 합금률이 높아 표면 광택이 밝은 이 화병은 옛 의례용기(儀禮用器)처럼 목이 길고 몸통 쪽으로 갈수록 넓어지는 형태를 띤다. 긴 목의 양쪽에 두

개의 고리가 달려 있고 대한제국 황실의 문장인 오얏꽃 장식이 붙어 있다.

대중 매체의 등장과 사진

무엇보다 새로운 근대적 매체로 관심을 끈 분야는 사진이었다. 사진의 보급에는 일본이나 중국에 사신으로 갔던 여러 명의 개화파 지식인들이 그곳에서 초상 사진을 찍고 글을 남기거나 정보를 가져온 영향이 컸다.[21] 1876년 일본에 수신사로 파견되었던 김기수(金綺秀, 1831-1894) 일행은 사진 촬영을 하고 근대화된 일본의 모습을 담은 사진첩 등을 선물로 받았다. 김기수를 수행한 도화서 출신의 화원 김용원(金鏞元, 1842-1892)은 이때 사진술에 관심을 갖게 되었다. 그는 귀국 후 경상도에서 수군우후(水軍虞候)로 있으면서 부산의 일본인 거류지에서 영업하는 일본인 사진사들에게 배우기도 하고 일본을 오가면서 기기를 구입했다. 1883년에 김용원은 사진사 혼다 슈노스케(本多修之助)를 고용해 한성의 저동에 촬영국을 개국하고 나중에는 독립적으로 운영했다.

수신사 박영효(朴泳孝, 1861-1939)의 수행원으로 1882년에 일본에 갔던 지운영(池雲英, 1852-1935)도 고베에서 사진술을 배워 귀국 후인 1884년에 촬영국을 개설하고 사진을 시작했다.[22] 이 무렵 모피가 달린 코트를 입고 구두와 중산모(中山帽)를 착용해 서구적인 멋을 낸 개화 지식인 지운영의 모습은 고베의 유명한 사진사 헤이무라 토쿠베이(平村德兵衛, 1850-1894)의 스튜디오에서 찍은 사진에서 잘 나타난다.fig.16 고딕식 창문이나 원주, 탁자, 의자들은 흔히 서양의 초상화 배경에 등장하는 기물들로 초상 사진이 회화를 모방하고 있음을 보인다.

사대부 집안 출신의 황철(黃鐵, 1864-1930)은 1882년에 상하이에서 3개월간 사진술을 배워 다음 해인 1883년에 사진 촬영소를 개설하였다. 그는 고위 관리의 초상 이외에도 명승고적과 궁궐 등을 찍었다. 그러나 사진에 대한 이해가 없었던 당시 그는 이러한 활동으로 국가 기밀 누설죄로 의심을 받고 의금부에 감금당해 옥고를 치러야 했고, 1884년의 갑신정변 때에는 촬영국이 공격당하고 파괴된 일도 있었다. 그는 그 후 다시 사진관을 열었지만 한일병합 이후에는 서화가로 전향하고 일본에서 여생을 보냈다. 역시 서화가로 은둔의 삶을 살았던 지운영이나 황철은 모두 망국 이후 개화 지식인의 공통된 운명을 보여 준다.[23]

1907년에는 궁내부(宮內府)에서 여러 관직을 거쳤던 김규진(金奎鎭, 1868-1933)이 일본에 가서 사진술을 배워 천연당사진관을 개업하고 『대한매일신보』에 광고를 냈는데 이 무렵에는 이미 사진에 대한 거부감은 어느 정도 사라진 후였다. 천연당사진관에서는 사진 교육생을 모집하는

18
미술품제작소의 금속공예에 대해서는
정지희, 「20세기 전반 한국 은공예품
연구」(박사 논문, 고려대학교, 2016) 참조.

19
명문에는 "記念 江原道 二十四郡守 多賀高廷
殿 明治 四十三年九月三十日 贈呈"이라고
쓰여 있다. 『대한제국의 미술, 빛의 길을
꿈꾸다』, 전시 도록(서울: 국립현대미술관,
2019), 179.

20
정지희, 「20세기 전반 한국 은공예품
연구」, 181–182.

21
김기수, 「일동기유 1」(日東記遊 卷一),
『수신사기록』(修信使記錄), 한국사료총서,
9집(서울: 국사편찬위원회, 1971), 19에
수록.

22
사진술을 도입하기도 한 지운영은
여항(閭巷)문인들의 모임인 육교시사
(六橋詩社)의 한 사람이었다. 그는 일본에
수신사로 동행했고 중국 여행도 다녀온
근대 지식인이었다. 그의 동생은 종두법을
수입한 지석영(池錫永, 1855–1935)이다.
지운영은 1886년 갑신정변을 주도했던
김옥균을 암살하려다 실패하고 유배
생활을 하다가 1911년부터 안양의 삼막사
백련암에 머물며 서화에 매진했다.

23
김승익, 「19세기 말–20세기
초 일본인의 한국 서화 수집:
사노시향토박물관(佐野市鄉土 博物館)
스나가문고(須永文庫)를 중심으로」,
『한국근현대미술사학』, 38집(2019):
68–69.

fig.13
「명치사십삼년명 이화문서양식잔」, 1910,
은, 높이 12.5cm, 입지름 4.3cm, 바닥
지름 5.5cm, 한성미술품제작소 제작.
개인 소장.

fig.14
「은제이화문탕기」, 1910년대,
지름 18.4cm, 높이 11.8cm,
두께 0.2cm, 이왕직미술품제작소 제작.
국립고궁박물관 소장.

fig.15
「은제이화문화병」, 20세기 초,
높이 30.3cm, 최대경 17.2cm,
밑지름 8.1cm, 고바야시토케이텐 제작.
국립고궁박물관 소장.

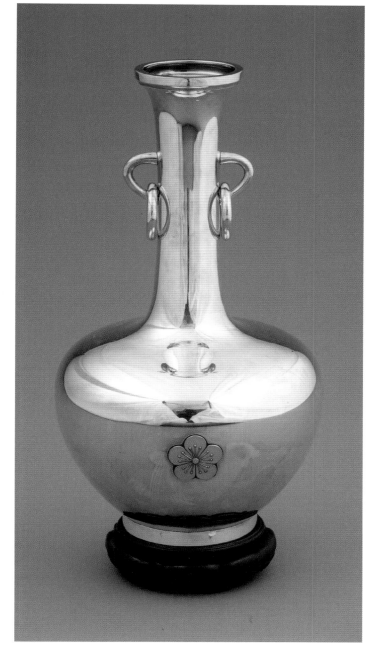

광고를 내기도 하고, 상업 화랑이자 전시관인 '고금서화관'을 병설해 서화 등을 판매하기도 했다. 황성기독교청년회(서울 YMCA의 전신)에서도 사진과를 설립해 사진사를 전문적으로 양성하기 시작했다. 사진과에서는 하와이 이민자 출신인 최창근(崔昌根)이 가르친 것으로 알려져 있는데 그는 1902년에 미국에서 출판된 볼드윈(T. Stith Baldwin)의 저서 『즐겁고 이로운 사진 만들기』(Picture Making for Pleasure and Profit)를 번역한 『자택독습최신사진술』(自宅獨習最新寫眞術, 1913)을 출판해 교재로 삼았다.[24]

한국인이 개업한 사진관들이 하나둘씩 늘어나고 있었지만 1910년 전까지 국내의 사진관은 거의 일본인 사진가들이 운영하고 있었다고 해도 과언이 아니다. 그중에 후일 황실의 어용 사진가가 된 무라카미 텐신(村上天眞, 村上幸次郎, 1867-?)의 텐신당(天眞堂)과 이와타 가나에(岩田鼎, 1879-?)의 이와타 사진관이 대표적이었다. 일본 사진사들의 영업은 상당히 번성했던 것으로 보이며 신문에 광고를 내고 일본인 사진회를 발족했을 정도였다.

사진의 발명은 초상화를 해방시켰다고 할 수 있을 만큼 인물 기록의 새로운 방법으로 부각되었다. 과거 초상화를 주문하기 어려웠던 일반 사람들도 비싸긴 했지만 신분에 상관없이 사진을 찍을 수 있게 되었기 때문이다. 초창기 초상 사진들은 전통적인 초상화 형식에서 크게 벗어난 것은 아니었다. 그러나 근대 과학기술의 하나인 사진은 초상화보다 실제 인물의 모습을 더 정확히 전달하는 것처럼 보였다. 초창기 사진 기술은 노출 시간이 길어야 해서 움직이지 않고 가만히 서 있으려면 몸을 기댈 만한 탁자, 의자 목 받침대가 필수로 등장한다. 수요가 많은 사진은 주로 돌 사진을 비롯하여 회갑이나 결혼 등을 기념하는 가족사진이었고, 연로한 고위 관료의 친목 및 예우를 위해 설치한 기로소(耆老所) 같은 곳에서도 단체로 찍는 경우들이 있었다.

고종은 초상 사진을 찍는 데 거부감이 없었고 여러 외국인 사진가들에게 포즈를 취하기도 했다. 고종의 사진 중에 잘 알려진 것은 조선보빙사인 조미수호통상 사절단의 수행원으로 따라간 퍼시벌 로웰(Percival Lowell, 1855-1916)이 1884년에 찍은 사진들이다.fig.17 로웰은 수행원 임무를 마친 후 공로를 인정받아 조선에 초청되어 고종과 당시 세자였던 순종을 접견할 수 있었다. 고종의 사진은 이때 찍은 것으로 창덕궁 후원의 연경당 뒤편에 있는 농수정을 배경으로 한 일상적인 자연스러운 모습이다. 이 사진은 후일 로웰이 쓴 『고요한 아침의 나라 조선』(Chosön, the Land of the Morning Calm, 1886)에 실리기도 하였다.[25]

곧 고종의 사진은 석판으로 복제되어 대중 매체에 등장한다. 미국 선교사 언더우드(Horace Grant Underwood,

1859-1916)가 발행한 순 한글판 주간 신문인 『그리스도 신문』 1897년 7월 15일 자에는 고종의 사진을 석판으로 인쇄해 정기 구독자들에게 제공하겠다는 광고가 등장하는데 어떤 사진이었는지는 확인이 되지 않는다. 왕의 어진은 원래 궁중 깊숙이 안치되어 공개하지 않았음을 상기할 때 이렇게 대중적인 매체에 등장한다는 것은 예전에는 상상하기 어려운 것으로, 이러한 광고는 고종의 승낙이 없이는 이루어지기 어려웠을 것이다.[26] 고종 사진의 복제와 배포는 일본에서 메이지 천황을 서양식 군복을 입고 칼을 든, 강력한 군수 통치권자의 모습으로 나타낸 사진을 공식 사진으로 지정하고 교육, 행정기관 등에 배포한 예를 따라 한 것으로 보인다.fig.18 고종은 여러 사진에서 익선관과 곤룡포를 입은 모습으로도 나타나지만 1895년 단발령을 실시한 이후부터는 짧은 머리와 서양식 의복 또는 군복을 입은 모습으로 나타난다. 1899년 원수부(元帥府) 관제를 반포한 이후에는 대원수의 복장으로 나타나는데 이것은 군 통치권자로서의 황제를 의미한다.

이 무렵 일본 신문에서는 조선 정부가 일본의 고위 관료 및 유럽의 왕과 귀족의 사진들을 구하고 있다는 기사가 실렸다.[27] 이러한 사실은 시각 정보 수집을 위한 것이었겠지만 고종과 조선 정부가 이미 해외에서 왕이나 군주의 사진이 통치자의 이미지 홍보나 외교 의전용으로 사용되는 것을 알고 있었음을 시사한다. 고종도 외교적 면담을 하고 공식 사진을 주었는데 그중 현존하는 예가 미국의 뉴어크 미술관에 소장되어 있다. 을사조약 직전인 1905년 10월에 방문한 선박 관련 미국인 사업가인 해리먼(Edward Harriman, 1848-1919)에게 준 이 공식 사진은 하사한 상태 그대로 빨강 비단으로 덧댄 상자에 담겨 있다. 고종은 일본식 병풍을 배경으로 황룡포(黃龍袍)를 입고 있는데 오른쪽 위에는 '대한황제 사진 광무 9년 경운궁'(大韓皇帝 眞 光武九年 在慶運宮)이라고 적혀 있고 아래쪽에는 '김규진조상'(金圭鎭照相)이라 쓰여 있어 김규진이 황실 궁내부 관리로 일할 때 촬영한 것임을 알 수 있다. 사진을 옅게 채색하고 장황 방식으로 장식한 것은 초상화의 새로운 형식으로 이해한 것으로 보인다.

1907년 순종이 즉위한 후의 사진은 거의 통감부의 기획으로 촬영되었다. 통감부에서 순종의 초상 사진을 각 학교나 신문, 교과서에 배포하도록 하면서 순종 부부의 사진들은 일반인에게 많이 알려지기 시작했다. 이와타 가나에가 찍은 순종fig.19 사진의 연대는 1909년으로 추정되어 왕권을 승계한 이후로 생각된다.[28] 메이지 천황의 모습과 유사하게 순종은 서양식 실내에서 육군 군복을 입고 왼손에는 검을 쥐고 있으며, 탁자 위에는 군모가 놓여 있다. 가슴에는 기념장을, 목에는 메이지 천황의 하사품인 대훈위국화장경식(大勳位菊花章頸飾)을 달고 있다.[29] 소매의

24
T. Stith Baldwin, *Picture Making for Pleasure and Profit* (Chicago: Frederick J. Drake, 1902).

25
로웰은 조선보빙사의 일행으로 가기 전인 1877년부터 1893년까지 일본에 있었다. 그는 미국으로 돌아간 후 천문학자로 활동해 명왕성 발견에도 기여했다.

26
권행가, 『이미지와 권력: 고종의 초상과 이미지의 정치학』(파주: 돌베개, 2015), 130–133.

27
『동경일일신문』(東京日日新聞), 1881년 2월 1일 자; 이은주, 「개화기 사진술의 도입과 그 영향: 김용원의 활동을 중심으로」, 『진단학보』, 93호(2002): 152에서 인용.

28
『대한제국의 미술, 빛의 길을 꿈꾸다』, 80. 이 사진을 소장한 서울역사박물관에서도 1909년으로 기록하고 있다.

fig. 16
「지운영」, 1884년경, 젤라틴 실버 프린트, 15.4×11.6cm, 헤이무라 토쿠베이 사진관 촬영 추정. 한미사진미술관 소장.

fig. 17
퍼시벌 로웰, 「조선 국왕 폐하」(His Majesty The King of Korea), 1884, 알부민 프린트, 12x19cm. 보스턴 미술관 소장.

표장은 원래 황제는 열한 개, 황태자는 열 개이어야 하지만 아홉 개로 보인다. 순종은 군 통치권자의 위치에서 격하된 대장의 복장을 하고 있다.[30]

1910년 한일병합을 기념하는 엽서에서 곤룡포와 익선관 차림의 고종은 대원수 군복을 입은 일본 천황의 사진 아래에 배열되었다.fig.20 일본 천황이 왕권을 상징하는 봉황이 위에서 보위하고 화려한 국화 장식에 둘러싸여 있는 것과 대조적으로 고종은 소박한 오얏꽃으로 장식되었다. 식민 지배국과 피지배국이 대조되고 일본의 통치를 사실화한 이 엽서는 마치 대한제국 영욕(榮辱)의 역사를 보는 듯한 정치적 의미가 있다. 사진의 대중적 전파력을 알고 있었던 일본은 이러한 이미지 홍보로 조선이 일본의 보호 아래 근대 국가로 탈바꿈하고 있음을 보여 주고 일본과 조선은 원래 하나의 민족이었다는 일선동조론(日鮮同祖論)을 정당화하고자 했다.

시간이 가면서 사진은 근대 사회 문화를 재현하는 강력한 대중적 시각 매체의 역할을 하였다. 1900년 이후에는 한국의 관광지와 풍습을 찍은 관광 사진엽서가 대량생산되었다. 1929년경 총독부 철도국이나 히노데상행(日之出商行)과 같은 민간업체가 발행한 사진엽서는 하루 판매량이 1만 매에 달했다고 한다.[31] '조선의 풍물'이나 '조선의 풍속'이라는 제목으로 대량으로 제작된 사진엽서는 조선에 놀러 오는 일본인 관광객을 대상으로 한 것이다. 유적이나 관광지, 풍속 사진, 민간인의 가사 노동, 기생의 모습을 담은 사진엽서는 얼핏 보기에는 객관적인 사실을 전달하는 다큐멘터리 사진처럼 보이지만 거의 농촌의 일상이나 무속, 풍습을 집중적으로 찍어 조선의 이미지를 전근대적으로 각인시켰다. 이러한 사진들은 식민 지배가 결코 도덕적으로 잘못된 것이 아니며 오히려 문명화의 의무를 행하는 것이라는 증거 역할을 하게 되었다.

29
같은 책, 80.

30
*Treasures from Korea, Arts and Culture
of the Joseon Dynasty, 1392–1910*
(Philadelphia Museum of Art, LA County
Museum of Art, The Museum of Fine
Arts, Houston, and National Museum of
Korea, 2014), 288.

31
권혁희, 「사진엽서의 기원과 생산배경」,
『사진엽서로 떠나는 근대기행』, 전시
도록(부산: 부산근대역사관, 2003), 21.

fig.18
에도아르도 키오소네(Eduardo
Chiossone)가 그리고 마루키
리요(丸木利陽)가 촬영한 일본 메이지
천황, 1888, 28×21cm. 스미스소니언
박물관 소장.

fig.19
이와타 가나에, 「순종 초상 사진」, 1909,
71.1×54.1cm. 서울역사박물관 소장.

fig.20
한일 강제 병합을 기념하는 엽서, 1910,
14×8.8cm.

근대기에 들어오면서 직업 화가인 화원(畫員)과 사대부 문인화가로 이루어졌던 미술계는 붕괴되고 있었다. 화원들이 속했던 중앙관청인 도화서(圖畫署)는 왕실에서 필요한 미술품이나 귀족이나 부호가 주문하는 작품을 제작해 왔는데 1894년 갑오개혁 이후 폐지되었기 때문이다. 이제 이들은 개인적으로 주문을 받거나 화실을 운영하면서 작업을 계속하고 있었고 왕실에서 필요한 기록화나 장식용 미술품 제작을 위해 차출되는 경우도 있었다. 문인화의 경우 추사 김정희(金正喜, 1786–1856)를 추종하는 문인이나 학자층에서 정신적 감상안이 필요한 남종화풍이 유행하면서 관념 산수화, 도석인물화, 화조도 등이 많이 그려지고 풍속화나 실경 산수화는 퇴조하고 있었다. 문인화가들에게 시서화(詩書畫)란 자신의 지적, 도덕적 면모를 드러내는 방법이었기 때문에 근대의 개념으로 보면 이들은 아마추어 애호가라고도 할 수 있다.

19세기 후반 화단의 중심은 조희룡(趙熙龍, 1789–1866)이나 유최진(柳最鎭, 1791–1869)과 같은 여항문인들이었다. 여항(閭巷)이란 통역이나 번역을 담당하는 역관(譯官) 또는 의술에 종사하던 의관 등의 중인 계급이나, 상인, 하급 관리 등 평민이 살아가는 도시의 주거 공간을 말한다. 양반과 상민의 중간 계층인 이들 여항문인은 경제력도 있어 사대부 관료와 소통하고 한문학 실력을 바탕으로 시서화를 즐기거나 수집했다. 개화의 새로운 세력이기도 했던 이들은 중국을 드나들면서 청나라 문화를 적극적으로 받아들였다. 이전에는 베이징을 드나드는 통로는 주로 육로였고 바닷길로는 부산을 거쳐서 갔으나 개항 이후에는 인천과 상하이를 왕복하던 해상 통상이 확산하면서 『개자원화보』(芥子園畵譜)나 『해상명인화보』(海上名人畵譜) 등 중국의 회화와 화보를 쉽게 구할 수 있게 되어 상하이의 해상화파(海上畵派)의 화풍이 유행하기도 하였다. 여항문인들은 사대부 취향을 반영하는 수묵 산수화나 사군자를 주로 그렸다.[32]

이 무렵 서화의 상업적인 교류가 활발했던 곳은 각종 종이를 판매하는 지전(紙廛)이 몰려 있는 청계천의 광통교 부근이었다. 광통교는 남대문로에서 종각으로 가는 길인 청계천 위에 놓인 다리로, 청계천 하류에서부터 여섯 번째 다리였다. 이 부근에는 중인 계급이 많이 살고 있었는데 여항문인들의 모임인 육교시사(六橋詩社)도 여기서 형성되었다. 강위(姜瑋, 1820–1884)를 중심으로 약 60여 명으로 이뤄진 육교시사의 동인들은 시를 쓰고 그림을 그릴 뿐 아니라 새로운 문물에 대한 지식이나 정보를 교환했다.

당시 가장 이름을 떨쳤던 화가 오원 장승업(張承業, 1843–1897)도 이 부근에 살았다. 그는 생애가 잘 알려지지 않았으나 고아 출신으로서 청계천의 또 다른 다리 수표교 근처에 사는 부유한 중인 이응헌(李應憲)의 집에 얹혀살았고 역관 출신인 오경연(吳慶淵)과 한성판윤을 지낸 변원규(卞元圭)의 후원을 받았다. 장승업은 그들의 집에 소장된 고서화를 보고 배우면서 곧 천부적인 재능을 나타냈는데 육교화방(六橋畵舫)을 차리고 본격적으로 그림을 그렸다.

문인산수화풍과 남종화풍을 받아들였던 장승업은 중국 화가 황공망(黃公望, 1268–1354)을 본받은 「방황자구산수도」(倣黃子久山水圖, 19세기 후반)fig. 21와 같은 작품에서는 관념적인 중국 산수에서 크게 벗어나지 못하고 있다. 그러나 그는 화조도, 동물화, 인물화에서 뛰어난 관찰력과 섬세하면서도 대담한 필묵을 사용할 수 있는 재능을 보여 주었다.fig. 22 특히 장승업은 호방한 필묵으로 도자기나 청동기와 같은 항아리나 각종 기물에 화초를 곁들이거나 다양한 야채와 과일, 게, 조개, 생선 등을 그린 일종의 정물화인 기명절지화(器皿折枝畵)를 크게 유행시켰다. 일상적이면서 장식적인 기명절지화는 재력을 과시하고

32

한국 최초의 서양화가였던 고희동은 후일 19세기 말의 화단을 다음과 같이 회고했다. "그 당시에 그리는 그림들은 모두가 중국인의 고금 화보(畫譜)를 펴놓고 모방하여 가며 어느 분수에 근사하면 제법 성가하였다고 하는 것이며 타인의 소청을 받아서 수응하는 것이다. (…) 창작이라는 것은 명칭도 모르고, 그저 중국 것만이 용하고 장하다는 것이며, 그 범위 바깥을 나가 보려는 생각조차 없었다. 중국이라는 굴레를 잔뜩 쓰고 벗을 줄을 몰랐다. 그리는 사람, 즉 화가들만이 그러한 것이 아니라, 그림을 요구하는 사람들까지도 중국 그림을 그려 주어야 좋아하고 (…)" 고희동, 「나와 조선서화협회 시대」, 『신천지』, 1954년 2월, 181.

fig. 21
장승업, 「방황자구산수도」, 19세기 후반, 비단에 수묵 담채, 151.2x31cm. 리움미술관 소장.

fig. 22
장승업, 「산수영모도」 부분, 19세기, 비단에 수묵 담채, 각 148×35cm. 서울대학교 박물관 소장.

싶은 부유층에게 인기가 있었다. 장승업 자신은 돈이나 명예에는 관심이 없고 구속을 싫어해 많은 일화를 남겼다. 후일 장지연은 『일사유사』(逸士遺事, 1922)에서 장승업이 왕실에 초빙되었으나 술을 좋아하고 얽매이기를 싫어해 달아나 버렸다는 이야기를 전하기도 한다.[33] 장승업은 타고난 재능을 지닌 화가이기는 했지만, 근대 의식이 있었던 화가는 아니었다. 그럼에도 그는 후일 근대 화단의 바탕이 되었던 안중식, 조석진과 같은 후배 화가들에게 비록 정식 사제 관계는 아니었지만 큰 영향을 끼쳐 전통 화단과 근대 화단을 연결했다고 평가받는다.

전통에 뿌리를 두면서 근대 화단을 선도했던 화가는 안중식과 조석진이다. 그리고 이들에게 배운 고희동(高羲東, 1886–1965), 이도영(李道榮, 1884–1933), 이상범(李象範, 1897–1972), 김은호(金殷鎬, 1892–1979), 노수현(盧壽鉉, 1899–1978), 이용우(李用雨, 1902–1952), 변관식(卞寬植, 1899–1976) 등은 후일 근대 화단의 새로운 세대가 되었다. 안중식과 조석진은 1881년 영선사 김윤식(金允植, 1835–1922)의 인솔 아래 전기, 화학, 제도, 외국어, 화약, 탄약 제조 등 다양한 기술과 지식을 배우러 청나라로 유학을 떠난 38명의 젊은 청년들에 포함되었다. 이들은 텐진기기국의 남국(南局) 화도창(畵圖廠)에 배치되어 1년 동안 머물면서 서양 과학기술 도입과 관련된 무기, 기계의 설계도와 제도법을 배우고 견문을 넓혔다. 이때 배운 지식을 바탕으로 안중식은 돌아와 우표를 발행하는 우정총국(郵政總局)에서 잠시 일했고, 조석진은 화폐를 만드는 전환국에서 일하기도 했다. 두 젊은 개화 지식인은 이후 서화가로 활동하면서 점차 명성을 얻어 1902년에 고종의 즉위 40주년을 기념하는 어진 제작의 주관화사로 함께 선발되었고, 그 공으로 조석진은 영춘 군수에, 안중식은 통진과 양천 군수에 임명되었다. 안중식은 1907년에 관직을 그만두고 개인 화실인 경묵당(耕墨堂)을 열어 자유로운 전업 화가가 되었다. 이도영은 그의 첫 제자였고 고희동 역시 서양화를 배우기 전 이곳에서 전통적인 서화를 배웠다.

안중식은 중국에 다녀온 후에도 여러 차례 상하이나 고베, 교토를 방문하고 안목을 넓혔다. 안중식은 서화가였지만 중국에서 제도법을 배우고 해외 여러 지역을 방문한 경험으로 서양화법에 대한 인식을 분명히 가지고 있었다. 이러한 그의 지식은 여러 삽화에서 잘 드러난다. 예를 들어 「뻬쓰뽈설명」 삽화fig. 23는 1914년 10월에 나온 『청춘』(최남선 창간)에 실린 그림으로, 교복을 입은 학생이 야구 방망이를 들고 책을 읽으면서 걸어간다. 학생은 길 건너 건물보다 훨씬 크게 그려져 있고 배경의 건물들도 원근법에 맞추어 처리되었다. 같은 호에 실린 「모필과 연필, 잉크와 펜」 삽화에서는 전통적인 도구인 붓과 서양의 필기구를 장식적으로 구성하고 그의

호인 심전(心田)을 의미하는 'S'라는 영문 이니셜을 그려 넣어 서화가이면서 서양 문물을 수용하고자 했던 개화기 지식인의 사고를 드러낸다.[34] 삽화가로서의 그의 활동은 동료 조석진과 제자 이도영, 고희동에게도 영향을 주었다.

나이 54세가 되는 1915년에 안중식은 여러 점의 대표작을 제작하였다. 「영광풍경」fig. 24은 호남의 부호인 조희경, 조희양 형제의 초청으로 전라남도 영광에서 40일간 지내면서 그린 10폭 병풍화이다. 조씨 형제는 영광 고을이 한눈에 보이는 곳에 체화정(棣花亭)을 짓고 그곳에서 바라보는 경치를 그려 주기를 부탁했다. 과거에도 지세와 건축물을 기록하는 지형도에 가까운 회화는 있었으나 이렇게 특정한 장소에서 경관을 관찰하고, 원근법에 의해 가까이 있는 집들은 크게, 멀리 있는 집들은 작게 그리는 방식은 새로운 것이었다. 안중식은 전통적인 붓질로 산등성이를 표현하기는 했지만 이와는 대조적으로 마을의 실경을 섬세하고 사실적으로 묘사했다. 초가집들이 빼곡히 들어찬 가운데 기와집이 여기저기 섞여 있고 지게꾼이나 말을 타고 냇가의 다리를 건너는 사람들, 성문이 보이는 마을의 모습을 그린 이 작품은 관념적인 산수화풍을 벗어나 사생을 바탕으로 한 근대 산수화의 시점이 되기도 한다.

여름과 가을의 풍경을 각각 그린 두 점의 「백악춘효」(1915)fig. 25는 상하를 종축으로 하는

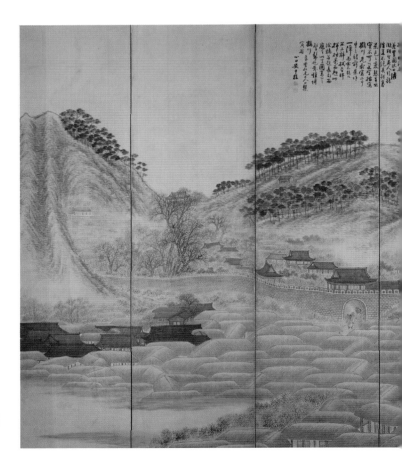

33
진준현, 「오원 장승업의 생애」,
『정신문화연구』, 24(2)(2001): 12–13에서
인용. 장지연의 『일사유사』(6권 1책)는
조선시대 중인 계층의 전기를 모은 저술로
그가 죽은 후인 1922년에 유작으로
출간되었다.

34
김울림, 「광무 전후 시기의 서화가들과
신미술운동」, 『근대서화, 봄 새벽을
깨우다』, 전시 도록(서울: 국립중앙박물관,
2019), 70.

fig.23
안중식, 「뻬쓰뽈설명」 삽화, 『청춘』
창간호, 1914년 10월. 근대서지연구소
소장.

fig.24
안중식, 「영광풍경」, 1915, 비단에 수묵
담채, 170×473cm. 리움미술관 소장.

전통적인 두루마리 형식이다.[35] 「백악춘효」 여름 장면은 백악산(북악산)을 배경으로 아침 안개가 서린 경복궁을 그린 작품이다. 전경에는 해태와 나무들이, 중경에 광화문과 경복궁 전각들이 보이고 배경에는 백악산과 북한산 자락이 보인다. 화면 왼쪽 위에는 예서로 '백악춘효'(白岳春曉)라고 쓰여 있는데 '백악산의 봄 새벽'이라는 의미이다. 그는 다시 같은 제목으로 가을 풍경을 그렸는데 백악산이 왼쪽으로 치우쳐 있고 오른쪽의 해태는 나무에 가려 보이지 않으며 멀리 북한산 봉우리가 펼쳐진다. 여름 그림에는 해태와 경복궁이 구체적으로 묘사되어 있고 특히 해태와 광화문 사이의 어도(御道)에 투시법을 사용해 원근의 느낌을 분명하게 주지만 백악산은 전통적인 부감법을 적용해 광화문 뒤에 가깝게 솟아 있는 것처럼 보여 전통과 근대적 요소가 복합되어 있다. 두 그림 모두 인적이 없고 스산한 분위기만 느끼게 된다.

　　백악산의 봄이라는 제목과 달리 여름과 가을 풍경 두 점을 그린 이유에 대해서는 해석이 필요하다. 이 그림의 제작 연도인 1915년은 조선이 이미 나라를 잃은 후이고 일제가 『시정오년기념조선물산공진회』(始政五年記念朝鮮物産共進會, 1915, 이하 『조선물산공진회』)를 열기 위해 많은 경복궁 전각을 허물었던 해였다. 그럼에도 옛 궁궐을 그대로 그렸다는 것은 당시 실제 관찰하고 그린 것이라기보다 사진이나 기억에 의존해 그렸을 확률이 높다.fig. 26 이런 이유에서 적막해 보이는 이 풍경은 백악산의 봄은 여전하지만 나라를 잃은 작가의 쓸쓸함을 담았다고 해석하는 견해도 있다.[36] 변함없이 우뚝 올라간 백악산과 문이 닫힌 광화문을 그리면서 안중식은 어쩌면 봄의 새벽이 다시 오기를 기원하는 의미를 담았을 수도 있다. 그는 일찍이 개화파와 동조하면서 1884년에 갑신정변으로 일본으로 망명하기도 하고 1906년에는 애국청년단체인 대한자강회에 가담하기도 했던 깨어 있는 지식인이었다. 3.1 독립선언의 주역인 오세창(吳世昌, 1864-1953)과 가까운 사이였던 안중식은 3.1 운동 직후 경찰에 끌려가 조사를 받기도 했고 그해에 사망하였다.

　　조석진은 장승업의 화풍을 부드럽고 유연한 독자적 양식으로 발전시켰다. 그는 산수화뿐 아니라 화조도, 어해도, 기명절지를 잘 그렸던 화가였다. 현재 국립고궁박물관에 있는 「기명절지도가리개」fig. 27는 옛 청동기물, 화병의 꽃, 복숭아 가지, 수선화, 유자 등을 그린 두 폭 병풍이다. 광선은 화면 오른쪽 위에서 비스듬히 내려와 기물들을 밝고 어둡게 처리해 입체감이 나며, 서로 겹치게 배열하거나 앞뒤에 놓여 있는 것처럼 처리해 기물 사이의 거리감을 표현했다. 이러한 입체감과 원근감은 빈 배경의 평면성과 대비되며 공존한다.

　　조석진은 안중식에 비해 더 보수적이었다고 하지만 중국에서 투시도법을 배우고 이를 적용한 표지화 등을 그리기도 했다. 조석진이 그린 것으로 추정되는 소설 『철세계』(鐵世界, 1908)의 표지fig. 28를 보면 서양 회화의 삼차원적인 공간을 잘 이해하고 있음이 드러난다.[37] 『철세계』는 프랑스의 소설가 쥘 베른(Jules Verne, 1828-1905)의 공상과학 소설인 「인도 왕비의 유산」(원 제목은 '인도 왕녀의 5억 유산', Les Cinq Cents Millions de la Bégum, 1879)을 이해조(李海朝, 1869-1927)가 중국 번역본을 다시 중역한 개화기 번역 문학이었다. 표지에는 고전적 건물과 첨탑이 있는 프랑스의 소도시 풍경이 전경, 중경, 원경으로 구분되어 그려졌다. 원경에 보이는 전봇대들과 연기를 뿜어내는 공장들은 산업화, 근대화하던 19세기의 유럽을 나타내지만 흥미롭게도 청록색의 나무들에서는 전통 산수화의 특징이 살아 있다.

　　채용신(蔡龍臣, 1850-1941)은 36세에 무과에 급제 후 20여 년간 관직 생활을 한 인물이다. 그는 50세가 되던 1900년에 태조 어진을 모사하고 1901년에는 고종의 어진을 그린 바 있었다. 관직을 물러난 1906년부터 채용신은 초상화가로 활약하기 시작했다. 그가 사진을 바탕으로 그린 「최익현 초상」(1905)이나 「황현 초상」(1911) 등은 얼굴을 정밀하게 사실적으로 묘사하면서도 개인의 기개와 성격을 그대로 드러내 초상화가로서의 탁월한 능력을 보인다. 「황현 초상」fig. 29은 1910년에 자결한 우국지사 황현(黃玹, 1855-1910)을 다음 해인 1911년에 그린 작품으로, 천연당사진관에서 1909년에 찍은 사진fig. 30을 모본으로 사용했다. 사진에서 갓과 안경을 쓴 황현은 두루마기를 입고 책을 읽다 정면을 바라보는 선비의 모습인데, 초상화에서는 정자관을 쓰고 화문석 돗자리 위에 앉아 있다. 초상화에서 세밀하게 묘사된 얼굴은 사진과 거의 동일하나 채용신은 삼각형의 안정된 구도 속에서 하단에서부터 구불거리면서 올라오는 두루마기의 검은색 마감이 얼굴을 V자 형으로 받쳐 주고 검은색의 멋진 정자관과 함께 보는 사람의 시선을 얼굴에 집중하게 만든다.

　　채용신의 작품 중 가장 유명한 「운낭자상」(雲娘子像, 1914) fig. 31은 아이를 안고 정면을 바라보는 한 여인을 그린 작품이다. 화면 오른쪽 위에는 '운낭자이십칠세상'(雲娘子二十七歲像) 이라고 쓰여 있는데 이렇게 특정한 여성을 아기와 함께 그린 작품은 전통적인 한국 회화에서 찾아보기 어렵다는 점에서 이 작품은 근대로 접어드는 새로운 변화를 시사한다.[38]

　　운낭자는 평안도 가산군의 관기였던 최연홍(崔蓮紅, 1785-1846)의 초명(初名)이다. 최연홍은 가산군의 군수 정지(鄭蓍)의 소실이었는데 1811년에 홍경래의 난으로 남편과 시부모가 죽자 장례를 치르고, 부상한 시동생을 살려 내고 남은 아이들을 잘 길러 내었다고 한다.[39] 채용신이 이 운낭자를 27세로 묘사한 점은 의미가 있다. 1785년에 태어난 최연홍이 27세가 되던 해가

35
여름 풍경에는 "白岳春曉 乙卯夏日心田寫",
가을 풍경에는 "白岳春曉 乙卯秋日心田
安中植"이라는 묵서와 낙관이 있다.

36
이구열, 『근대한국미술사의 연구』(서울:
미진사, 1992), 69. 한편 안중식이
당나라 맹호연(孟浩然, 689-740)의 시
「춘효」(春曉)에서 "봄잠에 빠져 새벽이
오는 줄 몰랐다"는 내용을 차용해
망국의 현실에 빗대어 표현했다는
의견도 있다. 김이순, 「1910년대 심전
안중식의 실경산수화에 나타난 근대성」,
『미술사연구』, 30호(2016): 152.

37
『근대서화, 봄 새벽을 깨우다』, 62.

38
한국미술사에서 여인상은 고구려
고분벽화에서부터 등장하기는 하지만
부부 초상이나 미인도, 또는 풍속화
등에서만 간혹 나타날 뿐이었다. 의열한
기녀들의 초상도 몇 점 남아 있는데
「운낭자상」도 여기에 포함된다.

39
나라에서는 최연홍을 관기의 적에서
빼 주었고, 죽은 후에는 또 다른
의열한 기녀였던 계월향의 사당인
의열사(義烈祠)에 초상화를 함께 봉안하여
추모하였다.

fig. 25
안중식, 「백악춘효」, 여름, 1915, 비단에
담채, 192.2×50cm. 국립중앙박물관 소장.

fig. 26
광화문 육조거리, 1900년 이후, 유리건판,
12×16.4cm. 국립중앙박물관 소장.

fig.27
조석진, 「기명절지도가리개」,
19세기 말–20세기 초, 비단에 채색,
각 153.77×61.6cm. 국립고궁박물관 소장.

fig.28
조석진, 『철세계』 표지, 1908,
종이에 인쇄, 세로 22cm.
국립중앙도서관 소장.

fig.29
채용신, 「황현 초상」, 1911, 비단에 채색,
120.7×72.8cm. 출처: 문화재청.

fig.30
김규진, 「매천 황현 초상 사진」, 1909,
15×10cm. 출처: 문화재청.

바로 홍경래의 난이 일어났던 1811년이기 때문에 채용신이
남편이 죽은 그해의 최연홍을 그리려고 했음을 알 수 있다.

「운낭자상」은 수직적인 구성으로 전통 회화의 형식을
따르고 있지만 은밀하게 유혹적인 자태를 보이는 미인도와는
달리 차분하면서도 흔들리지 않는 견고한 모습으로 나타난다.
또 남성 화가의 시선으로 그린, 남성의 눈길을 의식하는
미인도와는 달리 최연홍은 의연하고 당당해, 사당에 모셨던
초상화처럼 일종의 경배의 이미지로 보인다. 그의 얼굴은
그러나 사실적인 초상으로 볼 수는 없을 것 같다. 채용신이 이
그림을 그릴 때는 이미 최연홍이 죽은 지 거의 70년 후이고
생전에는 사진이 소개되지 않았으므로 「운낭자상」은 최연홍의
사실 그대로의 모습이라기보다는 의열한 기녀의 이상화된
이미지로 보아야 한다.

「운낭자상」의 또 다른 흥미로운 점은 모자상이라는 점인데
이렇게 어머니와 아기가 단독으로 그려진 모자상은 처음이다.
앞가슴이 드러나는 짧은 저고리와 폭이 넓고 부푼 치마를
입은 최연홍은 둥근 물건을 쥐고 웃고 있는 건강한 아기를
안고 관람자와 마주보고 있다. 아기가 쥐고 있는 물건이
상징적일 수도 있으나 확실하게 알아보기가 어렵다. 여인이
앞가슴을 드러내고 있다는 점에서 오늘날의 사람들은 약간의
충격을 받지만 당시 노출된 젖가슴은 풍요와 다산의 상징으로
풍속화에도 등장하고 19세기 말에 찍은 사진들에서도 이러한
여인들의 모습을 흔히 볼 수 있다.

모자상과 관련해 추측해 볼 수 있는 것은 채용신이 어떤
경로에서든지 서양의 성모자상을 알고 있었던 것이 아닌가
하는 점이다. 이 작품을 제작한 1914년 당시에는 이미 화가들이
화집을 통해 서양의 종교화를 볼 기회가 많았을 것으로
보인다. 또 주로 선필로 묘사하던 치마폭을 밝고 어두운
명암을 대비해서 입체감이 나도록 그렸다는 점도 서양화의
영향이라고 말할 수 있다. 다시 말하면 「운낭자상」은 전통적
미인도 양식을 따르면서도 경배의 이미지로 변화되었으며,
새롭게 서양화적 특성을 받아들인 근대의 과도기적인
작품이다.

「벌목도」fig. 32는 채용신이 인물 초상 이외에 다른 관심사도
가지고 있음을 보인다. 화면의 각 네 모서리에 격자형이
그려져 있어 마치 카메라 렌즈의 프레임 속에 잡힌 장면을
보는 것 같은데, 전경, 중경, 원경의 풍경이 사실적으로 펼쳐져
있다. 풍경 속에서 청록의 나무는 전통적으로 그려져 있고
이에 비해 매우 작게 그려진 일꾼들이 나무를 베는 노동을
하고 있다. 「벌목도」는 풍속도의 범주에 들어가면서도 서양
회화처럼 일상의 한 장면을 그린 작품 같기도 해, 전통과
근대적인 사실감이 혼재되어 있다.

fig. 31
채용신, 「운낭자상」, 1914, 종이에 채색,
120.5×62cm. 국립중앙박물관 소장.

fig. 32
채용신, 「벌목도」, 20세기 초, 비단에
채색, 104.9×65cm. 호림박물관 소장.

雲娘子二十七歲像

甲寅泃月石芝寫

붓과 먹으로 그리는 서화의 세계에 유입된 물감을 기름에 개어 그리는 서양의 유화 기법과 사실주의적 회화는 화단의 큰 변화를 예고했다. 서양미술에 대한 정보는 이미 18세기부터 들어오고 있었는데 그 주요 통로는 청나라 연경(오늘날의 베이징)을 왕래하던 사신이나 사절단에 동행했던 사람들의 기록이었다. 이들은 천주당의 벽화나 천장화에서 본 종교화의 사실적인 묘사에 대한 충격과 놀라움을 생생하게 기록하기도 했다.[40] 19세기에 실학자 이규경(李圭景, 1788–1863?)은 백과사전 형식의 『오주연문장전산고』(五洲衍文長箋散稿)에서 "연경으로부터 흘러 들어온 소위 양화는 치수를 갖추어 거울에 비친 듯 분명하게 그린 것이다. 그러므로 실제 상과 똑같고 살아 움직이는 듯하다. 그리고 그 위 약수를 발라 유리를 덮어 놓은 것같이 영롱하고 맑게 비쳐 그 색채와 형상으로 하여금 서로 그림 밖으로 돌출하게 한다. 보는 사람은 스스로 진짜인지 가짜인지(실물인지 그림인지)를 전혀 판별하지 못한다"고 해설했다.[41] '거울에 비친 듯' 그렸다는 이규경의 말은 르네상스 이후 서양의 사실주의 회화의 개념을 정확히 짚고 있다. 이처럼 서양 회화가 조금씩 소개되면서 화가들의 관심의 대상이 되었던 기법은 원근법과 명암법으로 강세황(姜世晃, 1713–1791), 이형록(李亨祿, 1808–1883), 홍세섭(洪世燮, 1832–1884) 등이 작품에 시도한 예를 볼 수 있다.

근대의 서막에 서양화의 개념을 인식하게 해 준 것은 주로 신문이나 출판물 같은 인쇄 매체로, 간접적 방식으로 수용되었다. 기본적으로 인본주의를 바탕으로 하는 서양 회화는 인간 중심의 이야기가 서술되는 사실적인 공간의 구현이라는 점에서 동양의 전통 회화와는 달랐다. 르네상스 이후에 설립된 미술 아카데미는 회화는 무언시(無言詩)처럼 인물의 동작, 표정, 운동감 등으로 그들의 사상이나 감정을 말없이 표현한다는 개념에 바탕을 두었다. 서양의 화가들은 명암법, 원근법 등을 발전시켜 마치 우리가 이 세상을 보는 듯한, 다시 말하면 사실적인 공간을 화면에 재현하고 그 속에 인물들을 배치해 이야기를 읽게 만들었다.

이러한 서양적 개념이 정착하게 되는 중요한 창구의 하나가 19세기 말부터 활발해진 인쇄물에 곁들인 삽화 종류였다. 인쇄물은 개화기에 등장한 대중성이 강한 시각 매체로 계몽과 문명개화의 중요한 도구였다. 1883년 10월 31일 박문국에서 근대적 인쇄 시설을 갖추고 『한성순보』(漢城旬報)를 창간하면서 목판 삽화 「지구전도」(地球全圖)를 실은 것이 대중 인쇄 매체에 실린 최초의 이미지였다. 이후 발간된 도서, 신문, 잡지의 글에는 삽화나 사진 이미지가 동반되어 독자의 눈길을 끌었다. 특히 서구에 문호가 점차 개방되면서 합법적인 포교 활동을 할 수 있게 된 선교사들이 번역 출판한 종교 서적들은 원서의 삽도를 그대로 옮기거나 서양풍으로 제작되던 중국의 종교 목판화를 옮긴 것이 대부분으로, 원근법이나 입체감을 적용하고 사실적으로 묘사해 그 내용을 이해하기 쉽게 만들었다. 구약 성서의 유명한 사건 80점을 그려 놓은 『성경도설』(聖經圖設, 1892)은 국문으로 번역된 종교 서적으로, 긴박감 넘치는 사건들이 마치 눈앞에서 펼쳐지듯 실감나게 그려져 있다.[42] fig. 33

1895년에 한글로 번역 발간된 영국인 존 버니언(John Bunyan, 1628–1688)의 『텬로력뎡』(天路歷程, The Pilgrim's Progress)은 종교적 우의(寓意)소설이다.[43] 원산 지역에서 선교 활동을 하던 캐나다인 게일(James Scarth Gale, 1863–1937) 목사가 번역한 이 책의 삽도는 목판화로 제작되었는데 원근법이나 투시도법이 소극적로나마 적용되어 배경에 산이 보이고 전경에는 가족들의 만류를 뿌리치고 봇짐을 지고 집을 떠나는 주인공이 그려져 있다. fig. 34 인물들이 거의 선으로

40
1780년 청나라 건륭 황제의 70세 생일을 축하하기 위해 파견된 외교 사절단의 일원으로 한 달 정도 중국에 있었던 실학자 박지원(朴趾源, 1738–1805)의 견문록 『열하일기』(熱河日記)에는 연경의 성당에 그려진 천정화와 벽화를 직접 본 경험에 대한 글이 쓰여 있다. "천장을 우러러보니 수없는 어린애들이 오색구름 속에서 뛰노는데, 허공에 주렁주렁 매달려 있는 것이 살결을 만지면 따뜻할 것만 같고, 팔목이며 종아리는 살이 포동포동 쪘다. 갑자기 구경하는 사람들이 눈이 휘둥그레지도록 놀라, 어쩔 바를 모르며 손을 벌리고서 떨어지면 받을 듯이 고개를 젖혔다." 이성미, 『조선시대 그림 속의 서양화법』(서울: 대원사, 2000), 104–105에서 재인용.

41
이규경, 『오주연문장전산고』 (五洲衍文長箋散稿), 하(下), 한국고전영인대보(韓國古典影印大寶), 38권(서울: 명문당, 1977), 145; 이성미, 『조선시대 그림 속의 서양화법』, 115–116에서 재인용.

42
사이츠(S. M. Sites)가 쓰고 로스와일러(L. Rothweiler)가 옮긴 이 책의 그림은 다음에 실려 있다. 숭실대학교 한국기독교박물관 편, 『한국기독교박물관』(서울: 숭실대학교 한국기독교박물관, 2004), 258.

43
줄거리는 작자의 꿈 이야기를 하는 형식으로 되어 있다. 이야기의 주인공 크리스천이 모든 것을 버리고 무거운 짐[罪]을 등에 지고, 한 권의 책(성서)을 손에 들고 고향인 '멸망의 도시'를 떠나 여정 끝에 '하늘의 도시'에 도달한다는 줄거리이다.

fig. 33
S. M. 사이츠, 『셩경도셜』, 루이자 로스와일러 옮김(조선성교서회, 1892). 숭실대학교 한국기독교박물관 소장.

fig. 34
존 버니언, 『텬로력뎡』, 제임스 게일 옮김, 김준근 삽화(1895). 화봉책박물관 소장.

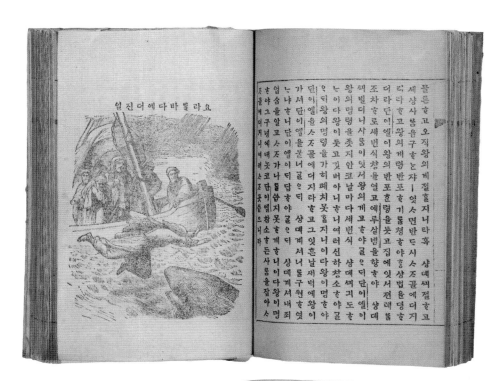

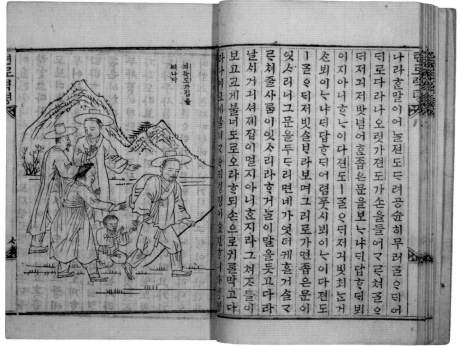

묘사된 이 삽화를 그린 화가는 기산(箕山) 김준근(金俊根)이다. 그의 그림은 1863-1865년에 영국에서 출판된 맥과이어(Robert Maguire, 1826-1890)의 『턴로력뎡』 주석본에 실린 삽도와 거의 유사한데 인물들은 모두 한복을 입고 갓을 쓴 조선인으로 바뀌었다.[44] 다양한 풍속을 채색화로 그리거나 목판화 기법을 부분적으로 적용하고 채색하는 방법으로 대량 제작하고 판매했던 김준근의 고객은 주로 원산, 부산, 서울, 제물포 등지에 거주하던 외국인들이었다.[45]

서화에서 미술로 변화하는 과도기에 사용된 용어가 도화(圖畵)였다. 1895년 고종은 「교육조서」를 반포하고 교육 체계를 근대적으로 정립하고자 했다. 「소학교령」이 공포되고 관립 소학교가 설립되면서 도화와 수공(手工) 과목이 교과 과정에 포함되었다. 도화란 도학, 회화, 도안을 모두 포괄하는 용어였다.[46] 즉 사물을 정확히 관찰하고 사실적으로 묘사하는 기술을 익히는 과목이었고, 이를 위해서는 원근법, 투시도법, 명암법 등을 배워야 했다. 오늘날의 교육부와 같은 역할을 했던 학부(學部)의 편집국에서는 일본 심상사범학교와 고등사범학교의 교과서와 참고서를 모델로 1896년 소학교용 국어 교과서인 『신정심상소학』(新訂尋常小學)을 발행했다. 이 책은 국한문 혼용이지만 한자를 제한적으로 사용하면서 생활, 가정, 사회 등의 신문물에 대한 지식을 소개하는 종합적인 내용을 갖추고 있었다. 여기에 곁들인 삽화도 대부분 일본 교과서의 삽화를 그대로 사용하기는 했지만, '학교'와 같은 항목에서 선생님이 바지저고리와 두루마기를 입고 있듯이 일부는 조선의 생활에 맞게 바꾸었다. 1906년 공포된 「보통학교령」에는 도화가 필수 과목으로, 수공이 선택 과목으로 명시되었다. 이때부터 도화 과목에서는 실제 대상을 그릴 수 있는 능력을 갖추게 하고 겸하여 미감(美感)을 양성함을 목표로 해 오늘날의 미술과 비슷한 개념으로 조금씩 바뀌는 것을 발견할 수 있다. 미술 교육이라기보다 일종의 실업 교육이었던 이 과목을 가르칠 수 있는 교사를 구하기는 쉽지 않아 1906년에 한성사범학교 도화과에서는 도쿄미술학교 출신인 고지마 겐자부로(兒島元三郎)와 같은 일본인 서양화가를 특채하기도 하였다.[47]

도화 과목이 필수가 되면서 교과서가 필요하게 되었다. 학부에서는 1907년에서 1908년까지 모두 네 권으로 된 『도화임본』(圖畵臨本)을 발간했는데 이것이 최초의 국정 미술 교과서였다. 『도화임본』에는 생활 주변의 사물, 동물, 자연, 인물 등을 눈으로 관찰하고 정확하게 그리는 능력을 키우는 것을 중요시한 108점의 삽화가 실렸다.fig. 35 이 삽화들은 모두 안중식과 조석진의 문하생이었던 이도영이 그린 것으로 알려졌으나 반론이 제기되기도 한다.[48] 학생들은 처음에는 전통적인 도구인 모필로 그렸으나 곧 연필로 바뀌었고, 야외

사생도 교육 과정의 하나로 실천되었다.

안중식과 조석진이 삽화나 표지화를 그렸던 것처럼 인쇄 매체는 화가들에게 새로운 장을 제공해 주었다. 이도영은 오세창이 발행한 『대한민보』에서 근무하면서 본격적으로 목판으로 제작한 신문 삽화를 그렸다.[49] 그는 계몽적 이미지와 비평적 문구를 곁들여 정치적, 사회적 메시지가 풍자적으로 전달되는 시사만화를 시도한 최초의 신문 삽화가였고 이러한 삽화는 글로 쓴 사설보다 더 효과적일 수도 있었다. 흔히 삽화, 또는 삽도로 번역되었던 이미지들은 서양의 경우 카툰(cartoon), 코믹(comic, comics), 캐리커처(caricature), 또는 일러스트레이션(illustration) 등 여러 종류로 구분된다. 예를 들어 카툰이 메시지가 있는 하나의 드로잉이라면 코믹은 여러 칸으로 구성되어 말풍선으로 정치 사회적인 논평을 유머러스하게 전달한다. 캐리커처는 어떤 대상을 희화화해 풍자하는 종류를 의미하며, 일러스트레이션은 어떤 특정한 글의 이해를 돕기 위한 시각적 표현이다. 이도영의 삽화는 한 칸에 그려졌지만 카툰과 코믹을 혼합하는 성격을 가진다고 할 수 있다.

이도영이 관여한 『대한민보』는 실력 양성만이 국권을 회복하고 독립을 유지하는 길이라 주장했던 대한협회의 기관지로, 1909년 6월 2일 창간호에 그의 목판으로 제작한 삽화를 실었다.fig. 36 '삽화 1'이라는 상단 제목 아래 서양 양복과 모자를 쓴 개화기 지식인이 서 있고 그의 입에서 뿜어져 나오는 네 개의 선으로 "국가정세를 바르게 이해하고, 한민족의 혼을 하나로 모이게 하며, 백성의 목소리를 모아, 다양한 보도"를 목표로 한다는 『대한민보』 사훈(社訓)이 쓰여 있다.[50] 대한자강회 등 여러 애국 단체에 가입했던 이도영이 주로 다룬 주제는 실력 양성, 사회 풍자, 친일 인사 비판, 사회의 퇴폐적 행태 등이었다. 『대한민보』는 한일병합으로 1910년 8월 31일에 폐간되기까지 346편의 이도영의 시사만화를 실었다.

이 무렵 몇 명의 외국인 화가들이 조선을 방문했다. 탐험가이자 화가, 저술가이기도 했던 영국인 아널드 헨리 새비지-랜도어(Arnold Henry Savage-Landor, 1865-1924)는 1890년부터 여러 달 머무르면서 민상호(閔商鎬, 1870-1933) 등 왕족들의 주문도 받았고 여러 드로잉을 남겼다. 영국으로 돌아간 후 그는 1895년 런던에서 『코리아 또는 조선: 고요한 아침의 나라』(Corea or Cho-sen: The Land of the Morning Calm)를 출간했다. 왕실의 초대를 받아 고종을 알현했던 새비지-랜도어는 그의 책에 고종을 스케치한 삽화를 실었다.[51] 스코틀랜드 출신의 여성 화가 콘스탄스 테일러(Constance J. D. Tayler, 1868-1948)도 1894년에서 1901년까지 조선에 살면서 유화와 스케치 여러 점을 그렸고 런던에서 『한국인들,

44
신선영, 「김준근필 텬로력뎡 삽화 연구」, 『동양학』, 47집(2010): 179–207.

45
기산 김준근은 주로 민속적인 풍습, 의례, 생업 같은 서민들의 생활이나 모습을 제작했다. 그의 작품은 외교관이나 선교사에게 상당히 인기가 있고 잘 팔려 오늘날 약 1,500점 정도가 해외 박물관에 소장되어 있다. 이런 다량 제작은 그의 화실이 공방 체제로 운영되어 가능했다는 의견이 제시되었다. 박효은, 「'텬로력뎡' 삽도와 기산풍속도」, 『숭실사학』, 21집(2008): 172.

46
1895년 8월 12일에 제정된 「소학교교칙대강」에서 "도화는 안(眼)과 수(手)를 연습하여 통상(通常)의 형체를 간취하고 정(正)하게 화(畵)하는 능(能)을 양(養)하고 겸하여 의장(意匠)을 연(練)하고 형체의 미(美)를 변지(辨知)케 함"으로 되어 있다. 수공은 "간이한 물품을 제작하는 능력을 득케하여 사량(思量)을 정확하 하고 근로를 호하는 습관을 양함으로 요지를 함이라"라고 되어 있다.

47
『대한매일신보』, 1906년 9월 8일 자.

48
이도영이 그린 것으로 본 연구자는 이구열이었다. 『근대한국미술의 전개』(서울: 열화당, 1977), 50, 80; 일본인이 주도했을 가능성은 홍선표에 의해 제기되었다. 『한국근대미술사: 갑오개혁에서 해방 시기까지』(서울: 시공사, 2009), 38; 김예진은 양식이 조금씩 달라 여러 화가들이 참여했을 가능성이 있다고 보고 있다. 「관재 이도영의 미술 활동과 회화세계」(박사논문, 한국학중앙연구원, 2013), 100–101.

49
김예진, 같은 논문, 63.

50
"대국(大局)의 간형(肝衡), 한혼(韓魂)의 단취(團聚), 민성(民聲)의 기관(機關), 보도(報道)의 이채(異彩)", 『대한민보』, 1909년 6월 2일 자.

51
권행가는 새비지-랜도어가 궁궐에 들어가 고종을 알현했지만 초상화를 그렸다는 기록은 없는 것으로 보아 이 삽화는 로웰의 사진에 근거해 그린 것이라고 보고 있다. 권행가, 『이미지와 권력』, 83.

fig.35
학부에서 펴낸 최초의 국정 미술 교과서 『도화임본』(1907–1908) 표지와 본문.

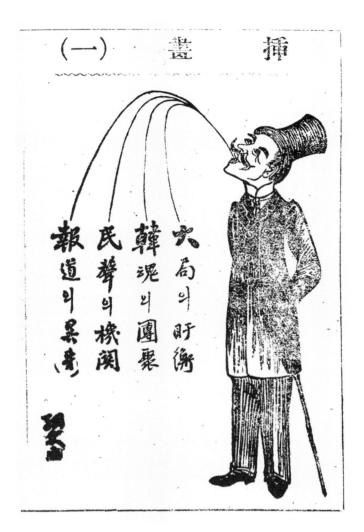

fig. 36
이도영, 『대한민보』 창간호 삽화, 1909년
6월 2일 자.

fig. 37
휴버트 보스, 「서울풍경」,
1899년 추정, 캔버스에 유채, 31×69cm.
국립현대미술관 소장.

fig. 38
휴버트 보스, 「고종 초상」, 1899, 캔버스에
유채, 199×92cm. 개인 소장.

스코틀랜드 여성의 인상』(Koreans at Home, The Impression of a Scotswoman, 1904)을 출간했다. 1919년에 조선에 와 결혼식이나 장례식 등 민속적인 장면과 풍경을 목판화로 제작한 엘리자베스 키스(Elizabeth Keith, 1887–1956) 역시 스코틀랜드 출신이다. 키스는 1921년 경성은행집회소에서, 그리고 1934년 미츠코시 백화점 화랑에서 전시회를 갖기도 했다.

몇몇 외국 화가들은 고종의 초상을 그릴 기회를 얻을 수 있었다. 프랑스의 조제프 드 라 네지에르(Joseph de la Nézière, 1873–1944)는 1902년에 고종을 알현하고 초상화를 그렸으며, 이 초상화를 바탕으로 그린 삽화가 1903년에 『극동의 이미지』(L'Extrême Orient en Image, 1903)에 실렸다.[52] 그가 그린 고종의 초상화는 프랑스 화보 잡지 『라 비 일뤼스트레』(La Vie Illustrée) 1904년 1월 24일 자 표지에 나오는데 현재 이 초상화의 행방은 알려지지 않는다.[53] 네지에르보다 앞서 고종의 초상을 그린 화가는 네덜란드 출신의 미국인 화가 휴버트 보스(Hubert Vos, 1855–1935)로 아시아를 여행하다가 1898년이나 1899년경 조선에 도착했다.[54] 그는 원래 정밀한 아카데믹한 화풍의 대가였던 프랑스의 코르몽(Fernand Cormon, 1845–1924)에게 배웠던 화가로 1893년 시카고 박람회의 네덜란드 전시 부책임자로 임명되면서 미국으로 왔다. 이 무렵에는 인종에 대한 관심이 많았는데 보스 역시 순수한 인종의 혈통이 점점 감소하는 것을 인식하고 1895년부터 약 10년간 일본, 인도네시아, 자바, 중국 그리고 조선을 방문하면서 족자카르타의 술탄, 중국의 위안스카이(袁世凱), 리훙장(李鴻章), 그리고 나중에는 서태후(西太后)의 초상도 그렸다. 조선에 온 보스는 미국 공사관에 머무르면서 「서울풍경」fig. 37을 그렸다. 보스는 또 명성황후의 사촌 동생이자 외부협판이었던 민상호를 만나 그의 초상을 그렸고, 민상호의 소개로 고종과 세자의 초상화를 그렸는데 그 대가로 거금 1만 원을 받았다고 전한다.[55]

보스의 「고종 초상」(1899)fig.38에서 고종은 평상시 업무를 볼 때 입는 황룡포와 익선관을 쓰고 있는데 흉배에는 태극문이 그려져 있다. 보스의 관심이 인종의 묘사에 있었기 때문이었는지 이 초상화에서 고종은 통치자의 위용과 권력을 상징하는 화려한 커튼이나 칼과 같은 소도구가 전혀 없이 거의 관찰의 대상이 되었다. 고종의 초상화는 경운궁에 보관되어 있었으나 1904년 화재 때 불타 버렸고, 고종의 허락하에 보스가 또 하나 그려 가지고 나간 초상화는 현재 미국의 한 개인이 소장하고 있다.[56] 이외에 미국의 스미스소니언 박물관에 소장 중인 「한국의 왕」(King of Korea)fig. 39은 그곳에서 도상화가로 재직하던 쉰들러(Antonion [혹은 Antonio] Zeno Shindler, 1823–1899)가 유화로 그린 초상화다.

쉰들러는 당시 미국에서 수집하던 여러 인종의 사진을 다시 유화로 옮기는 작업을 했다고 하는데 아마 「한국의 왕」도 로웰의 사진을 바탕으로 그린 그림으로 여겨진다. 보스를 비롯해 당시 조선을 방문한 서양의 화가들이 조선인 화단과 접촉하거나 교류가 있었다는 기록은 없으며 이들의 방문이 화단에 미친 영향도 거의 없었다고 추정된다.[57]

52
네지에르는 고종의 초상화를 그리게 된
연유를 다음 인터뷰에서 밝히고 있다.
『19세기말-20세기 초 서양인이 본 한국』,
국립중앙박물관 역사자료총서 17(서울:
국립중앙박물관, 2017), 246-248.

53
권행가, 『이미지와 권력』, 216-218.

54
미국 코네티컷주에 있는 스탬퍼드
미술관 도록에는 보스가 조선에서
그린 작품들을 모두 1898년 제작으로
밝혔다. 이것은 아마도 「서울 풍경」에
서명과 함께 98년이 적혀 있기 때문인
것으로 보인다. 보스의 입국 날짜는
확실하지 않은데, 1899년 7월 12일 자
『황성신문』에 "몇 달 전에 미국 화가
보스 씨가 미국 공사관에 와서 머물고
있었는데 (…) 어진과 세자의 초상을 그려
바치고 그 보상으로 1만 원을 받고 일전에
떠나갔다더라"는 기사가 있는 것을 보면
그가 1899년 상반기 어느 기간에 한국에
있었다는 것을 알 수 있다. 이구열은
『황성신문』 기사 이외에도 몇 가지
기록을 토대로 보스가 1899년 5-6월께
서울에 와서 두어 달간 머물렀으며, 「서울
풍경」에 사인된 1898년은 후에 불확실한
기억으로 한 것으로 보고 있다. *Hubert
Vos, Dutch-American Painter*, exh. cat.
(Stamford, CT: Stamford Museum and
Maastricht Netherlands, Bonnefanten
Museum, 1979); 이구열, 「19세기 말에
한국을 찾아왔던 첫 서양인 화가」,
『근대한국미술사의 연구』, 136-139.

55
「화진수금」(畵眞酬金), 『황성신문』,
1899년 7월 12일 자.

56
보스는 이 초상화를 1900년 파리
만국박람회에 출품하였다. 이 초상화는
미술 전람회에 전시된 것이 아니라
그림, 초상화, 사진, 도표 등으로
인종이나 사회적 전형을 비교하는
전시에 포함되었다. 김영나, 「서양과의
첫 만남: 1893년 시카고 만국박람회와
1900년 파리 만국박람회의 조선관 전시」,
『서양미술사학회논문집』, 13집(2000):
75-106; 『20세기의 한국미술 2: 변화와
도전의 시기』, 개정판(서울: 예경, 2014)
재수록, 36 참조.

57
조선에 남아 있던 외국인이 그린 유화는
보스의 「고종의 초상」이 처음인 것으로
알려졌으나 19세기 초 중국 연경에 있는
한 외국인 화가가 유화로 그린 「박회수
초상」(1833년 추정)이 가장 이른 예라는
주장이 나왔다. 신민규, 「조선인이 그려진
가장 오래된 유화 「박회수 유화초상」」,
『미술자료』, 92호(2017): 206-219.

fig. 39
안토니온 제노 쉰들러, 「한국의 왕」,
1893년경, 캔버스에 유채, 106.7×71.1cm.
스미스소니언 미술관 소장.

전시의 시작: 공진회, 박람회, 박물관

근대 사회의 성립이 시민 사회의 형성과 공중(公衆)에 기반을 둔다면 공공의 장소에서 전시품을 모아 대중에게 공개하는 전람회는 중요한 제도의 하나가 된다. 이것은 미술 감상이 과거 몇몇 애호가들이 사랑방에 모여 작품을 감평하는 사적인 영역에서 공적인 영역으로 이동함을 의미하는 것이다. 조선의 첫 번째 전시 경험은 1893년과 1900년에 각각 시카고와 파리에서 열린 만국박람회에 참가한 것이었다. 1855년 런던의 수정궁에서 『만국 산업물산 대박람회』(The Great Exhibition of the Works of Industry of All Nations)라는 이름으로 시작된 만국박람회는 이후 미국과 유럽이 번갈아 개최하면서 동서양의 정치, 경제, 산업, 문화가 교류하는 근대적 전시 공간이 되었다.[58] 박람회는 근대화 과정에서 이루어 낸 과학기술의 발전과 인간의 진보, 그리고 미래에 대한 신념을 실제 눈으로 확인하게 하는 커다란 볼거리였다.

조선은 1882년 미국과 수교한 후 미국의 초청으로 1893년 시카고 박람회(World's Columbian Exposition, Chicago)에 참가했다. 조선은 독립관을 건립하지 못했고 여러 다른 나라와 같이 '제조와 교양관'(Manufactures and Liberal Arts Building)에 마련된 일종의 부스 형태의 약 25평(889제곱피트) 정도의 공간에 가구, 도자기, 의복, 수공예품, 농산물, 악기 등을 전시했다.fig. 40 미국의 언론들은 국제 무대에 처음 등장한 조선을 이국적이고 신기하고 고립된 나라로 보도한 바 있다.[59] 전시관을 지키던 젊은 조선인은 관람객들의 질문에 일일이 대답하기에 지쳐 종이에 다음과 같은 글을 영어로 써서 조선 지도 옆에 붙여 놓았다고 한다. 그 글을 번역해 보면 다음과 같다. "Korea와 Corea는 둘 다 틀리지 않지만 Korea로 써 주기 바란다. 조선은 중국의 일부가 아니라 독립 국가다. 조선인은 중국어를 사용하지 않으며 조선어는 중국어나 일본어와 다르다. 조선은 미국과 1882년에 조약을 맺었다. 여기 전시된

모든 물건들은 정부의 것이다. 조선은 전기를 쓰고 있고, 증기선, 전보를 사용하지만 아직 철도는 없다. 조선인들은 기와로 만든 지붕과 따뜻하게 데워지는 마루가 있는 편안한 집에서 생활한다. 조선의 문명은 오래되었다. 면적은 10만 제곱피트고 인구는 1,600만이며 기후는 시카고와 비슷하다. 지리적 환경은 산이 많고 광산물은 아직 덜 개발되었으며, 쌀, 콩, 밀 등의 농산물들이 많다."[60]

1900년 파리 만국박람회(Exposition Universelle de 1900)는 지난 100년간의 눈부신 발전을 실제 확인하고 기념하기 위해 열린 박람회로 약 5,000만 명이 관람하였다. 조선 정부가 모든 비용을 댔던 시카고 박람회와는 달리 파리 만국박람회에서는 프랑스 정부의 알선으로 미므렐 백작(Comte de August Mimerel IV, 1867–1928)이 지원해 경복궁의 근정전을 모델로 하는 독립된 한국관fig. 41이 세워졌다.[61] 건축은 베트남 등지에서 활동하던 프랑스의 외젠 페레(Eugène Ferret)가 맡았고 조선 정부가 보낸 두 명의 목수가 조수 역할을 한 것으로 알려진다.[62] 여기에는 정부의 소장품 외에 국내에 있던 프랑스인들이 수집한 비단, 가구, 금은세공품, 도자기 등이 전시되었고 전시관의 모습은 일간지 『르 프티 주르날』(Le Petit Journal)에 삽화로 실리기도 하였다.fig. 42 이 삽화에는 중국인 복장을 한 사람과 일본의 단오절 풍습인 잉어 깃발이 등장하는데 아직도 조선을 일본과 중국, 그 중간 어딘가에 위치한 나라로 인식하고 있음을 보인다.

유럽과 미국에서 열린 만국박람회에 참가해 발전하는 세계 각국의 기계 산업과 물질문화를 목격한 조선은 서양의 발전에 놀랐으며, 그동안 국제적인 흐름에 어두웠음을 각성하고 산업 기술을 장려하는 박람회에 관심을 가지게 되었다. 1902년에는 농상공부령에 의해 「임시 박람회 사무소 규칙」이

58
김영나, 「서양과의 첫 만남」, 『20세기의 한국미술 2』, 15–49.

59
같은 글, 29–30.

60
Chicago Record's History of the World's Fair (Chicago: Chicago Daily News Co., 1893), 224; 김영나, 「서양과의 첫 만남」, 29에서 재인용.

61
김영나, 「서양과의 첫 만남」, 32–36; Daniel Kane, "Display at Empire's End. Korea's Participation in the 1900 Paris Universal Exposition," *Sungkyun Journal of East Asian Studies*, vol. 4, no. 2 (2004): 41–66. 파리 만국박람회 출품 목록은 『한불관계자료: 조불공사, 파리박람회, 홍종우』(과천: 국사편찬위원회, 2001), 221–223 참조.

62
진경돈·박미나, 「1900년 파리만국박람회 한국관의 건축 경위 및 건축적 특성에 관한 연구」, 『한국실내디자인학회논문집』, 17집, 4호(2008): 17, 주 36.

fig. 40
시카고 박람회에 설치된 한국 전시, 1893. 출처: H. H. 밴크로프트(H. H. Bancroft), 『박람회 책』(The Book of the Fair, 시카고: 밴크로프트 컴퍼니, 1893), 219.

fig. 41
파리 만국박람회 한국관, 1900. 출처: 리처드 D. 멘델(Richard D. Mandell), 『파리 1900: 위대한 만국박람회』(Paris 1900: The Great World's Fair, 토론토 대학 출판부, 1967), 91.

EXPOSITION DE 1900
Pavillon de la Corée

fig. 42
『르 프티 주르날』에 실린 한국관 삽화,
1900년 12월 16일, 45×30.8cm.

fig. 43
『조선물산공진회』 광고지에 실린
「공진회회장경복궁지도」. 국립민속박물관
소장.

제정되어 상설 진열과 개설 운영을 계획했는데 여기에는 미술품부와 공업물부가 있었다. 1907년에는 『경성박람회』가 개최되었으나 통감부에서 주도한 것으로 이때는 이미 일본이 대부분의 업무를 장악하고 있었다. 『경성박람회』는 근대적으로 산업화된 생활에 대한 관심을 끌기 위해 기획되었고 대부분의 물품은 일본에서 온 것이었다. 처음에는 그다지 관심을 끌지 못했던 『경성박람회』는 입소문이 나면서 나중에는 하루에 거의 2,800명 정도의 관람객이 입장한 것으로 알려진다.

식민지가 된 조선에서 일본은 1915년에 『조선물산공진회』를 9월 11일부터 10월 31일까지 경복궁에서 개최하였다.fig. 43 공진회는 박람회보다 격이 낮은 것이었으나 체제나 구성은 거의 서양 박람회를 모방하고 있었다. 전시관을 짓기 위해 총독부는 경복궁에서 수많은 전각들을 헐어내고, 제1호관, 제2호관, 참고관, 미술관, 기계관, 심세관(審勢館), 귀빈관, 동척특별관, 철도국 특별관을 세웠다. 25미터 높이의 두 개의 탑이 올라간 제1호관 자리가 후일 조선총독부 청사가 세워지는 곳이다. 조선 왕실을 상징하는 정궁이었던 경복궁은 이제 일본의 제국주의를 홍보하는 장소가 되었다. 전시 품목은 병합 이후의 개량된 곡식 품종이나 개선된 집의 모형, 학교 등을 과거의 방식과 비교하면서 전근대적이고 폐쇄적이었던 조선이 식민 통치 5년간 얼마나 근대적으로 발전했는지를 시각적으로 선전하고자 했다.

51일간 계속된 공진회에는 모두 4만 8,760점이 전시되었으며 총 관람자는 116만 4,383명이었고 이 중 조선인은 72만 7,173명이었다. 공진회는 한편 본격적인 미술 전시회의 시작이기도 했는데 이렇게 박람회에 미술 작품을 포함한 것은 서구의 박람회를 모델로 한 것이다. 대부분의 박람회 전시관은 임시 건물이었지만 고전주의 양식의 미술관을 영구적인 건물로 지은 이유는 후일 박물관 건물로 사용하기 위해서였다. 미술관에는 약 1,300점이 전시되었다. 전시품은 청동기, 칠기, 회화, 도자기나 지방에서 발견한 고고학 유물, 그리고 불상 등이었다. 신미술 전시에는 일본인 86명과 조선인 57명이 참가했다. 안중식, 조석진 같은 서화가들의 작품도 있었지만 도쿄미술학교에서 서양화를 배우고 돌아온 서양화가 고희동과 김관호(金觀鎬, 1890–1959)의 작품도 전시되었다. 동양화, 양화, 조각을 장르별로 분리해 전시한 것도 서구적 개념을 따른 것이었다. 이로써 동양화, 서양화, 조각과 같은 새로운 미술 용어가 대중적으로 인식되기 시작했다. 공진회 전시를 위해 수집한 고미술품들은 폐막 후 미술관 건물을 조선총독부박물관으로 재개관하면서 그리로 옮겨졌다.[63]

조선총독부박물관은 한국 최초의 박물관은 아니었다. 이미 1908년에 창경궁의 한옥에 제실박물관fig. 44이 설립되어 1909년 11월부터 대중에게 공개하고 있었다. 처음에는 별도의 명칭이 없어 신문에서는 제실박물관, 황실박물관, 어원박물관, 창경궁 박물관 등 여러 이름으로 불렸다.[64] 어원사무국에서 관리하던 이 박물관에 대해 1908년 2월 12일 자 『황성신문』에는 박물관의 목적은 각도서미술품(各圖書美術品)과 문명적기관진품(文明的機關珍品)을 모아 보여 줌으로써 국민의 지식을 계몽하는 것이라는 기사가 실렸다. 이러한 기사를 보면 통감부의 주도하에 창경궁에 동물원, 식물원과 함께 건립된 박물관이 새 황제의 무료함을 달래기 위한 목적만으로 만들어진 것은 아니라고 판단된다.[65] 순종 자신은 매주 목요일에 관람을 할 터이니 나머지 날에는 일반에게 공개하라고 했다고 알려져 계몽의 목적이 있었다고 보이기 때문이다.[66] 국민들에게 굳게 닫혀 있었던 궁궐을 개방하고 박물관에 들어와 실물을 볼 수 있게 했다는 것 자체도 큰 의미가 있다.

박물관은 한편 공공장소에서 어떻게 행동해야 하는지를 교육하는 곳이기도 했다. 1909년의 「어원종람규정」 (御苑縱覽規定)에 의하면 "정신 이상자, 만취한 자, 7세 미만으로 보호자가 없는 자의 입장을 금한다", "누추한 의복을 입는 것이 불가함, 원내에서는 정숙할 것, 담배와 음식물의 사용은 소정의 휴게소에 한해 허락할 것, 가축류의 입장은 불가함, 마차 등을 타는 것은 불가함"이라는 규정이 있다.[67] 박물관은 계급을 차별하지 않는 열린 공간이면서 관람을 통해 시민을 계몽시켜 문명과 문화의 세계로 안내하며, 정신적이고 지성적인 교훈을 보여 주는 사회 통합의 장이라는 서양의 개념이 조선에도 소개된 것이다. 18세기 후반부터 19세기에 박물관 건립 붐이 일었던 유럽에서는 미술 작품에는 인간을 도덕적, 윤리적, 감성적으로 변화시킬 수 있는 힘이 있으며 미술 감상을 통해 교양을 갖춘 근대적 시민이 될 수 있다고 믿었다.

창경궁의 전각에 자리 잡고 전시하던 박물관은 1911년에는 일본 건축적인 외형을 갖춘 새로 지은 본관으로 옮겼다. 제실박물관은 한일병합 이후 대한제국의 황제와 황족이 일본의 황실보다 격이 낮은 대우로 밀려나게 되자 공식적으로 '이왕가박물관'으로 불렸고 1912년에 『이왕가박물관소장품 사진첩』을 발간했다. 이 박물관에는 왕실 소장품이 많지 않았고 주로 구입을 통해 소장품을 수집했다. 미술품 수집은 1908년부터 시작했는데 중국과 일본 미술도 포함되었다. 개관 당시에는 서화류, 도자기, 금속공예품 등 8,600여 점을 소장하고 있었으나 흩어져 있었던 문화재를 모아 1912년에는 1만 2,230여 점을 확보하게 되었다.

63
『시정오년기념 조선물산공진회 보고서』,
2권(조선총독부, 1916), 555–560. 이
건물들 중 유일한 석조 건물이었던
미술관 건물은 박람회 이후에 조선총독부
박물관으로 사용되었다. 해방 이후
국립박물관으로 쓰던 이 건물은 학술원과
예술원, 전통공예전시관으로 바뀌면서
유지되다가 1998년 경복궁 복구 계획과
더불어 철거되었다.

64
『대한매일신보』 1908년 1월 9일 자에
제실박물관이라는 명칭으로 보도되었다.
제실박물관과 조선총독부박물관에
대해서는 다음 참조. 한국 박물관
100년사 편찬위원회 편, 『한국박물관
100년사: 1909–2009』(서울:
국립중앙박물관·한국박물관협회, 2009).

65
이왕직 차관 고미야 미호마츠
(小宮三保松)는 총리대신 이완용 등이
주도해 황제의 무료함을 달래드릴 오락의
하나로 동·식물원과 박물관을 창설했다고
기술한 바 있다. 『이왕가박물관 소장품
사진첩』의 서언. 목수현, 「일제하
박물관의 형성과 그 의미」(석사 논문,
서울대학교, 2000), 33.

66
『대한민보』, 1909년 11월 14일 자.

67
「어원종람규정」, 『황성신문』, 1909년 11월
3일 자.

fig. 44

창경궁 내 옛 제실박물관(1909, 왼쪽
한옥)과 이왕가박물관(1911, 오른쪽 언덕
위), 창경궁, 유리건판. 국립중앙박물관
소장.

이왕가박물관과 별도로 조선총독부는 공진회의 미술관 건물을 조선총독부박물관 본관으로 사용하면서 1915년 12월 1일에 조선총독부박물관을 설립하였다.**fig. 45** 박물관은 본관 외에 수정전 등의 경복궁 내의 다른 전각들을 부속 전시실로 사용하기도 했다. 소장품은 공진회에 전시되었던 유물들과 전국 각지의 사찰에서 옮겨온 석탑, 불상 등이 많았고 그 외에도 발굴이나 구입에 의해 확충되었다. 박물관은 독립된 직제가 없어 관장도 없었고 처음에는 총독관방의 총무과에 속했으나 담당 부서가 계속 바뀌어 1937년에는 총독부 학무국 사회교육과의 한 계(係)로 존재했다. 업무는 총독부의 담당 주임이 6, 7명의 직원과 함께 관장하였으며, 학예직은 주로 일본의 도쿄제국대학이나 교토제국대학 출신들로 고고학 발굴과 전시를 하였다. 관장을 임명하지 않았던 이유가 박물관을 중요하게 여기지 않았기 때문이라기보다 오히려 공적 정체성 이미지를 위해 총독이 직접 관여하기 위한 것으로 볼 수도 있다.**68** 조선총독부박물관의 주 임무는 "조선 문화의 세계적인 소개, 고대 일본과 한국의 관계에 대한 문화사적 규명"이었다.**69** 이 말은 조선 역사의 기원을 규명해 일본인과 조선인은 원래 같은 동족이었으므로 병합에 의해 근대화되어야 한다는 일선동조론을 사실화하고자 했음을 의미한다.

이왕가박물관이 명품 위주의 전시를 했다면 총독부박물관은 고고학적 유물을 중심으로 시대별 전시를 했다. 이를 위하여 고미술과 고적조사가 선행하면서 조선 고고학과 미술사 연구가 본격화되었다. 을사조약 이전부터 이미 식민화 준비 단계의 계획을 세워 두었던 일본은 1902년에 도쿄제국대학 공학 박사이자 건축 전공인 세키노 다다시(關野貞, 1867-1935)를 조선에 파견해 고적조사를 실시하고 있었다. 세키노는 처음에는 탁지부 건축소 촉탁의 신분으로, 병합 이후에는 조선총독부 내무부 지방국 촉탁으로 조사를 담당했다. 1909년부터는 한국 전역에 걸친 고적조사가 시작되어 세키노는 전국의 유적을 조사하면서 수만 점의 유리건판 사진을 찍었다. 그리고 그 결과물은 『조선고적도보』(朝鮮古蹟圖報)로 조선총독부에 의해 1915년부터 1935년까지 전 15권으로 발간되었고, 후일 조선 식민 통치에서 그들이 남긴 문화적 선정(善政) 중 가장 훌륭한 업적의 하나로 자찬되었다. 이들은 고적조사 사업의 목적을 다음과 같이 밝혔다. "한반도의 고대 문화를 규명하고 그 국가의 성립 연혁과 인종적 결합의 관계를 이해하고, 특히 주변 민족과의 문화 관계를 분명하게 하기 위해 고적조사 사업을 시작하게 되었다."**70**

조선총독부는 1916년에는 중추원 산하에 고적조사위원회를 설립하였는데 여기에는 세키노를

비롯하여 교토제국대학을 거쳐 후일 경성제대 교수가 된 사학자 이마니시 류(今西龍, 1875-1932), 도쿄제대 교수인 사학자 구로이타 가츠미(黑板勝美, 1874-1946)와 인류학자 토리이 류조(鳥居龍藏, 1870-1953) 등이 포함되어 있었고 조선총독부박물관은 실제 사무를 맡았다. 고적조사위원회의 활동은 모두 박물관과 연계되었고 이들의 발굴품은 박물관에서 전시되었다. 일본은 고적조사위원회뿐 아니라 조선보물고적명승천연기념물 보존위원회를 운영하기도 했다. 1937년 6월 제3회 모임 이후 촬영한 사진을 보면 고고학, 미술사 이외에도 동식물학, 지질 광물학 분야의 학자들이 보인다.**fig. 46** 한국인으로는 오세창, 최남선, 이능화(李能和, 1869-1943), 김용진(金容鎭, 1878-1968)이 포함되었다.

조선총독부박물관에서 특히 관심을 가진 유물은 경주의 고분 외에 낙랑 시대의 유물, 그리고 가야의 유적이었다. 그 이유는 중국 한나라의 유물을 낙랑 출토품과 같이 전시해 한국의 역사가 낙랑 유적이 있는 평양에서 최초로 중국 문화를 수용하면서 시작되었다고 주장하고, 일본이 4세기 후반에서 6세기 중반까지 가야 지역에 설치했다는 임나일본부(任那日本府)의 존재를 확인하기 위해서였다. 또 일본 큐슈 지방의 토기를 전시해 한반도 남부와 큐슈 지역 간의 문화적 동질성을 강조하여 식민 지배를 정당화하고자 하였다. 이것은 순수한 학문적인 관심에서 시작한 것이라기보다는 한국이 독자적인 문화를 발달시키지 못하고 중국 문화를 단지 일본에 전달하는 중개자에 불과했다는 사고에 바탕을 둔 것이다.

소장품과 연관해 주목할 부분은 당시 조선총독부박물관에는 구하라 후사노스케(久原房之助, 1869-1965)가 기증한 중앙아시아 문화재가 전시되었다는 점이다.**fig. 47** 이 유물들은 원래 일본 교토에 위치한 니시혼간지(西本願寺)의 문주였던 오타니 고즈이(大谷光瑞, 1876-1948)가 1902년에서부터 1914년까지 세 차례 중앙아시아를 다니면서 그곳에 남아 있는 경론, 불상, 불구 등을 수집한 것이었다.**71** 그러나 오타니가 1914년 이후 문주에서 물러나고 근거지를 중국으로 옮기면서 그의 수집품 일부는 구하라 광업소의 설립자인 구하라 후사노스케에게 팔렸다. 구하라는 한국에서 사업을 확장하려는 의도를 가지고 오타니가 가져온 불화 등 2,000여 점에 달하는 유물들을 1916년 조선총독부박물관에 기증하였던 것이다.

조선총독부박물관을 세우고 발굴품을 전시하면서 일본은 조선학 연구 분야에서 학문적 주도권을 확보할 수 있었다. 1887년 도쿄제국대학에 사학과가 생긴 후부터 일본에서는 이미 만주와 조선의 역사를 아우르는 만선사(滿鮮史) 연구가 시작되었고 그렇게 얻은 지식을 근대적인 언어로 저술하기

68
목수현, 「한국박물관 초기 설립과
운용」, 『일본근대미술: 일본화편』,
국립중앙박물관 편(서울: 국립중앙박물관,
2001), 197.

69
장상훈, 「일제의 박물관 운영과
'동양'문화재 수집, 그 제국주의적 기획」,
『동양을 수집하다: 일제강점기 아시아
문화재의 수집과 전시』, 전시 도록(서울:
국립중앙박물관, 2014), 185.

70
『조선총독부박물관 및 고적조사
사업개요』. 장상훈, 같은 글에서 인용,
183.

71
동서 교류와 문화 교역의 통로였던
실크로드에 위치했던 중국령
중앙아시아는 20세기 초, 세계에서
마지막 남은 오지였다. 이 지역은
4세기부터 14세기까지 대규모의 석굴
사원들을 짓고 화려한 불교문화를
꽃피웠던 곳이었으나 이 무렵에는
중국의 행정령이 거의 제대로 미치지
못하던 곳이었다. 오타니가 탐험에
나서기 전에 이미 영국, 독일, 프랑스,
스웨덴의 탐험대들은 이곳에서 많은
문화재를 헐값에 구입하거나 약탈했다.
조선총독부박물관은 오타니의 수집품을
전시하면서 조선, 만주, 중국의 고고품을
동양이라는 주제로 묶어, 뒤쳐진 동양을
문명으로 선도할 수 있는 일본의
문명국으로의 정체성을 확보하고자 했다.

fig. 45
경복궁에 자리 잡은 조선총독부박물관,
유리건판. 국립중앙박물관 소장.

fig. 46
제3회 조선보물고적명승천연기념물
보존위원회 총회 기념사진, 1937년 6월
9일.

fig. 47
경복궁 수정전에 전시된 중앙아시아
벽화, 유리건판. 국립중앙박물관 소장.

fig. 48
토리이 류조, 함남 덕원 남자 측면
체격 측정 사진, 1911, 유리건판.
국립중앙박물관 소장.

시작했다. 식민지인보다 식민지의 역사, 문화에 대해 더 많은 지식을 가진다는 것 자체가 식민지에 대한 통제를 의미했고, 이는 일본을 동양 문화의 해설자로 내세우기 위함이었다.

조선총독부박물관의 전시는 한국인을 대상으로 했지만 사실은 한국에 살고 있거나 관광차 조선에 온 일본인들에게 자신들이 조선 전통문화의 보호자라는 점과 식민 지배를 통해 얻은 성과를 보이려는 목적이 더 컸다. 1916년 조선총독부박물관 관람객 2,380명 중 일본인이 58.7퍼센트에 달했고 그 후에도 수학여행 온 학생들을 포함해 일본인 관람객이 반 이상을 차지했다.[72] 조선총독부는 이후 경주(1926), 부여(1939), 공주(1940)에 박물관 분관을 설립하고 개성, 평양에는 부립박물관을 세웠다.

고고학 발굴 외에도 일본은 이미 19세기 후반부터 정책적인 차원에서 조선에 대한 지형적 정보나 자료를 수집하고 있었다. 그중 하나가 민속자료와 한국인의 신체를 측정한 사진 아카이브였다. 이것은 유럽에서 1840년대부터 범죄자들이나 부랑자들의 자료를 수집, 분류하고 분석하기 위한 작업에 사진을 사용하고, 19세기 말에는 아시아나 아프리카, 오세아니아의 식민지에서 신체 유형, 인종, 골상학에 관심을 가지면서 많은 사진 자료를 모았던 예를 따라 한 것이다.

한국의 곳곳을 촬영하고 사진 아카이브 사업을 구축한 프로젝트 중 특히 주목을 끄는 것은 조선총독부 촉탁으로 임명된 체질 인류학자 토리이 류조가 실시한 주민의 신체 측정이다. 토리이의 관심은 사진 촬영과 관찰을 통해 인종의 형성과 분포를 연구함으로써 일본인의 뿌리를 탐구하는 데 있었다. 그는 사진사, 통역, 화가 등을 동반하고 1911년부터 1932년까지 열 차례에 걸쳐 전국 125개 지역의 주민들을 성, 연령, 지역, 직업별로 구분해 체질과 유형을 기록하는 방대한 사진 아카이브를 구축했다.[73] fig. 48 현재 국립중앙박물관에 소장된 유리건판에는 토리이 류조가 찍은 1,076매의 신체 측정 사진이 남아 있는데 이것은 어느 지역 출신들이 어떤 신체적, 물리적 특징을 가지는지를 규명하기 위한 계량화 작업이었다. 토리이가 찍은 주민들은 관노(官奴), 백정, 무녀, 해녀 등 하층민이 많았고, 그는 이들을 한 명 또는 5-19명씩 전신상, 측면과 정면상 등을 찍었다. 그의 이러한 사진 아카이브는 지역별 신체 특징을 규명함으로써 궁극적으로 한국인의 인종적 기원을 찾으려는 시도였다. 토리이는 만주 및 조선에서의 조사를 통해 한국인과 일본인은 동일한 계통이라는 결론을 내렸고 그가 의도했든 안 했든 이러한 결론은 일선동조론의 근거로 활용되었다.

사진이 객관적인 기록이기보다는 찍은 사람이 어떠한 의도를 가지고 찍었는가에 따라 드러내는 내용이 다르다는 것은 최근의 인식이지만 당시 사진은 인류학이라는 학문의 이름을 지닌 하나의 권력이었다. 사회학을 전공하고 경성제국대학 교수로 있던 아키바 다카시(秋葉隆, 1888-1954)와 종교학 전공의 아카마츠 지조(赤松智城, 1886-?)도 1930년대에 조선 무속의 현장 사진들을 찍고 『조선 무속의 연구』(朝鮮巫俗の研究, 1937)라는 책을 냈다. 당시 사진 중에는 굿을 하는 장면을 보는 일본인 학자들과 경찰의 모습이 있어 이러한 사진 촬영이 지역의 행정력과 경찰력을 동원해 이루어졌음을 보여 준다. fig. 49 유리건판에 찍힌 약 1,300여 점의 사진들은 현재 경성제국대학의 후신인 서울대학교에 소장되어 있다. 이처럼 방대한 양의 사진 아카이브를 구축해 일본은 한국에 대한 지식을 학술화했고 일본의 지배를 정당화하고자 했다.

72
『매일신보』는 1916년과 1917년에
모두 3회에 걸쳐 월별 관람자 수를
게재했다. 장상훈, 「일제의 박물관 운영과
'동양'문화재 수집, 그 제국주의적 기획」,
186.

73
이경민, 「유리건판으로 읽는 또 다른
사진, 도리이 류조의 신체측정 사진을
중심으로」, 『미술사연구』, 40호(2021):
215-244; 최석영, 「일제의 '조선인'
신체에 대한 식민지적 시선: 기초연구」,
『한림일본학』, 9집(2004): 221-253.

fig. 49
굿을 지켜보는 일본인 학자와 경찰,
1930년대, 강원도 고성, 유리건판.
서울대학교박물관 소장.

미술로

서화에서 2

한일병합 이후 일본의 정책은 육군 대장 출신인 데라우치 마사타케(寺內正毅, 1852-1919)를 총독으로 내세운 조선총독부가 통치하는 강압적인 무단 정치였다. 당시 일본 천황의 직속이었던 조선총독부 총독은 육군이나 해군 대장 중에서 임명되었는데 거의 무한의 권력을 가지고 있었다. 총독부의 무단 정치에 대항하는 거국적인 민족적 저항운동은 1919년에 일어났다. 그해 1월에 고종이 일본인에 의해 독살되었다는 소문이 돌면서 5주 후에 3.1 운동이 전국에서 일어났고 일본의 무력 진압으로 약 7,500명의 사망자가 나왔다.[1] 이에 놀란 일본은 저항을 무마하기 위해 표면적으로는 문화 통치를 내세우면서 한국인들의 협력을 얻어 내는 정책으로 선회하게 된다. 3대 조선총독으로 새로 임명된 해군대장 출신 사이토 마코토(齋藤實, 1858-1936)는 헌병경찰제를 폐지하고 『동아일보』, 『조선일보』, 『시대일보』의 3대 민간 한국어 신문 발간과 『개벽』, 『신생활』, 『신천지』, 『동광』 등의 문예 잡지 발행을 허용하였고, 경성제국대학(1924)과 몇 개의 사립대학을 인가하는 등 교육 제도도 개선하였다.

3.1 운동은 한국인을 결집하는 중요한 계기가 되었다. 그해 4월에 상하이에 대한민국 임시정부가 세워졌다. 국내에서는 일제와 일체의 타협을 거부하는 부류도 있었지만 일본에 맞서기 위해서는 선진 문화를 적극 받아들이고 실력을 양성해야 한다고 생각하는 부류도 있었다. 신식 교육을 통해 자기 계발이 필요한 시대라고 생각한 사람들은 자식을 경성으로 보내 공부를 시켰고, 좀 더 부유한 사람들은 일본으로 유학을 보냈다. 유럽이나 미국 유학은 일본국 비자를 받아야 했으므로 쉽지 않았다. 1925년에 2,600여 명에 불과했던 일본 유학생들은 1937년 말에는 9,900여 명, 1940년대에는 2만 9,000여 명에 이르게 된다.[2] 이러한 숫자는 고등교육을 받은 유학생들이 돌아와 파급한 근대적 지식이 주로 일본을 통한 것이었음을 시사한다.

1920년대에 이르면 새로운 학문을 배우고, 동시대의 사상과 문화에 관심을 가지는 문화 엘리트들이 형성되기 시작했다. 『창조』, 『개벽』, 『백조』와 같은 문예 잡지에서는 자연주의, 표현주의, 아나키즘, 사회주의 같은 서양 사조를 소개하고 있었는데 이 무렵 유학생들이 경험했던 일본 다이쇼(大正, 1912-1926) 시기의 문화와도 관련이 있다. 당시 일본에서는 예술은 그 자체의 언어를 가지며 예술가 개인의 표현이 창조성의 근원이라고 믿는 자유주의적 사고가 퍼지고 있었다. 한국에서도 미술가를 바라보는 시각과 사회적 인식에 변화가 생기면서 미술가는 창의적인 전문인이며, 미술은 기술이 아니라 시대를 초월하는 심미적 가치를 가지는 분야라는 개념이 형성되고 있었다. 1915년 국학자 안확(安廓, 1886-1946)은 미술을 순정미술(純正美術, 회화·조각)과 준미술(準美術, 공예·응용미술)로 구분했다.[3] 이 개념은 르네상스 이후 회화, 조각, 건축을 창조적 정신과 지성이 필요한 상급 미술로, 실용성이 중요한 공예나 응용미술을 하급 미술로 취급하는 서양의 방식에 근거한 것이다. 1920년대에 들어오면 미술, 관람객, 평론, 전람회의 제도와 개념이 어느 정도 정착이 된다.

미술 교육 기관

조선총독부는 미술학교를 설립하겠다고 공언했지만 일본 정부가 예산 문제로 부결함으로써 결국 이루어지지 못했다. 국내에서 개인 사숙(私塾)이 아닌 사설 교육 기관을 개설하려는 시도는 이미 한일병합 이전부터 있었다. 문인화가 윤영기(尹永基, 1833-1920년대)는 통감부의 지원을 받고 서화미술원을 설립하려 했으나 1911년에 와서야 이왕가와 친일 관료들의 지원을 받아 '경성서화미술원'을 세우게 되었다. 경성서화미술원은 미술이라는 용어를 처음 공식적으로 사용한 강습소였다. 그러나 경성서화미술원은 1912년 조선총독부 중추원 고문이었던 이완용을 회장으로 하고 총독부와 이왕가가 지원하는 '서화미술회 강습소'라는 이름으로 재설립되었다. 서화미술회는 3년의 교육 과정을 갖추고 서과(書科)와 화과(畫科)를 두었다. 화과 교원으로 안중식, 조석진, 김응원(金應元, 1844-1921)이, 서과 교원으로 정대유(丁大有, 1852-1927), 강진희(姜璡熙, 1851-1927)가 있었다. 교육 방법은 아직도 『개자원화보』와 같은 중국 화보를 익히거나 교원의 체본(體本)을 모사하는 등의 도제식에서 벗어나지 못했지만 학생을 모집해 선발하고, 사생을 강조하는 교육을 도입하고, 졸업장을 주는 등 제도적인 차원에서 새로웠다. 서화미술회는 이용우, 김은호, 박승무(朴勝武, 1893-1980), 이상범, 노수현, 최우석(崔禹錫, 1899-1965), 오일영(吳一英, 1890-1960), 이한복(李漢福, 1897-1944) 등과 같이 출중한 화가들을 배출한 근대미술의 산실이었다. 서화미술회는 8년간 지속했지만, 안중식이 1919년에, 조석진이 1920년에 타계하고 지망생도 거의 없자 1920년에 문을 닫고 말았다.

천연당사진관을 운영하던 김규진은 일제의 자작이었던 김윤식과 조중응(趙重應, 1860-1919)을 회장과 부회장으로 두고 1915년에 서화연구회를 설립하고 왕실과 고관대작들과의 친교를 바탕으로 문인화와 서예를 가르쳤다. 그는 취지서에 "서화는 문명을 대표하는 것이요, 문명은 국력의 발전을 나타내는 것이다"라고 썼다.[4] 학비가 무료였던 서화미술회와는 달리 수업료로 매달 1원을 받았지만 서화가 이병직(李秉直, 1896-1973), 민택기(閔宅基, 1908-1936) 등이 배웠고 그 외에 관료의 부인, 귀족의 자녀들이나 취미와 교양으로 배우는 기생들도 상당수 들어와 수강생은 꽤 있었던 것으로 알려졌다.

이후 개화파와 미국인 선교사들이 세운 황성기독교청년회에서 청년의 교육을 위해 어학과 기술 교육 등 다양한 과목을 가르쳤는데, 1909년경에 사진과를 개설했고, 1925년에는 미술과를 신설해 이한복, 김창섭(金昌燮), 김복진(金復鎭, 1901-1940) 등이 가르쳤다.[5] 그 밖에도 고려화회(1919), 고려미술원(1923), 토월미술회(1923) 등 여러 강습소가 들어섰다. 평양에서는 윤영기가 1913년에 기성서화미술회를 운영하였고, 삭성회(朔星會, '북녘의 별'이라는 의미) 회화연구소가 1925년에 설립되어 김윤보(金允輔, 1865-1938), 김광식(金廣植), 김관호, 김찬영(金瓚永, 1889-1960) 등이 관여했는데 모두 세 차례의 전람회를 개최했다. 삭성회에서 배출한 화가로는 윤중식, 최연해(崔淵海, 1910-1967), 박영선(朴泳善,

1
사망자 수는 통계 자료에 따라 차이가 있다. 노태돈 외, 『시민을 위한 한국역사』(서울: 창작과 비평사, 1997), 337 참조.

2
교과서포럼, 『대안 교과서, 한국 근·현대사』(서울: 기파랑, 2008), 106.

3
안확, 「조선의 미술」, 『학지광』(學之光), 5호, 1915년, 48-49; 윤세진, 「미술의 탄생」, 『근대와 만난 미술과 도시』, 국사편찬위원회 편, 한국문화사 21(서울: 두산동아, 2008), 24-25에서 재인용.

4
이구열, 『한국근대미술산고』(서울: 을유문화사, 1972), 59-60.

5
허재우, 「최초의 사진교육기관 YMCA」, 『사진과 포토그라피』(서울: 눈빛, 2002), 95.

1910–1994)이 있었다. 대구에서는 서화가 서병오(徐丙五, 1862–1935)가 교남서화연구회(1922)를 설립하였다. 이렇듯 초기에는 강습소의 이름에 서화와 미술이라는 용어가 같이 사용되었지만 점차 미술이라는 용어로 정착하게 된다.

초기 일본 유학생들

제대로 체제를 갖춘 미술 전문학교가 없는 상황에서 새로운 기법인 서양화를 배우고자 했던 지망생들에게는 일본 유학이 유일한 방법이었고 처음에는 대부분 관립이었던 도쿄미술학교로 떠났다. 유학생의 수가 많아지고 공부를 끝내고 귀국하는 화가들이 늘어나면서 1920년대에는 서양화 화단이 어느 정도 성립되었다. 서양화를 배우러 간 첫 번째 유학생은 고희동이었다. 고희동은 역관을 많이 배출한 개화 관료의 집안에서 태어났다. 그의 아버지 고영철(高永喆, 1853–?)은 중국어 역관이면서 민영익(閔泳翊, 1860–1914)의 조선보빙사 일행으로 미국을 방문하기도 했던 인물이었다. 이런 집안 분위기 때문이었는지 고희동은 13세에 프랑스어를 가르치는 관립법어학교(1906년부터 관립한성법어학교로 개칭)에 들어가 4년간 다녔고, 졸업 후인 1904년부터 왕실의 여러 업무를 총괄하는 궁내부의 광학국(礦學局) 주사와 장례원 예식관으로 있었다. 그러나 그는 1905년에 조선이 일본의 보호국이 되자 관직에 열의를 잃어 무엇이든지 하려고 해도 할 수 없게 되어 버려 다 그만두고 그림이나 그리고 술이나 마시려고 했다고 회고한 바 있다.[6] 마치 관직을 그만둔 것처럼 들리지만 사실 그는 한일병합으로 관직이 없어지는 1910년까지 궁내부 직원으로 있었으며, 1909년 대한제국 여권을 가지고 미술 연구를 위한 출장이라는 명목으로 도쿄미술학교에 들어갔을 때도 관비 유학이었다.[7] 일본에 가기 전인 1906년에 그는 이도영을 알게 되었고 이듬해 안중식의 사숙인 경묵당에 드나들면서 안중식과 조석진에게 그림을 배우고 있었다.[8] 아마도 그는 이 무렵 안중식이나 이도영의 삽화 또는 다른 인쇄 매체를 통해 서양화풍에 대해 알고 있었을 것으로 보인다. 그러나 무엇보다도 그가 서양화를 공부한 계기는 도예 기술자로 와 있던 프랑스인 레미옹(Léopold Rémion)이 그의 불어 선생이었던 에밀 마르텔(Emile Martel, 1874–1950)을 목탄화로 쓱쓱 그리는 것을 보고서였고, 이에 자극을 받아 일본 유학을 결심하게 된다.[9]

고희동 이후 1911년 도쿄미술학교 서양화과에 두 번째로 입학한 사람은 김관호로 총독부 장학금을 받았다. 세 번째 입학생 김찬영은 평양 부호의 아들이었다. 거의 미술 교육을 받지 않았던 이들이 경쟁이 치열했던 도쿄미술학교에 입학할 수 있었던 것은 외국인 특례 입학의 혜택으로 본과가 아닌 선과(選科)로 들어갔기 때문이다.[10]

일본 최고의 관립 미술학교였던 도쿄미술학교는 1952년 이름이 도쿄예술대학으로 바뀌기까지 모두 89명의 한국 학생들을 배출했다.[11] 1889년에 개교한 도쿄미술학교에는 처음에는 일본화과와 조각과만 있었고 서양화과는 1896년에 신설되었다. 서양화부의 주임 교수는 프랑스 유학을 했던 구로다 세이키(黑田淸輝, 1866–1924)였고 다른 교수들도 구로다의 뒤를 이은 주로 프랑스 유학파였다. 서양화과에서는 프랑스의 미술 아카데미식 교육을 실시하고 있었는데 기본적으로 인체와 동작의 정확한 드로잉과 감정 묘사, 그리고 구성 훈련을 중요시했다.fig.1 학생들은 인체 데생과 사생 훈련을 받은 후에야 유화를 그릴 수 있었다. 구로다의 작품은 스승이었던 라파엘 콜랭(Raphaël Collin, 1850–1916)의 영향을 받아 인물화나 풍경화가 많았고, 광선에 예민하게 반응하는 섬세한 색조와 일상적인 화면 구성 등을 특징으로 했다.[12] 이러한 구로다의 주제나 화풍은 다카하시 유이치(高橋由一, 1828–1894)나 아사이 츄(浅井忠, 1856–1907)와 같은 일본 서양화 1세대의 작품보다 훨씬 밝고 자유롭게 보여 학생들에게는 혁신적인 양식으로 받아들여졌다. 이렇게 구로다를 따라 아카데믹한 화풍과 인상주의의 광선에 대한 관심, 일상의 주제를 혼합해 그리는 화가들을 '외광파'(外光派)로 불렀는데 도쿄미술학교의 전형적인 양식이 되었다.[13]

고희동이 1915년에 도쿄미술학교를 졸업하고 귀국하자 『매일신보』에서는 사회면에 「서양화의 효시」라는 기사를 내보내고 다음과 같이 서양화를 설명했다. "동양의 그림과 경위가 다른 점이 많고 그리는 방법도 같지 아니하며 또한 그림 그리는 바탕과 그 쓰는 채색에 이르기까지 모두 다른 그림인데, 지금 이 서양화는 동양화보다 세상에 널리 행하더라."[14] 고희동이 이 무렵 그린 자화상 세 점은 당시 그가 무엇을 배우고 실천했는지를 잘 보여 준다. 「자화상」(1915)fig.2은 현재 도쿄예술대학에 소장되어 있는데 당시 서양화과에서는 졸업 작품으로 대작 한 점과 12호 크기의 자화상을 제출하고, 자화상은 학교에 남기는 관행이 있었기 때문이다. 자화상은 새로운 근대적 주제였다. 조선시대에도 윤두서(尹斗緒, 1668–1715)와 같이 자화상을 그린 화가가 없었던 것은 아니지만 그의 자화상에서 받는 강렬함은 얼굴의 사실 묘사보다는 정신적 세계에 있었다. 근대의 자화상이 흥미로운 것은 사실적인 묘사에 집중했다는 사실 외에 그 속에서 화가의 자의식을 찾아볼 수 있기 때문이다.

「자화상」에서 고희동은 중인 출신인데도 사대부가 쓰는 정자관을 쓰고 있는데 이 무렵에는 이미 신분에 따른 의관을 그리 엄격하게 따지지 않았고 실제 그가 정자관을 쓰고 찍은 사진도 남아 있다.[15] 고희동은 자신의 자화상을 서양식 재료와

6
고희동, 「나와 조선서화협회 시대」,
『신천지』, 1954년 2월, 181.

7
홍선표, 「고희동의 신미술운동과
창작세계」, 『미술사논단』, 38호(2014):
161.

8
고희동, 「양화가 제1호, 연예천일야화」,
『서울신문』, 1958년 12월 6일 자.

9
고희동 외 좌담, 「신문화 들어오던 때」,
『조광』, 1941년 6월.

10
선과생은 본과생의 결원이 생긴 경우
모집했으나 서양화과에서는 될 수 있으면
많이 받으려는 방침을 가지고 있었다.
1930년 초 이 제도는 폐지되었다. 요시다
치즈코(吉田千鶴子), 「동아시아 미술의
근대화에 있어 도쿄미술학교의 이해」,
『제국미술학교와 조선인 유학생들:
1929-1945』, 한국근현대미술기록연구소
편(서울: 눈빛, 2004), 271.

11
야마나시 에미코(山梨繪美子),
「국립중앙박물관 소장 이왕가 구장(舊藏)
일본서양화에 관하여」, 『일본근대미술
서양화편』, 국립중앙박물관 아시아부
편(서울: 국립중앙박물관, 2010), 194.

12
라파엘 콜랭은 아카데믹한 인물화에
인상주의적 빛의 효과를 복합했던
화가였다.

13
인상주의 전 단계인 프랑스의 외젠
부댕(Eugène Boudin)이나 요한
용킨트(Johan Jongkind)의 작품을
외광풍경화(plein-air)라고 하는데 일본의
외광파와는 관련이 없다. 외광파는 구로다
자신이 명명한 것이라기보다 일본의
평론가들이 붙인 용어였다.

14
「서양화의 효시」, 『매일신보』, 1915년 3월
11일 자.

15
사진을 공개한 권정찬 화가는
고희동의 손자를 통해 이 사진을
입수했다고 밝혔다. 「고희동 희귀사진
공개」, 김달진미술연구소 블로그, 2020년
12월 11일, http://www.daljin.com/
?WS=75&BC=cv&CNO=346&DNO=
18457.

fig.1
다이쇼시대 도쿄미술학교 서양화과 교실.
출처: 이소자키 야스히코(磯崎康彦), 『도쿄
예술대학의 역사』(東京美術学校の歷史,
일본문교출판[日本文教出版], 1977).

fig.2
고희동, 「자화상」, 1915, 캔버스에 유채,
73×53.5cm. 도쿄예술대학 대학미술관
소장.

기법을 사용하면서도 조선시대 초상화의 형식에서 크게 벗어나지 않는 반신상으로 그려 전통과 근대를 이어 주는 과도기적인 화가임을 보여 준다. 이러한 사실보다 더 중요한 것은 식민 지배 국가의 수도인 도쿄에서 그린 이 자화상에서 그는 한복을 입은 당당한 모습으로 국가적 정체성을 나타내고 있다는 점이다. 그런데 부채를 든 모습을 그린 또 다른 「자화상」(1915)fig.3은 다르다. 고희동은 그림이 걸려 있고 서가가 있는 실내에서 적삼의 단추를 풀어 가슴을 드러내고 부채를 부치고 있다. 의관을 갖춘 전통적인 초상화에서 완전히 벗어나 일상의 한순간을 그린 이러한 파격적인 자화상은 서양에서 인상주의 화가들이 공식적인 초상화의 전형에서 벗어나면서 사용했던 방법과 유사하다. 고희동은 기본적으로 사실 묘사에 충실하면서도 얼굴이나 적삼에서 소극적으로 인상주의적 색채를 적용하고 있다.

부채를 든 「자화상」에서 고희동이 이젤을 앞에 두고 그림을 그리는 화가로서가 아니라 그림과 책을 좋아하는 지식인으로서 자신의 정체성을 드러내는 것도 눈여겨보아야 한다.[16] 전직 왕실의 관리였던 고희동은 자신을 직업적인 화가로 나타내기보다는 선비나 문인화가로 보이고 있기 때문이다. 고희동이 그림 팔기를 꺼렸다는 일화도 정식으로 미술을 배웠지만 아직도 그에게 직업 화가의 사회적 위상이 낮았던 전통적 개념이 남아 있었던 것이 아닌가 추측된다.

고희동뿐 아니라 초창기 화가들의 자화상에는 신식 예술을 하는 데 대한 엘리트적인 자부심이 반영되어 있다. 고희동은 작품에 영어로 'Ko Hei Tong'으로 사인을 했고, 이종우(李鍾禹, 1899–1981)는 'C. W. Lee'로 사인했으며, 김창섭의 경우는 자화상에 '도쿄미술학교 시절 나의 자화상'(au temp d'élève à École des Beaux-Arts de Tokkio, Mon Portrait)이라는 문구를 프랑스어로 써 넣었다.fig.4 그러나 일반인의 인식은 달랐다. 고희동은 자신이 야외에서 팔레트를 펼쳐 놓고 그림을 그리면 "돈을 드리고 객지에서 고생을 해 가면서 저것은 아니 배우겠네. 점잖지 못하게 고약도 같고 닭의 똥도 같은 것을 바르는 것을 무엇이라고 배우느냐"고 시비했다고 회고한다.[17]

두 번째 서양화가 김관호의 「해 질 녘」fig.5이 1916년 일본의 관전인 제10회 문부성미술전람회(약칭 문전)에서 특선한 것은 큰 화젯거리였다. 문인 이광수(李光洙, 1892–1950)는 「동경잡신: 문부성미술전람회기 3」 (文部省美術展覽會記 三)이라는 제목으로 "아아! 김관호 군이여! 감사하노라… 조선인의 미술적 천재를 세계에 표하였음을 다사(多謝)하노라"라는 글을 『매일신보』 11월 2일 자에 실었다. 평양 대동강 능라도 부근에서 뒷모습을 보이면서 머리를 말리고 있는 두 명의 여성 누드를 그린 「해 질 녘」은 누드화라는 새로운 주제를 다룬 점에서도 놀랍지만 야외라는

배경도 주목해야 한다. 누드화는 이후에도 많이 그려졌으나 주로 화실이나 실내와 같은 은밀한 사적인 공간을 배경으로 하는 데 비해 석양이 드리우는 강변에 사실적으로 묘사된 두 누드 여인의 뒷모습은 대담한 설정이기 때문이다. 유교적 사회에서 야외에서 벌거벗은 여인의 그림은 사람들에게 충격일 수밖에 없다고 판단한 『매일신보』에서는 1916년 10월 20일 자에서 특선을 받은 사실을 크게 보도하면서도 작품 사진은 싣지 않았다.[18] 김관호는 졸업 후 1916년에 고향인 평양의 재향군인회 연무장 건물에서 풍경화 위주의 작품 50점으로 전람회를 열어 최초의 개인전을 연 화가로 기록된다.

세 번째 서양화가이자 역시 평양 출신인 김찬영은 메이지학원을 중퇴하고 도쿄미술학교에 1912년에 입학했다. 김관호와 김찬영은 귀국 후 평양에서 함께 삭성회 회화연구소를 설립하고 교육에 힘쓰기도 하였지만 이후 화가로서의 활동은 거의 없었다고 할 수 있다. 김관호는 1923년 제2회 조선미술전람회에 「호수」를 출품하였으나 몇 년 후 그림을 그만두었고, 김찬영은 문예 잡지에 비평문을 싣거나 삽화 등을 그리기는 했지만 골동품 수집가로 더 알려진다.

도쿄미술학교의 한국인 유학생은 서양화과 외에도 조각과, 일본화과, 도안과, 도화사범과, 칠공과에도 있었다.[19] 조각과의 경우 처음에는 목조부만 있었으나 1907년부터 목조부, 소조부, 아조부(牙彫部)로 운영되고 있었다. 김진석(金鎭奭, 1891–1917)은 아조부에 들어가 한국인으로서는 최초로 조각과에 입학하는 학생이 되었으나 병사한 것으로 알려진다.[20] 초기에 아조부를 신설한 이유는 세밀하고 섬세한 기술을 필요로 하는 상아 조각이 메이지 초기에 수출용으로 많이 제작되었기 때문이었는데 이후 지원자가 감소하면서 1919년에는 폐지되었다. 1920년에 입학한 김복진은 처음에는 목조부에 들어갔다가 소조부로 옮겼다. 김진석 이후 1945년까지 한국인 조각가 지망생 15명은 목조부의 박승구(朴勝龜, 1919–1995), 윤효중(尹孝重, 1917–1967)을 제외하고 모두 소조부에 입학했다.[21] 이외에 김정수(金丁秀), 이국전(李國銓, 1915–?)은 일본미술학교를 졸업한 것으로 알려진다.

화가 지망생에 비해 조각가 지망생은 그 수가 적었다. 전통 미술에서 조각사는 주로 불교 조각을 중심으로 진행되어 왔지만 조선시대 이후 불교 조각이 쇠퇴하면서 조각은 궁정의 석물이나 능묘 조각으로 이어지고 있었고 이들 석공이나 주조공의 사회적 신분이 낮았던 것도 조각가에 대한 인식에 부정적으로 작용했다. 또한 고대 그리스의 휴머니즘에 바탕을 둔, 완벽한 신체로 표현된 이상적인 인간상이 주류였던 서양의 조각은 주제, 재료, 개념에서도 달랐고 낯설었다.

일본의 초창기 조각가들도 주로 프랑스 유학파였다. 특히 로댕(August Rodin, 1840–1917)에게 직접 배운 오기와라

16
김영나, 「전통과 현대의 사이에서, 우리나라의 첫 번째 서양화가 고희동」, 『춘곡 고희동 40주기 특별전』, 전시도록(서울: 서울대학교박물관, 2005), 10–11.

17
고희동, 「나와 조선서화협회 시대」, 182.

18
「광휘빈빈, 일폭의 화(光輝彬彬, 一幅의 畵): 조선화가의 처음 얻은 명예」, 『매일신보』, 1916년 10월 20일 자. 이 기사에서는 "전람회에 진열된 김군의 그림은 사진이 동경으로부터 도착하였으나 여인이 벌거벗은 그림인고로 사진을 게재치 못함"이라고 전했다.

19
도쿄미술학교 유학생에 관해서는 요시다 치즈코의 책 참고. 吉田千鶴子, 『近代 東アジア美術留学生の研究 東京美術学校留学生史料』(東京: ゆまに書房, 2009).

20
1915년에 김진석이 도쿄미술학교 조각과에 입학하고 1921년에는 곽윤모도 들어왔으나 모두 졸업하지 못했다. 김복진은 당시 조각계의 독보적인 존재였다.

21
다음은 김진석 이후 입학년도로 본 조각과 유학생 명단이다. 김복진(1920년 목조부 입학 후 소조부로 옮김), 곽윤모(소조부 1921년 입학), 김두일(소조부, 1926년 입학), 문석오(소조부, 1927년 입학), 윤승욱(소조부, 1934년 입학), 김경승(소조부, 1934년 입학), 우동화(소조부, 1935년 입학), 김종영(소조부, 1936년 입학), 조규봉(소조부, 1937년 입학), 윤효중(목조부, 1937년 입학), 박승구(목조부, 1940년 입학), 히토가와 소테스(소조부, 1941년 입학), 안창홍(야스다 미스오, 소조부, 1942년 입학), 백태민(시라가와 야스토시, 소조부 1943년 입학), 장기은(하리시마 기오, 소조부, 1945년 입학). 이 명단은 타나카 슈지(田中修二), 「일본근대조각과 이왕가 컬렉션」, 『국립중앙박물관 소장 일본근대미술, 조각·공예편』, 국립중앙박물관 편(서울: 국립중앙박물관, 2014), 227을 참고했다.

fig.3
고희동, 「자화상」, 1915, 캔버스에 유채, 61×46cm. 국립현대미술관 소장.

fig.4
김창섭, 「자화상」, 1924. 도쿄예술대학 대학미술관 소장.

fig. 5
김관호, 「해 질 녘」, 1916, 캔버스에 유채,
127×128cm. 도쿄예술대학 대학미술관
소장.

fig. 6
김복진, 「여」, 1924. 출처: 도쿄미술학교
졸업사진첩.

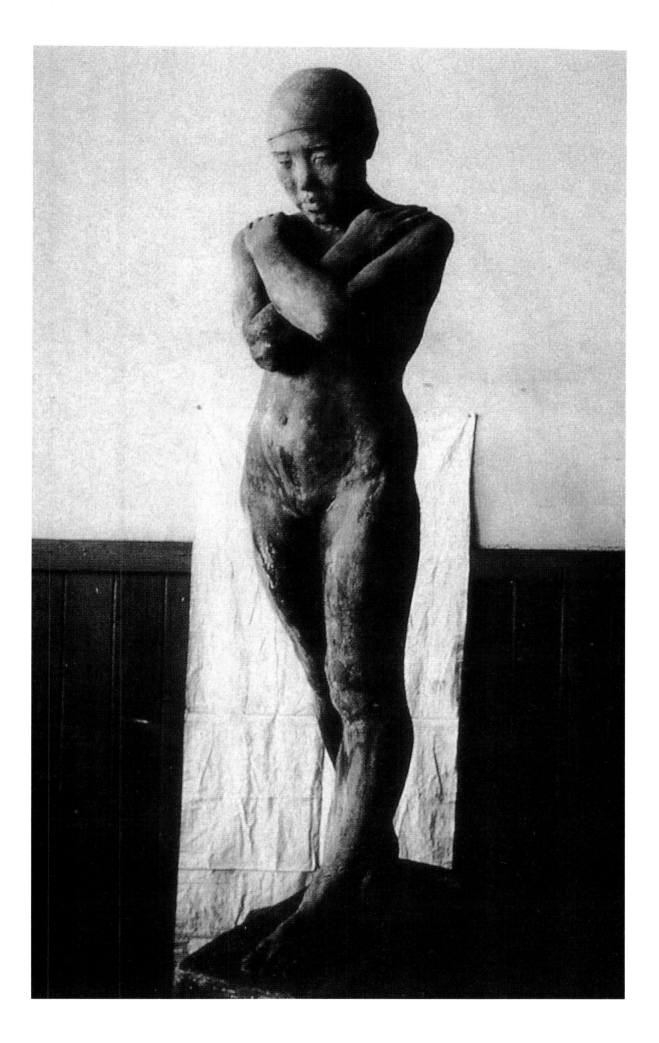

모리에(狄原守衛, 1879-1910)는 큰 족적을 남겼다. 오기와라와 같은 시기에 파리에서 유학한 다카무라 고타로(高村光太郎, 1883-1956)는 로댕의 어록 등을 번역했는데 당시 로댕이 일본의 젊은 조각가들에게 미친 영향은 대단한 것이었다. 도쿄미술학교 조각과의 기틀은 다카무라 고운(高村光雲, 1852-1934), 다테하타 타이무(建畠大夢, 1880-1942), 아사쿠라 후미오(朝倉文夫, 1883-1964), 기타무라 세이보(北村西望, 1884-1987)에 의해 세워졌다. 이들은 기념비적 동상 조각들을 주로 했고 활동 무대는 관전을 통해서였다. 도쿄미술학교 조각과에 입학했던 학생들은 처음에는 점토나 석고로 두상을 제작하고, 그다음은 반신상, 그 후에 전신상을 제작하는 아카데믹한 훈련을 받았다. 조각과에서는 또한 불상의 모각 훈련을 강조했는데 이것은 고대의 불상을 고대 그리스 조각과 유사하게 생각하면서 일본 조각의 정체성을 찾으려는 노력의 하나였다.[22] 도쿄미술학교 조각과는 서양화과와는 달리 지도 교수제가 아니라 여러 명의 교수가 교대로 수업을 맡았다.

김복진은 주로 다테하타 타이무에게 사사하면서 졸업 작품으로 「여」(1924)를 제작해 1924년 일본의 제5회 제국미술원전람회(약칭 제전)에 출품했다. 사진만 남아 있는 「여」fig.6에 대해 김복진은 양손으로 가슴을 움켜 안은 자세는 로댕의 「이브」(1900년 이후)를 염두에 두고 제작했다고 말한다. 일본 여성을 모델로 한 듯한 「여」는 서양의 이상적인 누드의 비례에서 벗어나 동양적 신체와 얼굴을 보이면서 매우 근육질이고 거친 표면 질감이 강하다. 김복진 외에 다른 한국 조각가들도 주로 일본의 관전을 통해 활약하였다.

국내에서 배울 수가 없었던 서양화가들과 달리 서화가들 대부분은 유학의 필요성을 느끼지 않았고 개인이 운영하는 사숙에서 교육을 받았다. 몇몇은 일본으로 떠났는데 도쿄미술학교 일본화과의 졸업생으로는 1908년에 박진영(朴鎭榮)이라는 인물이 일본화과에 입학했다고 하지만 중도에 학업을 중단했고, 1918년에 입학해 1923년에 졸업한 이한복이 유일했다. 서화미술회 출신이었던 이한복은 카와이 교쿠도(川合玉堂, 1873-1957)와 유키 소메이(結城素明, 1875-1957)에게 배웠고, 귀국한 후에는 휘문, 보성, 진명여학교 등에서 도화교사로 가르쳤다. 이한복은 화초를 주제로 그리는 화훼(花卉)와 꽃, 새, 동물을 그리는 화조영모화(花鳥翎毛畵)에 관심이 많았다. 아주 섬세한 솜씨를 지닌 그는 제1회 조선미술전람회에 「하일장」(夏日長, 1922)을 출품해 3등상을 받았다. 이후에 입선한 「엉겅퀴」와 같은 작품에서도 주제나 세심한 처리 등에서 일본화의 영향을 보여 준다. 이한복은 그러나 1929년 이후에는 작품에 몰두하기보다는 서화 수집을 하면서 뛰어난 감식가로 이름을 알렸다. 이외에 허백련(許百鍊, 1891-1977), 최우석, 김은호, 변관식, 이영일(李英一, 1903-

1984) 등이 일본에서 개인적으로 일본 화가들에게 사사했다.[23]

공예의 경우 도쿄미술학교의 졸업생으로는 임숙재(任璹宰, 1899-1937), 이순석(李順石, 1905-1986)이 도안과를, 강창규(姜昌奎, 1906-1977)가 칠공과를 졸업했다.[24] 임숙재는 귀국 후 '도안사'를 세웠고, 이왕직미술품제작소의 후신인 조선미술품제작소에서 나전칠기의 도안을 담당했다. 그가 남긴 「사슴 도안」(1928, 종이에 채색)이나 「동식물 도안」(1928, 종이에 먹)은 꽃봉오리나 동물의 형태에서 유래했지만, 묘사적인 성격에서 벗어나 생명력 넘치는 곡선과 평면적 형태의 추상적 디자인의 가능성을 제시해 프랑스의 아르 누보 양식의 영향을 보인다. 기능보다는 심미성을 강조한 도쿄미술학교 도안과의 교육을 받은 임숙재는 한국 미술공예의 선구자가 되었다. 그는 1928년에 「공예와 도안」이라는 글에서 공예란 "생활의 필수품이 예술적으로 형체와 색채를 가공하여 우리에게 미관과 위안을 주며, 생활을 풍족하게 하는 것"이라고 정의했다.[25]

또 다른 공예가는 강창규로 그는 롯가쿠 시스이(六角紫水, 1867-1950)에게 건칠을 배웠다. 그의 대표작 「건칠반」(乾漆盤, 1933)은 제12회 조선미술전람회에서 특선한 과일 그릇으로, 옻칠과 삼베를 재료로 한다.fig.7 「건칠반」은 팔각의 기하학적 조형과 정교함으로 현대적 감각이 돋보여 장인의 기술에서 벗어나 미술가로서의 자각이 보인다.

이외에 여성 미술가들이 탄생했는데 1913년에 입학해 1918년에 도쿄의 여자미술전문학교(현 여자미술대학, 약칭 조시비)를 졸업한 나혜석(羅蕙錫, 1896-1948)이 그 첫 번째였다. 도쿄미술학교가 여학생의 입학을 허락하지 않았기 때문에 여자미술전문학교는 당시 여성이 미술을 공부할 수 있는 유일한 교육 기관이었다. 이곳에서는 후일 유명 화가로 성장하는 박래현(朴崍賢, 1920-1976), 천경자(千鏡子, 1924-2015) 등이 공부했으나 회화 전공자보다는 자수와 공예 부분에 한국 학생이 더 많았다.

1930년대에는 일본에 한국인 미술 유학생이 50여 명 정도 있었던 것으로 추정된다.[26] 이들은 1920년대부터는 도쿄미술학교 이외에도 사립인 문화학원(분카가쿠인, 1925년 설립), 제국(테이코쿠)미술학교(1929년 설립, 현 무사시노 미술대학)나 일본(니혼)대학 예술학원 전문부에 미술 전공(1929)이 생기면서 여러 학교로 분산되었고, 활동도 다양해졌다.[27]

22
타나카 슈지, 같은 글, 222–223.

23
강민기, 「1930–1940년대 한국
동양화가의 일본화풍: 일본화풍의 전개와
수용」, 『미술사논단』, 29호(2009):
223–248.

24
도쿄미술학교의 공예 유학생에 대해서는
노유니아, 「근대 디자인 개념과 양식의
수용: 동경미술학교 도안과 유학생
임숙재를 중심으로」, 『미술이론과 현장』,
8호(2009): 7–31.

25
임숙재, 「공예와 도안」, 『동아일보』,
1928년 8월 16, 17일 자.

26
정규, 「한국양화의 선구자들」, 『한국의
근대미술』, 한국근대미술 연구소,
1호(1975): 35.

27
졸업생이 40여 명 나왔던 제국미술학교에
대해서는 다음 책을 참조할 것.
한국근현대 미술기록연구회 편,
『제국미술 학교와 조선인 유학생들:
1929–1945』(서울: 눈빛, 2004).

fig.7
강창규, 「건칠반」, 1933, 건칠,
15.2x35.2cm. 국립중앙박물관 소장.

서화협회전

새롭게 정착한 제도로 주목되는 것은 작가들의 단체와
전람회였다. 1918년 안중식, 조석진과 함께 고희동은
서화협회를 조직하고 서화협회전(약칭 협전)을 창설하게
된다. 서화협회는 최초의 한국 미술가들의 연합체였다.[28]
서화협회 규칙 제2조에서는 "신·구 서화계의 발전, 동서 미술의
연구, 향학 후진의 교육 및 공중의 고취아상(高趣雅想)을
증장케 함"을 목적으로 하고 이를 위해 "휘호회, 전람회,
의촉(依囑)제작, 도서인행(印行), 강습소"와 같은 사업을
한다고 밝혔다. 1921년 10월에 발간된 서화협회의 간행물이자
최초의 미술 잡지인 『서화협회보』 제1호fig. 8에서 당시
중앙고등보통학교 학감이었던 최두선(崔斗善, 1894–1974)은
이 단체는 "엘리트 신문화를 건설하기 위한 사명감"에서
탄생했다고 말했다.

한동안 서화협회는 일본인 화단에 대응하는 민족주의적
단체로 보는 견해가 지배적이었으나 이왕직으로부터 재정적
지원을 받고 부총재에 김윤식, 고문에 이완용, 박기양(朴箕陽,
1856–1932), 김가진(金嘉鎭, 1846–1922), 민병석(閔丙奭, 1858–
1940)이 추대되었는데 이 중 친일 인사들이 있다는 사실을
반드시 부정적으로만 볼 수 없을 것 같다. 어쩌면 이러한
단체를 만드는 것 자체가 이왕직이나 친일 인사의 지원이
없이는 어려웠을 수도 있다. 서화협회의 초대 회장에는 안중식,
총무는 고희동이 맡았는데, 발기인은 고희동을 제외하고는
모두 서화가로 안중식을 포함해 조석진, 오세창, 김규진,
이도영, 김응원, 정학수(丁學秀, 1884–?), 현채(玄采, 1856–
1925), 강필주(姜弼周, 1860–1930년경), 김돈희(金敦熙, 1871–
1937), 강진희, 정대유 등 모두 열세 명이었다. 이후 제1회 정기
총회에서 정회원 16인이 들어왔는데 역시 주로 서화미술회
출신들이었다.

그룹 결성 과정에서 다른 회원들보다 나이가 어린
고희동의 역할이 지나치게 부각되어 왔다고 보는 견해가
있지만 1915년 『조선물산공진회』가 개최되고 일본화가
본격적으로 유입되면서 큰 자극을 받은 서화가들이 일본에서
이러한 미술가들의 단체 구성과 전시 활동을 목격했던
고희동과 함께 결집한 것으로 추정할 수도 있다.[29] 그럼에도
협회의 명칭에 미술이라는 용어를 채택하지 않고 서화협회로
정한 것은 회원 대부분이 서화가였기 때문이었을 것이다.

서화협회는 제1회 서화협회전을 1921년 4월 1일부터
3일간 중앙고등보통학교 강당에서 열었고, 이듬해에는
보성학교에서, 1928년부터는 휘문고보에서 가졌다. 제1회
전시회에는 동양화, 서양화, 서예, 고서화를 포함해 100여
점의 작품이 출품되었는데 서양화는 고희동, 나혜석, 그리고
도쿄미술학교 교수였던 와다 에이사쿠(和田英作, 1874–1959)의
작품들이 전시되었고, 그 외에 안평대군(安平大君, 1418–1453),
겸재 정선(鄭敾, 1676–1759), 추사 김정희의 작품들과 안중식과
조석진의 유작들도 전시되었다.[30] 서화협회전에서는 작품을
매매할 수 있었으나 구체적인 상황은 잘 알려져 있지 않다.
신문에서는 1921년 1회전에서 약 10여 점이 매약되었고
김은호의 「축접미인도」(逐蝶美人圖)가 300원에 팔렸다고
보도했다.[31] 당시 쌀 한 가마가 23원 정도였으니 상당히 비싼
가격이었다고 할 수 있다.

서화협회전은 1922년부터 시작된 조선미술전람회
때문이었는지 제5회부터는 언론, 대중, 미술가들의 관심이
줄어들었다. 해를 거듭할수록 서화협회전은 고전을 면치
못했고 회원들의 기금, 입장료, 주변의 후원금으로 유지했다.
출품작은 대체로 100점 전후를 유지했지만 수준이 떨어진다는
평도 받았고 미술가들이나 대중의 관심 부족 및 재정 악화로
결국 1936년 제15회 전시를 마지막으로 해체하고 말았다.

28
고희동, 「나와 조선서화협회 시대」,
179-184.

29
조은정, 『춘곡 고희동: 격변기 근대 화단,
한 미술가의 초상』(파주: 컬처 북스,
2015), 196-198, 201-203.

30
「오채영롱한 전람회」, 『매일신보』, 1921년
4월 2일 자.

31
권행가, 「미술과 시장」, 국사편찬위원회
편, 『근대와 만난 미술과 도시』, 228.

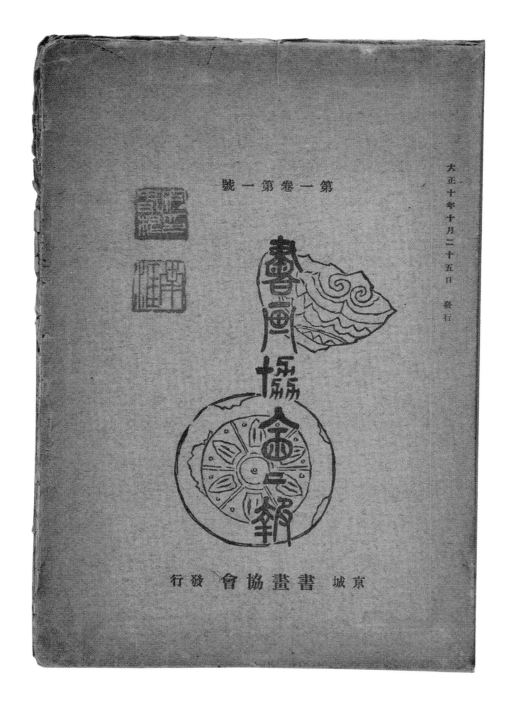

서화협회전과 같은 전람회 제도는 작품 감상의 새로운 환경과 경험을 제시했다. 1910년대에는 명월관이나 국취루 등 요리집에서 화가들이 즉석에서 그림을 그리는 휘호회(揮毫會)를 가지기도 했지만 이제 전람회라는 이름 아래 공공장소에 불특정 다수를 대상으로 많은 작품을 모아 놓고 감상하게 되면서 관람객을 탄생시켰다. 전람회와 미술 감상을 설명하는 글들도 신문이나 잡지에 실렸다. 1924년 7월 호 『개벽』에는 '우리의 미술과 전람회'라는 제목 아래 "전람회라 하는 것은 어느 곳을 물론허고 미술가의 작품을 진열허고 일반이 서로 감상하는 한 장소이다. 그럼으로 온건헌 작품에 적당헌 장식을 가(加)하야 출품허는 것이 당연허다. 다시 말허면 작가 자기의 연구헌 결과도 표시하려니와 일반 관람객을 대우허는 것이요 또 회장(會場)을 장엄허게 허는 것이다"라는 글이 실렸다.[32] 고희동도 전시와 관람객의 사회적 교감을 중요시한 듯 "좋은 작품을 전시하여 일반의 미술 사상을 계발하고 조장하여 여러 가지 점에 대해 미(美)로 화(化)하는 것이니 무의식한 가운데 막대한 효과를 나타내는 것이므로, 작가와 전람회, 전람회와 사회와의 사이에 간접 혹은 직접 어떠한 관계를 맺고 있다"고 말한 바 있다.[33] 미술에는 문화의 세계로 인도하는 정신적이고 지성적인 힘이 있음을 지적하는 말이다.

조선미술전람회

무엇보다도 가장 큰 규모의 전시는 조선총독부 주최로 1922년부터 1944년까지 매년 열려 총 23회를 지속한 조선미술전람회였다. fig. 9 문화 통치로 돌아선 총독부는 미술 교육 기관을 설립하겠다던 계획을 미술전람회로 대체하기로 결정했다. 제1회 조선미술전람회 도록의 서문에는 개최의 의의를 다음과 같이 표명하고 있다. "오랫동안 폐정(弊政)에 시달려 온정(溫情)이 모자라는 처참한 생활을 해 온 조선도, 제국의 시정(始政) 이후 정치가 잘 되어 문명의 혜택이 해를 거듭할수록 넓게 각종 방면에 많은 변화를 보여 주고 있는데, 예로부터 중요한 미술의 관계에는 그다지 적극적인 시설을 연구하지 않은 것은 매우 유감스러운 감이 있다. 미술 장려를 위한 전람회의 개최는 우리들이 다년간 부르짖던 것이다."[34] 총독부는 일본의 관전인 문부성미술전람회를 모델로 한 이 전시를 문화 정치의 일환으로 대대적으로 홍보하였다.

매년 5월이나 6월 중순경에 열렸던 조선미술전람회는 1회 때에는 총독부 구청사의 영락정에 있었던 상품 진열관에서 20여 일 동안 진행되었고, 그 후 여러 번 장소를 옮기다가 1939년에 경복궁 안에 새로 조선총독부미술관이 건립되어 개관하면서 겨우 안정된 전시 장소를 확보할 수 있었다. 당시로서는 호화판이었던 전람회 도록은 일본어로 제작되었고 작품 사진과 함께 작가 이름과 출신 도시가 적혀 있었다. 모두 흑백 사진으로 게재된 이 도록은 이 시기의 작품들이 거의 현존하지 않은 상황에서 당시의 활동을 엿보게 하는 중요한 자료로 남아 있다.

조선미술전람회가 1922년에 시작되면서 처음에는 서양화 및 조각, 동양화, 서(書)의 세 분야를 두었다. 이렇게 되면서 유화 또는 양화로 불렸던 명칭은 서양화로 통일되었고, 서화는 공식적으로 동양화로 명칭이 바뀌었다. 동양화란 이름은 서양화와 대비되는 개념으로 공진회에서부터 사용되기는 했지만 이 경우 전통적인 서화와 일본화를 포괄하는 의미로 명명되었다.[35] 이렇게 되면서 동양화부에서는 일본의 영향이 강한 채색화가 비중 있게 다루어졌다.

전통적인 시서화의 개념도 붕괴하기 시작했다. 시서화가 종합되었던 문인화에서 시는 문학으로 독립되었고, 그림과 글씨가 같이 있던 서화는 각각 회화와 서예로 분리되었다. 1932년 조선미술전람회에서는 사군자가 동양화로 편입되고 서예는 미술이 아니라는 이유로 퇴출되었다. '서(書)는 미술이 아니다'라는 개념은 일본에서 1882년 양화가 고야마 쇼타로(小山正太郎, 1857–1916)와 미술사학자 오카쿠라 텐신(岡倉天心, 1863–1913)의 유명한 논쟁에서부터 시작된 바 있다.[36] 고야마는 서(書)는 의사소통의 수단이며 미술이 아니라고 주장한 반면 오카쿠라는 중요한 심성 도야의 수단이라고 주장했다. 이후 일본에서 서(書)는 1903년 제5회 『내국권업박람회』(內國勸業博覽會)부터 미술 전시장에서 사라져 버렸다. 조선미술전람회의 경우 초창기 설립에 관여한 대부분의 주요 인물들이 서화가였기 때문이었는지 서(書)부가 창설되었지만 1930년대 초에 서양화가들의 수효가 많아지고 서예는 미술이 아니라는 견해가 우세해지면서 폐지된 것으로 보인다.

공예와 조각의 경우도 여러 번의 변화가 있었다. 제4회인 1925년에는 조각부가 신설되었으나 11회인 1932년에 서(書)와 조각부가 없어지고 공예부가 신설되었다가 1935년에는 공예가 없어지고 조소부로 바뀌었다. 조소부는 1939년에 조각부로 명칭이 바뀌었다가 1942년부터는 다시 조소부로 변경되었다. 이러한 우여곡절의 이유는 공예와 조각의 서로 다른 개념이 확실하게 인식되지 않았기 때문이었다. 그럼에도 실용성인 성격의 공예가 조선미술전람회에 한때 들어왔다는 사실은 기술보다는 창의적 예술로서 미술공예의 시작을 의미하는 것이기도 하다.

조선미술전람회의 참여 작가 자격은 처음에는 한국에 본적(本籍)이 있는 사람이나 6개월 이상 살았던 일본인 화가로 정했으나 규정은 여러 번 개정되었고, 무감사 제도, 심사위원 추천제 등이 도입되었다. 제1회 전시에는 모두 171명에

32
급우생(及愚生, 필명), 「우리의 미술과
전람회」, 『개벽』, 1924년 7월.

33
고희동, 「조선화단과 제15회 협전」,
『동아일보』, 1936년 1월 1일 자.

34
『제1회 조선미술전람회도록』
(조선사진통신사, 1922), 1.

35
동양화라는 용어는 1915년
『조선물산공진회』에서 사용되었고,
1920년 7월 7일 『동아일보』에 기고한
변영로의 「동양화론」에서도 나오며,
1921년 10월에 발간한 『서화협회보』
1호에서 이도영이 동양화라는
용어를 사용한 바 있다. 그러나
조선미술전람회부터 공식적인 용어가
되었다고 할 수 있다.

36
이가라시 코이치(五十嵐公一),
「조선미술전람회 창설과 서화」,
이중희 옮김, 『한국근대미술사학』,
12권(2004): 347. 고야마 쇼타로와
오카쿠라 텐신의 논쟁은 1882년
『동양학예잡지』(東洋學藝雜誌) 5-12호에
실렸다.

fig. 9
제2회 조선미술전람회 전경, 1923. 출처:
서울역사아카이브.

달하는 미술가의 215점의 입선작과 심사위원의 출품작,
참고품 24점을 포함하여 총 239점이 전시되었다. '서양화 및
조각'부에서 일본인 서양화가들은 55명이었는데 비해 한국인
화가는 3명(고희동, 나혜석, 정규익)뿐이었고, 동양화부에서는
한국인 화가 32명, 일본인 작가 34명이 입선했다. 전람회의
참가자 수는 계속 증가해 1930년대에는 해마다 1,100여 점이
출품되어 300점 전후의 작품이 입선되었다.[37] 관람객 수도
18회인 1939년에는 4만 명이 넘어 대중화에 기여했다.[38]

한국인 서양화가의 수는 해를 거듭하면서 늘어 1940년
제19회의 서양화 입선자는 82명이 되었다. 이 숫자가 동양화
입선자 40명의 두 배였다는 사실은 점점 더 많은 서양화가가
활동하고 있었음을 보여 준다. 조각가의 경우는 제4회 때인
1925년에 김복진이 출품하기까지 한 명도 없었다. 1930년대
중반에는 조각가의 수가 늘었으나 출품작은 대부분 석고로
제작한 사실적인 두상이나 인물상이었다.

조선미술전람회의 입선 작가의 비율은 약 65퍼센트가
일본인이어서 일본 화풍이 자연스럽게 스며들었다.[39] 이러한
사실은 이 전람회가 사실은 조선에 거주하던 일본인에게
발표 기회를 주고 장기적으로는 외지(外地)인 한국의 화단이
내지(內地)인 일본 미술에 동화되기를 의도했음을 시사한다.[40]
일본은 그들의 식민지였던 대만과 만주에서도 그곳 총독부
주관의 전람회를 개최했는데 어느 의미에서 이 전람회들은
모두 외지인 식민지에서 열린 일본 전시의 일부였다고 할 수
있다. 그러므로 조선미술전람회는 식민지 관람객들에게는
근대적인 시각 경험을 제공하는 공간이었지만 한편으로는
일본 제국주의적 지배의 위장된 공간이었다.

조선미술전람회가 1944년까지 23회 계속되는 동안
일부 화가들은 출품작들의 수준이 낮다고 생각해서 또는
민족주의적 의식에서 불참했지만, 대부분의 한국 미술가나
한국에 살던 일본 미술가들은 참여했다고 보아도 무리가 없다.
전시의 기회가 많지 않았던 한국 미술가의 입장에서는 이러한
공식적인 전람회의 입선은 신문지상에서도 대대적으로 보도가
되어 사회적으로도 예술가로서 인정받는 것이어서 놓치기
어려운 기회였을 것이다. 조선미술전람회에서도 작품 판매가
이루어졌는데 특선이나 수상작들은 이왕가나 총독부에서 높은
가격에 구입하기도 하였다.

총독부가 임명한 심사위원들은 거의 일본에서 초빙되어
온 미술가들이었다. 처음에는 이도영, 서병오, 김규진 등이
포함되었지만 서예가 폐지된 후로 한국인 심사위원은 한 명도
없게 되었다. 초기 심사위원들은 대체로 문부성미술전람회나
제국미술원전람회의 심사위원들과 동급인 도쿄미술학교
교수이거나 제국미술원 회원들로 보수적인 성향이었고
입선작들도 그러한 기준에서 선정되었다.

조선미술전람회가 『경성일보』, 『동아일보』, 『매일신보』
같은 언론에 크게 보도되면서 발전한 분야는 평론이었다.
평론은 대개 저널리즘과 관계하게 되는데 당시의 평론가는
화가, 문인, 지식인 등 다양한 배경의 인물들이었다. 문인들이
평론에 많이 참여한 것은 어쩌면 과거 문인화에서 감평을
쓰는 전통에서 나왔을 수도 있어 보인다. 초기에는 전시를
소개하는 미술 감상이나 인상에 가까운 평문 정도였으나 점점
구체적이고 직설적으로 변화했다. 화가 김주경(金周經, 1902-
1981)은 제10회 조선미술전람회에 대해 노쇠하고 몰락하고
있으며 '서커스 연출'을 보여 준다고 비판했고, 이승만(李承萬,
1903-1975)은 "회화란 무엇인지 알지 못하는 작자가 많다"면서
막연하게 화폭에 색채를 나열해 함부로 그려 놓는 것은
무서운 죄악이라고 지적했다.[41] 호평이든 독설이든 이러한
전시회 평이나 미술 관련 기사는 적어도 미술이 이해가 필요한
전문적인 영역이라는 인식을 갖게 만든 것이 사실이었다.

신문이나 잡지에는 전시장을 찾고 당황하는 관람객들의
반응도 삽화로 실렸다. 1927년 7월 호 『개조』(改造)에 실린
'미전소견'이라는 제목의 삽화fig.10에는 전람회장에 걸린
그림을 보고 "신○○파의 예술! 불가해의 예술! 대중이
알게 그리면 큰일 나는 예술!"이라는 글과 함께 갓을 쓰고
곰방대를 쥔 사람이 같이 온 친구와 다음과 같은 대화를 하는
장면이 그려져 있다. "원 무슨 년의 그림인지 두 시간째나
드려다보와도 도모지 알 수가 업네 그려. 내 원, 참" "이 사람아
남이 못 아라보도록 그리는 것이 요새 시테라네, 시테야."
비록 미술을 접하는 새로운 경험에 당황하기는 했지만
이러한 전람회장의 작품 감상은 고희동이 귀국한 1915년에
야외에서 그림을 그리면 비웃음을 당했던 때에 비하면 크나큰
진전이었다.

37

정호진, 「조선미술전람회 제도에 관한
연구」, 『미술사학 연구』, 205호(1995): 34
도표 참조.

38
같은 글, 31.

39
같은 글, 35.

40
이중희, 「조선미술전람회 창설에 대하여」,
『한국근대미술사학』, 3집(1996): 103.

41
김주경, 「제10회 조선미전평」,
『조선일보』, 1931년 5월 28일-6월
10일 자; 이승만, 「제7회 선전 만감」,
『매일신보』, 1928년 5월 17일-18일 자.

fig.10
『개조』 삽화, 1927년 7월.

새로운 화단의 성립

동양화

동양화단은 전통과 근대 화단을 이어 주던 안중식과 조석진이 사망하자 그들에게 배운 대략 16세에서부터 30세 사이의 젊은 화가들이 새로운 세대의 중심이 되었다. 처음 이들이 참여한 중요한 작업은 창덕궁의 대조전(大造殿), 희정당(熙政堂), 경훈각(景薰閣)에 여섯 점의 부벽화(付壁畵) 그리기였다. 부벽화란 교훈적 또는 길상적 의미의 글과 그림을 비단에 그려 실내나 건물 밖에 붙여 감상하게 하는 종류였다. 창덕궁은 1917년에 일어난 큰 화재로 내전(內殿)의 일각이 피해를 입자 경복궁의 일부 건물을 헐고 그 부자재를 옮겨 사용해 복구하였는데, 한옥의 외형을 유지하면서 내부는 서양식으로 바꾸었다. 3년간의 공사가 1920년에 완공되자 왕실에서는 실내를 대형 부벽화로 장식하고자 했는데 이 작업은 의외로 젊은 서화미술회 출신들이 맡게 되었다.[42] 순종 황제의 침전인 대조전의 2점은 김은호와 오일영·이용우가 합작으로, 왕비의 휴식 공간인 경훈각 두 점은 이상범과 노수현이, 그리고 접견실인 희정당의 동쪽과 서쪽 벽의 벽화는 당시 52세의 김규진이 담당했다.

김은호는 대조전의 서쪽 벽화 「백학도」fig.11를 그렸는데 이때 그의 나이는 28세였다. 그는 이미 고종과 순종뿐 아니라 다양한 인물의 초상화를 그려 이름을 떨친 바 있었다. 「백학도」에서 김은호는 바다 위에 달이 떠 있고 열여섯 마리의 백학이 날아와 소나무 위에 앉는 장면을 시도했다. 그는 청록산수를 배경으로 장생불사(長生不死)를 상징하는 달, 구름, 돌, 물, 소나무, 영지 외에 부귀영화를 상징하는 모란을 화려하게 채색하였다. 대조전 동쪽 벽에는 부부의 애정과 군주의 치세를 상징하는 「봉황도」를 당시 30세였던 오일영과 16세였던 이용우가 합작해 그렸다. 대조전의 두 작품 모두 왕실 장식화의 정밀하고도 화려함을 환상적으로 보여 준다.

경훈각의 동쪽과 서쪽 벽에는 노수현과 이상범이 각각 중국 고사에 나오는 부귀장수의 주제를 공필왕실회화의 전통에 따라 그렸다. 노수현은 기이한 형태의 돌산이 있는 풍경 속에 신선이 노니는 「조일선관도」(朝日仙觀圖)를 그려 왕의 장수를 축원하였고, 이상범은 소동파(蘇東坡, 1036-1101)의 시문집인 『동파지림』(東坡志林)에 나오는 세 신선의 이야기를 소재로 「삼선관파도」(三仙觀波圖)fig.12를 그렸다. 당시 23세였던 이상범의 작품은 청록색의 사용과 뒤틀린 산, 날카로운 돌기 등에서 안중식의 영향이 충실하게 보인다.

희정당의 동쪽과 서쪽 벽의 「총석정절경도」(叢石亭絶景圖)fig.13와 「금강산만물초승경도」(金剛山萬物肖勝景圖)는 가로 8.83미터, 세로 2.05미터에 달하는 대작으로 김규진이 그렸다. 흔히 길상(吉祥)의 상징적 주제를 채택해 왔던 왕실 회화의 관습과 달리 이렇게 금강산의 실경을 그린 것은 대담한 시도였다. 다른 화가들보다 나이가 많은 김규진이 이 장대한 벽화를 맡은 것은 영친왕의 서화교수로 있으면서 예전부터 왕실과의 친분이 두터웠기 때문으로 알려졌다. 그는 작품을 의뢰받은 후 금강산에 가서 많은 실경 스케치를 했다. 이 스케치를 바탕으로 그린 「총석정절경도」에서는 원경으로 갈수록 산의 색채가 점점 옅어지는 서양의 원근법이 적용되었고 중경에 우뚝 솟아 있는 돌기둥들은 장엄한 절경의 감동을 전달한다. 원래 대나무를 잘 그리는 화가로 알려진 김규진이었지만 희정당 벽화는 그의 한계를 뛰어넘은 역작으로 평가된다.

창덕궁 벽화는 작품의 규모에서나 완성도에서 당대 화가들의 최고의 솜씨를 자랑하고 왕실의 위엄과 취향을 보여 주지만, 궁이라는 장소적 특성 때문에 김규진의 작품을 예외로 하면 전통에서 크게 벗어나지는 않았다. 사실 동양화단은 그동안 시대의 변화를 반영하는 새로운 시도가 없다는

42

일본 화가들을 물리치고 한국 화가들을
부른 것은 순종의 결정이었다고 한다.
창덕궁 벽화에 대해서는 『창덕궁 대조전
벽화』, 전시 도록(서울: 국립고궁박물관,
2015) 참조.

fig. 11
김은호, 「백학도」, 1920, 비단에 채색,
214×578cm. 출처: 국립고궁박물관.

새로운 화단의 성립

비판을 받고 있었다. 이광수는 『매일신보』에 화재(畫材)가 빈약하다고 지적하면서 "생생한 실사회의 재료에서 청신하고 친근한 쾌감을" 얻고 실물의 특징과 미점을 연구하고 묘사할 것을 촉구했다.[43] 1920년 7월 7일 자 『동아일보』에 영문학자 변영로(卞榮魯, 1897-1961)는 「동양화론」이라는 글에서 서양에서는 모든 그림이 다 화가 자신의 표현이라고 말하면서 "위대한 예술가는 시대정신을 잘 통찰하고 이해하여 그것을 자기 예술의 배경으로 하고 근거로 하여 결국은 모든 시대사조를 초월하는 구원불멸의 미를 창조하는 것이다. (…) 그리고 또 그네들의 화재(畫材)는 모두 다 우리가 일일(日日) 이문목도(耳聞目睹)하는 현실 세계에서 취한다. (…) [그런데 우리는] 명나라 의상인지, 당나라 의상인지, 고고학자가 아니면 감정도 할 수 없는 옷을 입고 (…) 오수(午睡)를 최(催)하고 초인간적 선관(仙官)의 그림이나, 그러한 종류의 미인도나, 혹은 천편일률적의 산수도나 그리지 아니하는가?"라는 비판을 한다. 이러한 비판은 당시 일본의 서양화단에서 한창 받아들이던 서양의 후기인상주의나 미래주의처럼 일상이나 현대 사회에서 주제를 택하고 주관적 표현이 앞서는 현대미술 운동을 염두에 두고 한 말처럼 보인다.

창덕궁 벽화 작업으로 일단 자신들의 능력을 증명한 이들 신진 동양화가들은 곧 전통 화단의 새로운 변화를 추구하기 시작했다. 동양화가들은 이제 인물화 중심의 화가와 산수화 중심의 화가로 구별되기 시작했다. 사생을 바탕으로 하는 수묵 산수화가 이상범, 변관식, 노수현, 이용우이었다면, 채색 인물화가로는 김은호, 이영일, 최우석이 있었다. 채색 인물화의 중심은 김은호였다. 1912년 서화미술회 강습소의 제2기로 입학하여 안중식, 조석진에게 사사한 김은호는 부드럽고 섬세한 필치로 당대 최고의 동양화가로 이름을 떨쳤다. 그는 제1회 조선미술전람회에도 참가하고 일본의 제국미술원전람회에 출품하기도 했다.

김은호는 산수화, 화조도 등에도 뛰어났지만 그가 발군의 실력을 발휘한 분야는 여성 인물화로 근대 미인화의 모본이 되었다. 그의 작품에서 여성은 실내나 정원과 같은 사적 공간에 앉아 있거나 서 있다. 버드나무 가지가 날리고 들꽃이 피어 있는 정원에 꽃다발을 들고 서 있는 여성을 그린 「응사」(凝思, 1923)는 수하미인도(樹下美人圖)의 전통적 형식을 고수하지만 트레머리나 짧은 치마, 그리고 구두를 신고 솔을 둘러 신여성을 그린 것을 알 수 있다.fig.14 속이 비치는 옷을 입은 이 여성은 소위 몽롱체로 불리는 신일본화의 영향을 보이는 안개 낀 몽환적인 분위기 속에서 설레는 마음으로 봄을 맞이한다.

김은호는 1925년에 일본으로 가 3년을 있으면서 일본화의 대가 유키 소메이(結城素明, 1875-1957)에게 사사했는데

정교한 묘사와 평면적이고 감각적인 색채가 그의 특징이었다. 「간성」(看星, 1927)에서는 곱게 차린 기녀가 화투로 그날의 운세를 보는 일상의 모습이 화려한 색채와 섬세한 묘사로 처리되었다.fig.15 수목이 내다보이는 대청마루에 앉아 있는 여인의 곁에는 피다 만 담배와 재떨이가 놓여 있고, 새장 속에는 흰 앵무새가 있다.

이영일의 「농촌의 아이」(1929)는 제8회 조선미술 전람회에서 특선한 작품이다.[44] fig.16 1920년 전후 일본으로 유학을 갔던 그는 시조파(四條派) 계열이었던 이케가미 슈호(池上秀畝, 1874-1945)의 화숙에서 공부하면서 자연을 서정적이고 세밀하게 묘사하는 화풍을 배웠다. 「농촌의 아이」에서 전경의 아이를 확대해 그리는 구성이나 섬세한 채색은 일본화에서 나타나는 특성이다. 서화미술회 출신으로 1924년에 일본으로 가 가와바타(川端)화학교에서 일본화를 수학한 최우석은 역사 인물화나 불교적 주제를 다루어 주목을 받았다.

중국의 영향에서 벗어나 근대적 산수화로의 변화를 탐구했던 수묵화가로는 이상범, 변관식, 노수현, 이용우가 있었다. 이들은 1923년에 동연사(同硏社) 그룹을 형성하고 시골의 풍경이나 평범한 야산, 그리고 낮은 언덕과 시냇물이 흐르는 들에 농부나 아낙을 그려 주변의 풍경에 대한 친밀감과 애정을 느끼게 했고, 수묵 산수화의 새로운 방향을 제시했다.

화가들의 야외 사생은 근대기에 들어오면서 사용한 방식이었다. 전통 산수화는 고사(古史)나 현인의 이야기가 얽힌 명승고적이나 문학적 소재가 많았고, 18세기의 진경산수도 사실적인 실경이라기보다는 자연의 감흥과 인상을 개인적으로 해석하고 변형한 것으로 근대의 사생 개념과는 달랐다. 사생(寫生)이란 기본적으로 화가가 한 자리에서 자신의 시야에 들어오는 풍경을 그리는 것을 전제로 하는 것으로 그 근거는 인간 중심의 사상에 기반을 둔 서양 회화의 개념에서 찾을 수 있다. 이 개념은 다시점(多視點)을 통해 자연의 전체 모습을 보여 주고자 했던 전통적인 산수화와는 근본적으로 달랐다. 동연사 화가들이 야외에 자리 잡고 앉아 자신의 시야에 들어오는 자연의 외형과 광선의 효과를 확인하면서 실천한 사생은 근대적 경험을 반영한 새로운 것이었다.

산수화가들은 금강산과 같은 명산을 찾아다니며 그리기도 했지만 주변의 평범한 풍경이나 흔히 마주치는 일상의 경관도 그림의 소재로서 가치가 있음을 발견했는데, 여기에는 당대의 모습, 근대화된 도시와 일상을 그렸던 서양 인상주의의 영향도 있었다. 철도가 놓이고 여행이 편리해지면서 한국의 화가들이 이전보다 훨씬 다양한 풍경을 경험하고 국토의 아름다운 산천을 화폭에 담을 수 있게 된 것도 이들이 야외 사생을 즐겨 한 이유 중의 하나였다.

43
이광수, 「동경잡신: 문부성미술
전람회기」, 『매일신보』, 1916년 10월 31일,
11월 2일 자.

44
작품의 제목이 「시골아이」로 알려져
있으나 제8회 조선미술 전람회 도록에는
「농촌의 아이」로 나와 있다.

fig.14
김은호, 「응사」, 1923, 비단에 채색,
130×40cm. 개인 소장.

fig. 15
김은호, 「간성」, 1927, 비단에 채색,
138×86.5cm. 이건희 컬렉션.

fig. 16
이영일, 「농촌의 아이」, 1929,
비단에 채색, 152x142.7cm.
국립현대미술관 소장.

fig. 17
이상범, 「초동」, 1926,
비단에 수묵 담채, 152x182cm.
국립현대미술관 소장.
ⓒ 이상범.

동연사 그룹은 1년밖에 지속되지 않았으나 이상범은 제1회 조선미술전람회 입선을 시작으로 1944년의 제23회까지 연속 입선과 특선을 거듭하면서 각광을 받았다. 이상범의 초기 작품은 안중식의 영향을 많이 받았으나 점차 자연의 시적인 분위기로 변화해 간다. 조선미술전람회 제5회 입선작인 이상범의 「초동」(初冬, 1926)은 논과 밭이 보이는 친숙한 농촌의 풍경이다.fig.17 이 작품에서는 전통 회화의 수직이나 수평적인 화면이 아니라 서양화처럼 사각형의 화면을 사용하고 낙관(落款)이나 제발(題跋)은 사라졌다. 온화하면서 나지막하게 이어 가는 평범한 야산의 전경, 중경, 원경은 원근법이 적용되어 마치 창밖의 풍경을 내다보는 것처럼 보인다. 이상범은 붓을 옆으로 뉘어 반복해 점을 찍고 쌓아 올렸는데 자신은 송(宋)대의 미불(米芾) 부자가 창안한 미점법(米点法)을 사용했다고 회고한다.[45] 기후에 따라 달라지는 광선과 안개가 분위기를 살리는 그의 산수화는 일본화의 몽롱체를 연상시킨다는 지적도 있다.[46]

노수현은 1915년 서화미술회에 입학하여 안중식에게 배웠다. 1925년 제4회 조선미술전람회에 출품한 「일난」(日暖)은 큰 고목 아래에 나물을 다듬고 있는 어머니와 뒤에서 팔을 베고 누운 소년을 그린 작품이다. 이 작품은 산수화에서 벗어나 풍경은 배경에 그치고 휴식을 취하는 평범한 인물들의 일상이 중심이 되었다. 노수현은 인물들을 서양화처럼 사실적으로 묘사했는데 김복진은 "서양 아이의 골격과 안면을 그려 놓았다"고 비판했다.[47] 비슷한 무렵에 그린 「신록」은 1920년대에 그린 대작이다.fig.18 배경에 우뚝 솟은 산과 그 아래 초목과 굽이쳐 내려오는 냇물, 그리고 논밭은 파노라마처럼 눈앞에 펼쳐진다. 관람자의 눈은 왼쪽의 나무에서 오른쪽의 밭으로 옮겨 가면서 오솔길, 기와집, 폭포, 냇물, 마을을 세밀하게 관찰하고 풍요로운 자연에 감동하게 된다.

10세의 나이로 서화미술회 1기생으로 입학하여 안중식과 조석진에게 배운 또 다른 화가로 이용우가 있다. 그 역시 새로운 동양화를 모색하면서 사생을 바탕으로 과감하고 빠른 붓놀림으로 신선한 느낌을 주는 풍경화를 많이 제작했다. 그는 바위와 그 사이로 흘러내리는 물을 그린 작품을 1928년 조선미술전람회에 출품하고 마치 서양의 모더니즘 작품처럼 「제7 작품」이라는 파격적인 제목을 붙여 화단의 주목을 받았다. 이용우가 1940년대에 그린 「시골풍경」은 원경의 산이 원근법에 의해 희미하게 작아지고 중경에서는 왼쪽의 산을 강조해 그 아래의 마을의 풍경이 펼쳐져 광활한 공간감과 거리감을 준다.fig.19 작은 초가집과 인물들은 산세에 둘러싸여 있고 색채는 생기를 불어넣는다. 이용우의 관심사는 친밀한 자연의 공간과 빛, 그리고 그 속에서 살아가는 사람들의 삶이었다.

변관식은 외할아버지인 조석진 슬하에서 자라면서 지도를 받았다. 그는 16세에 조선총독부 공업전습소 도기과에 들어가 졸업한 후에는 서화미술회를 드나들곤 하였다. 이후 도쿄로 유학을 떠난 변관식은 남화의 대가 고무로 스이운(小室翠雲, 1874–1945)에게 사사했는데 그의 초기 작품에 나타나는 남화풍은 고무로의 영향으로 보인다. 그러나 변관식은 1937년부터 금강산, 평양, 원산, 진주 등 전국을 돌아다니면서 방랑 생활을 했다. 이때부터 그의 작품은 화본풍을 벗어나 실경을 중심으로 점차 독자적인 화풍을 형성하게 된다. 1939년에 그린 「강촌유거」(江村幽居)는 이 시기에 머문 어느 강변 마을을 6폭 병풍으로 그린 작품이다.fig.20 아직 1950년대 전성기 작품에서 보이는 특유의 역동적인 구성은 나타나고 있지 않지만 나무와 수풀 사이사이에 모여 있는 기와집이나 먼 거리에 보이는 산과 강 등 자연의 아름다움에서 느끼는 감동을 세밀한 붓 터치와 먹으로 표현해, 관람자는 작품을 구석구석 살피면서 화가와 감동을 공유하게 된다.

동양화단에서 누구보다도 다음 세대에 영향력이 있었던 화가는 김은호와 이상범이었다. 미술학교가 없어 도제 교육을 받을 수밖에 없었던 당시 김은호는 개인 화실이었던 낙청헌에서 백윤문(白潤文, 1906–1979), 김기창(金基昶, 1913–2001), 이유태(李惟台, 1916–1999), 장우성(張遇聖, 1912–2005), 조중현(趙重顯, 1917–1982) 등을 배출했고, 이들은 1936년에 후소회(後素會)를 결성한다. 이상범은 1933년부터 청전화숙을 운영해 배렴(裵濂, 1911–1968), 정종여(鄭鍾汝, 1914–1984), 이건영(李建英, 1922–?) 등을 교육시켰다.

사숙은 아니었지만 광주에서는 허백련이 서화 동호인 단체인 연진회(鍊眞會)를 발족해 후진을 양성하면서 경성 중심이었던 서화 화단에서 예외적으로 호남 서화 교육의 중심이 되고 있었다. 허백련은 20세인 1911년에 서화미술회에 들어왔으나 낙향하고 1915년에는 일본에 가 고무로 스이운에게 배운 후 1918년에 귀국했다. 조선미술전람회에 1회부터 6회까지 계속 참가했던 그는 그 후 전라남도 광주로 내려갔다. 그는 호남 화단의 거장이면서 친족 관계인 허련(許鍊, 1809–1892)과 허련의 아들 허형(許瀅, 1862–1938)을 이어 남종 산수화의 정통 필법을 계승했다. 이를 바탕으로 먹색의 농담 효과를 살리고 그 지역의 산세에 영감을 받아 부드러운 담묵으로 그렸다. 연진회 출신의 화가로는 허행면, 구철우, 이범재, 성재휴, 정운면이 있었다.

서양화

서양화단이 성립되기 시작한 것은 일본에서 수학한 미술가들이 다수 귀국하면서였다. 이들 1세대는 일본에서 서양화를 배우면서도 관심을 가지고 추구한 방향은 조금씩

45
이상범, 「나의 교우 반세기」, 『신동아』,
1971년 7월, 41; 『이상범』(서울:
삼성문화재단, 1997), 34에서 재인용.

46
한국 근대 동양화에서의 몽롱체에 대한
서로 다른 견해에 대해서는 김용철,
「한국근대동양화와 몽롱체 화법」,
『한국근대미술사학』, 16권(2006):
118-150; 이중희, 「조선미전 설립과 그
결과」, 『한국근대미술사학』, 15권 (2005):
57-58.

47
김복진, 「제4회 미전인상기(5)」,
『조선일보』, 1925년 6월 6일 자.

fig.18
노수현, 「신록」, 1920년대,
비단에 수묵 채색, 203×312cm.
고려대학교박물관 소장.

fig.19
이용우, 「시골풍경」, 1940,
종이에 수묵 채색, 120×115.5cm.
리움미술관 소장.

fig.20
변관식, 「강촌유거」, 1939,
종이에 수묵 담채, 135.5×354cm.
리움미술관 소장.

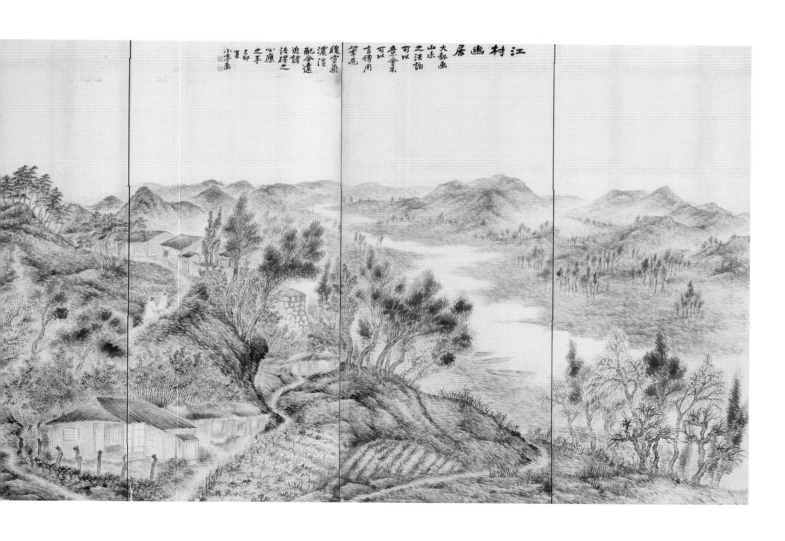

江村幽居

大都画
山水
之法詢
可以
意會未
可以
言傳用
筆先

後室染
濃淡
配合遠
近諸
法得之
心應
之手
真品

小亭画

달랐는데 대체로 세 부류로 나누어 볼 수 있다. 첫째는 아카데미적 사실주의를 고수한 김인승(金仁承, 1910-2001), 이마동(李馬銅, 1906-1981), 도상봉(都相鳳, 1902-1977) 등으로 사실적인 인물화, 누드화, 정물화를 주로 그렸다. 두 번째 그룹은 인상주의, 후기인상주의, 야수주의(포비즘) 사조를 받아들인 오지호(吳之湖, 본명 오점수[吳占壽], 1905-1982), 김주경, 길진섭(吉鎭燮, 1907-1975), 이인성(李仁星, 1912-1950) 등이다. 세 번째는 소수였지만 추상미술을 시도한 김환기(金煥基, 1913-1974)나 유영국(劉永國, 1916-2002), 그리고 표현주의나 환상적인 그림을 그린 이중섭(李仲燮, 1916-1956), 구본웅(具本雄, 1906-1952), 문학수(文學洙, 1916-1988)이다. 서양화에 대한 미술 시장의 수요가 거의 없었던 당시 이들 서양화가들은 부모의 재산을 물려받거나 화실을 운영하거나 고등보통학교의 미술 교사로 재직하는 방식으로 생활했다. 한국에 거주하던 일본인 서양화가들이 일본 상인이나 관료의 후원을 받기도 한 것과는 달랐다.

첫 번째 서양화가로 주목받았던 고희동은 귀국 후 중앙학교를 비롯한 여러 학교와 YMCA 등에서 가르쳤다. 그는 한동안 서양화와 동양화를 모두 그렸지만 1927년경부터는 서양화를 그만두고 동양화로 돌아섰다. 그의 이러한 전향에 대해서는 여러 가지 설명이 가능하다. 고희동 자신은 당시의 사회가 동양화를 요구하고 있다고 언급하면서 동양화와 서양화를 조화시키려 노력한다고 설명한다. 그러면서도 이러한 시도를 통해서 무언가 다른 것을 표현해야 할 텐데 잘 안 된다고 애로를 털어놓았다.[48] 또 자신이 처음 배울 때와 비교해 서양화도 많이 달라졌다고 토로한 바 있어 서양화 붓을 다시 잡는 것도 그리 쉽지 않았을 것으로 추측한다.[49]

고희동이 귀국한 해에 먹과 붓으로 그린 「청계표백도」(淸溪漂白圖, 1915)에는 여러 흥미로운 요소들이 보인다.fig.21 우선 산 밑의 냇가에서 젊은 부부가 빨래를 하고 있는데 남자는 바위 위에 놓인 빨랫감을 두들기기 위해 방망이를 올리고 있고, 여자는 남편을 쳐다본다. 전체적인 배경은 18세기 신윤복(申潤福, 1758-?)의 「단오풍정」fig.22을 떠올리게 하지만 「단오풍정」에서 남자가 머리를 감는 반라의 여인들을 몰래 훔쳐보는 것과 달리 고희동의 그림에서는 윗몸을 드러낸 남자와 빨래하는 아내의 일상적인 모습이 보인다. 일상의 장면은 이제 화가의 주요한 관심사가 되었다. 애주가로 알려진 고희동이 친구들과 술자리를 같이하는 장면을 그린 「아회도」(雅會圖)에서는 등장인물들을 간략하게 그렸다.fig.23 고희동은 오른쪽에 긴 수염을 기른 모습으로 나타나고 위창 오세창, 육당 최남선(崔南善, 1890-1957) 등 다섯 명의 지인이 보인다. 실내 배경은 생략되었지만 근대식 전등, 지필묵과 화분이 놓여 있다.

나혜석은 전문적인 교육을 받은 첫 번째 여성 화가였다. 그림을 그렸던 여성으로는 조선시대의 신사임당(申師任堂, 1504-1551)을 꼽을 수 있지만 신사임당이 교양의 하나로 붓을 잡았다는 것을 감안하면 나혜석은 최초의 여성 서양화가이면서 신여성이었고, 세인의 관심의 대상이 되었다. 귀국 후 1921년 3월 19일과 20일 양일간에 걸쳐 70여 점의 작품을 가지고 경성일보사 내청각에서 개인전을 가졌을 때도 첫날은 1,000여 명, 둘째 날은 무려 약 5,000명이 관람할 정도로 인기가 높았다. 나혜석이 제1회 조선미술전람회에 입선한 작품들은 흑백 사진으로만 남아 있는데 그중 하나인 「농가」(1922)와 같은 초기 작품들은 프랑스 사실주의 화가 밀레(Jean François Millet, 1814-1975)의 농촌 풍경을 연상시킨다.fig.24

오늘날 나혜석의 유명세는 여성 해방 운동을 선도한 그의 문필 활동에서 온다고 할 수 있다. 그는 일본에 있을 때 히라츠카 라이초(본명은 히라츠카 하루[平塚明], 1866-1971)가 주도해 창립한 문예잡지 『세이토』(青鞜)의 영향을 받은 것으로 보인다. 『세이토』는 처음에는 여성의 창조성 개발을 촉구하는 논조의 잡지였으나 후에 좀 더 과격한 여성 운동의 중심이 되었다. 나혜석은 1918년에 신여성상을 제시한 단편 소설 『경희』를 발표했고, 1921년에는 『매일신보』에 「인형의 가(家)」의 노래 가사를 발표했다. 노르웨이의 극작가 헨리크 입센(Henrik J. Ibsen, 1828-1906)의 희곡 「인형의 집」(A Doll's House, 1879)과 동일한 제목의 「인형의 가」는 남성 중심의 사회에서 여성은 인형과 같은 위안물이었으며, 여성은 아내, 딸, 어머니이기 전에 사람이라는 내용으로, 여성 해방 선언서와 같은 의미를 갖는다.[50]

1920년 그는 변호사 김우영과 결혼했다. 김우영은 일본 외무성 관리로 만주 안동현(현 단동)에 부영사로 부임해 나혜석도 그곳에서 수년간 있었다. 김우영이 일본 대표단의 일원으로 1927년 제네바에서 열리는 군축회의에 참석하게 되자 나혜석은 자비로 남편과 같이 모스크바, 베를린, 파리를 거쳐 제네바에 갔다. 그는 당시 일반 사람은 생각할 수도 없었던 유럽과 미국을 다니는 1년 8개월간의 세계 일주 여행을 했는데 그중 수개월을 파리에 남아 혼자 보냈고 이때 그린 그림의 하나가 「파리의 풍경」fig.25이다. 이제 나혜석은 밀레의 사실주의적 주제에서 벗어나 인상주의를 수용하면서 눈앞에 펼쳐지는 강변의 풍경을 물 밖과 물에 반영된 모습이 거의 대칭이 되게 묘사하고 있다. 이 그림은 인상파 화가들이 가장 좋아했던 소재인 물의 반짝임을 반영한 색채 표현을 시도하고 있지만, 형태들은 큼직큼직하게 채색되고 인상주의 회화의 특징인 작은 색점을 사용하는 분할주의(divisionism)는 적용되지 않았다.

48
고희동, 구본웅의 대담, 「화단 쌍곡선,
사회생활과 미의식」,『조선일보』, 1937년
7월 22일 자.

49
고희동, 구본웅의 대담, 「화단 쌍곡선,
조선의 풍경과 독특한 색채」,『조선일보』,
1937년 7월 21일 자.

50
1921년『매일신보』가 입센의 희곡을
「인형의 가(家)」라는 제목으로
번역 연재하면서 제일 마지막 회에
피아니스트인 김영환에게 작곡을,
나혜석에게는 가사를 지어 줄 것을
청탁하여 4월 3일 자 신문에 노래 가사
「인형의 가」를 발표하였다.

fig. 21
고희동, 「청계표백도」, 1915, 비단에 채색,
23×27.5cm. 간송미술관 소장.

fig. 22
신윤복, 「단오풍정」, 18세기 말-19세기 초,
종이에 채색, 28.2×35.6cm. 간송미술관
소장.

fig. 23
고희동, 「아회도」, 연도 미상, 종이에 채색,
27.9×44.1cm. 간송미술관 소장.

fig. 24
나혜석, 「농가」, 1922, 캔버스에 유채.

fig. 25
나혜석, 「파리의 풍경」, 1927-1928,
목판에 유채, 23×33cm. 개인 소장.

fig. 26
오지호, 「풍경」, 1927, 캔버스에 유채,
65×52.5cm. 국립현대미술관 소장.

fig. 27
오지호, 「잔설」, 1926, 캔버스에 유채,
37.5×45.5cm.

fig. 28
길진섭, 「원주 풍경」, 1930년대,
하드보드에 유채, 24×33cm. 개인 소장.

fig. 29
김용조, 「해경」, 1930년대, 캔버스에 유채,
40.5×42cm. 개인 소장.

귀국 후 나혜석은 파리에서 천도교 도령(道領) 최린(崔麟, 1878–1958)을 만나 연애를 했다는 이유로 남편에게 이혼을 당하고 마는데 이것은 장안의 큰 화제였다. 그는 이혼 후에도 작품 활동을 하면서 사회 계몽과 여성 해방의 공론화를 추구하는 글들을 계속 기고했다. 그러나 전통적 가치를 전복시키는 글과 행동은 그를 사회에서 외면당하게 만들었고 만년에는 경제적인 어려움과 외로움에 시달리다 서울 시립자제원에서 무연고자로 홀로 생을 마치게 된다. 나혜석은 유부남과의 연애, 이혼, 시와 소설 및 수필을 통한 독립된 인격체로서의 자기 선언, 그리고 결국은 홀로 삶을 마치기까지 행로가 전통적 가치와 과격한 충돌을 빚었던 신여성의 대표적인 사례였다.

서양화단이 형성되면서 처음 수용되었던 양식은 언급한 바와 같이 아카데믹한 사실주의와 인상주의였다. 초창기 서양화가들은 인물화나 정물화 외에 인상주의 화가들처럼 야외에서 빛과 기후를 관찰하면서 풍경화를 많이 그렸다.[51] 사실 1870년대에 프랑스의 인상주의는 회화의 가치가 과거와 같이 고상하고 교훈적인 역사적, 종교적, 신화적 주제에만 있는 것이 아니라 당대의 모습을 생생한 시각 경험으로 포착할 수 있음을 시도한 매우 과격한 움직임이었다. 그러나 19세기 말에 이르면 대부분의 유럽 화가들은 인상주의를 받아들였으며, 동아시아에 전해질 무렵에는 자연을 재현하는 서양 회화의 정통적인 방법으로 인식되었다.

누구보다도 인상주의에 매료된 화가는 오지호였다. 오지호는 서울에 있는 휘문고보를 다니다 우연히 나혜석의 개인전을 보고 감동했고, 1923년부터 고려미술원에 들어가 그림을 배우기 시작했다. 고려미술원은 사설 미술 연구소로 강진구, 박영래, 나혜석, 정규익 등의 서양화가들이 설립해 이종우, 이제창(李濟昶, 1896–1954) 등이 학생들을 가르쳤다. 당시 이 연구원에서는 후일 근대미술의 중요한 화가가 되는 이마동, 구본웅, 길진섭, 김주경, 김용준(金瑢俊, 1904–1967) 등이 그림을 배웠다. 오지호는 이제창에게 목탄 데생 등 기본적인 훈련을 받고 1926년에 도쿄미술학교에 입학하게 된다. 1927년에 그린 「풍경」fig.26에는 나뭇가지와 배경에 있는 우거진 초목에서 연두색이나 약간의 푸른색의 터치로 햇빛이 비치는 부분과 아닌 부분을 그렸지만 아직 형태를 밝고 어두움으로 처리해 무게감이 남아 있다. 엄밀히 따지면 선(先)인상주의의 단계라고 할 수 있다. 이보다 1년 먼저 그린 「잔설」(1926)도 비슷한 기법을 보인다.fig.27 차이점이라면 「잔설」에는 원경으로 들어가는 길과 점점 작아지는 전봇대로 깊은 공간감이 보이는 반면 「풍경」에서는 수직적인 가느다란 나무들이 전경을 가로막아 눈이 원경 깊숙이 들어가는 것을 막음으로써 화면이 평면화되었다는 점이다.[52] 「풍경」에 보이는

이러한 삼차원의 깊이와 이차원적 평면의 공존은 전통적인 원근법을 배척하는 방법으로, 보는 사람의 시선을 화면 표면의 색채에 더 집중하게 만든다. 이러한 방법은 모네(Claude Monet, 1840–1926)나 세잔(Paul Cézanne, 1839–1906)의 풍경화에도 자주 나타난다.

이 시기에는 아직 전성기 인상주의에서 보이는 순수 색채의 점묘는 나타나지 않으나 화가들은 주변의 일상적인 풍경도 그림의 주제가 될 수 있다는 점을 받아들였다. 길진섭의 「원주 풍경」(1930년대)은 탁 트인 들과 하늘, 산등성이에서 흔하고 평범한 풍경이 주는 친밀함이 느껴진다.fig.28 대구 출신의 화가 김용조(金龍祚, 1916–1944)의 「해경」(1930년대)과 같은 바다 풍경은 반짝이는 광선 표현을 밝은 색채로 시도하고 있다.fig.29 일상의 한순간이나 한가롭게 여가를 즐기는 사람들의 모습은 인상주의 화가들이 가장 즐겨 그리던 소재였다.

조각

김복진의 뒤를 이은 한국 조각가들의 작품은 보수적인 사실주의 누드나 흉상, 동상으로 일관되었다. 조각의 보수성은 한국뿐 아니라 유럽이나 일본도 마찬가지였다. 당시 서양의 조각가들은 아직도 영웅적인 이미지 조각에서 벗어나지 못하고 있었고 과격한 변혁을 거듭하는 회화를 보면서 조각에서만은 고전주의를 고수해야 한다고 믿고 있었다. 일본에서도 로댕, 부르델(Antoine Bourdelle, 1861–1929), 마욜(Aristide Maillol, 1861–1944)을 근대 조각의 시작으로 생각하고 있었고, 현대 조각의 장을 연 피카소(Pablo Picasso, 1881–1973)나 보초니(Umberto Boccioni, 1882–1916)를 따라간 것은 1930년대에 와서였다.

대부분 도쿄미술학교 출신이었던 한국의 조각가들도 고전주의의 이상적인 신체 중심의 조각을 배우고 사실주의적인 묘사를 훈련받았다. 아쉽게도 이들의 조각은 현재 거의 남아 있지 않은데 그 이유는 대부분 파손되기 쉬운 석고로 제작했고 청동의 경우 태평양 전쟁 때 공출을 면치 못했기 때문이다. 따라서 초기 조각들은 대부분 도쿄미술학교 졸업 사진첩에 실린 사진으로만 추측할 수밖에 없다.[53] 조규봉(曺圭奉, 1917–?)이 졸업 작품으로 제작한 「나체」(1941)fig.30도 사진으로만 남아 있는데 고전주의적 자세의 부드럽고 관능적인 곡선은 보티첼리(Sandro Botticelli, 1445–1510)의 유명한 작품 「비너스의 탄생」(1483)에서 비너스의 자세를 연상하게 한다. 그는 일본의 신문전에도 입선한 뛰어난 재능을 가진 조각가로 보이는데 한국전쟁 전에 월북한 후 북한의 공공 조각을 주도했다고 알려진다. 김복진의 제자였던 윤승욱(尹承旭, 1915–?)의 「목욕」(1939) 역시 졸업

51
김영나, 「서양화의 출발점, 한국의
인상주의」, 『20세기의 한국미술 2』,
165–180.

52
김영나, 「회화는 빛의 예술: 오지호의
풍경화」, 광주문화재단 편, 『오지호의
삶과 화업: 기억과 발굴 자료로 만나는
대가의 숨결』(광주: 광주문화재단, 2020),
31–52.

53
김영나, 「한국근대조각의 흐름과 성격」,
『20세기의 한국미술』(서울: 예경, 1998),
147–154.

fig.30
조규봉, 「나체」, 1941.

fig.31
윤승욱, 「목욕」, 1939.

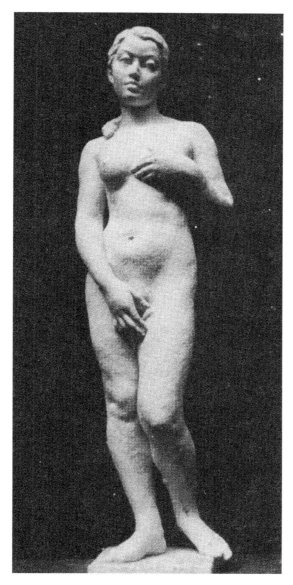

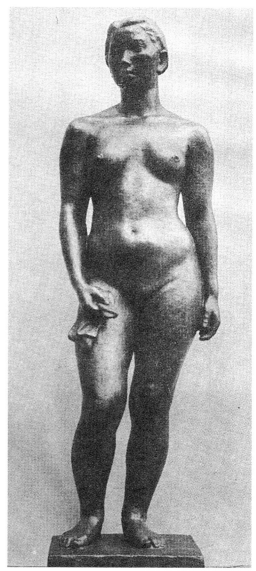

조규봉, 「나체」, 1941.

fig. 32

김경승, 「소년입상」, 1943(1971년 주조), 청동, 149.5×38×41cm. 국립현대미술관 소장.

fig. 33

김종영, 「조모상」, 1936, 석고에 채색, 20×22x37cm. 김종영미술관 소장.

fig. 34

이국전, 「A씨 수상」, 1937.

fig. 35

윤효중, 「최송설당 동상」, 1950, 청동, 높이 183cm. 송설역사관 소장.

작품으로 풍부한 입체감을 보인다.fig.31 조규봉이 서양적 신체 비례와 이상미를 구현하려 했다면 윤승욱은 단순화한 윤곽선 속에서 실제 한국 여성에 가까운 사실 묘사에 관심을 보인다.

　대부분의 조각가들이 여성 누드에 몰두한 반면 김경승(金景承, 1915-1992)의 「소년입상」(1943)은 완전히 성숙하지 않은 소년의 신체를 다룬 점에서 흥미롭다.fig.32 제22회 조선미술전람회 출품 당시의 제목은 「류」(流)로, 냇가에서 흐르는 물을 내려다보고 서 있는 소년을 제작한 작품이다. 어쩌면 김경승은 그리스 신화에서 물에 비친 자신의 모습을 보는 미소년 나르키소스와 같은 조각을 염두에 둔 것이 아닌가 생각도 하게 한다. 소년은 기본적으로 고전주의적 콘트라포스토(contrapposto)의 자세를 취하고 있다. 원래는 석고로 제작되었으나 1971년에 작가가 청동으로 주조하였고 작가는 자신의 대표작이라고 말한 바 있다.[54]

　조선미술전람회에 출품한 조각품들은 흉상이나 두상이 많았다. 김종영(金鍾瑛, 1915-1982)의 「조모상」(1936)은 도쿄미술학교 1학년 재학 중 고향에 잠깐 왔을 때 제작한 작품이다.fig.33 학생 시절에 한 조각이지만 움푹 들어간 눈 주변이라든가 표정에서 노년의 특징이 잘 살아나 있다. 일본대학 출신의 조각가 이국전은 김복진의 애제자였다고 하는데 1941년에 정자옥에서 약 30여 점의 작품을 가지고 개인전을 개최했다. 이국전의 「A씨 수상(壽像)」(1937)fig.34이나 김두일의 「여인 흉상」(1937)은 모두 1937년 조선미술전람회에 입선한 작품들이다.

　적극적인 직업 미술 활동을 하던 김복진은 1928년에 구속되었다가 1934년 2월에 서대문형무소에서 출옥한 후에 조선미술전람회에 계속 출품하면서 추천작가가 되었다. 「윌리엄스상」(1937)이나 「다산 선생상」(1940) 등 여러 점의 초상 조각도 모두 당시의 출품작인데 사진으로만 남아 있다. 전통적으로 인물 초상은 주로 회화로 제작되었지만 초상 조각이 좀 더 입체적이고 사실적이라는 인식이 생기면서 당시 경성에 있던 일본인 조각가들도 다수의 초상 조각들을 의뢰받고 제작한 것으로 알려진다.

　초상 조각이라는 새로운 장르가 탄생했다면 근대 조각의 또 하나의 영역은 공공 조각이었다. 한국에서의 전통적인 공공 조각의 형태로는 비석, 문자로 새긴 기념비, 무인석 또는 문인석 등이 있었다. 그러므로 공공 영역에 특정한 인물의 동상을 설립한다는 것은 서양적인 개념이었다. 근대기에 들어와 설립된 많은 동상 중에는 자신의 업적을 기념하고자 했던 학교 설립자들의 조각이 많았는데 대부분 일본인 조각가들이 맡아서 하거나 조선미술품제작소에서 제작되었다.

　김복진이 시도한 공공 조각의 하나로 1935년에 제작한 「최송설당 동상」이 있다. 최송설당(崔松雪堂, 1855-1939)은 영친왕 이은(李垠, 1897-1970)의 보모로 궁궐에서 일하다 나온 후 재력을 쌓아 육영사업에 전념해 칭송을 받은 인물로, 김천고등보통학교를 설립했다. 치마저고리를 입은 최송설당은 다소곳이 정면을 바라보는 전형적인 기념 동상의 형태로 제작되었다. 그러나 많은 공공 조각들이 전쟁 기간에 공출되어 사라졌듯이 최송설당 동상도 태평양 전쟁 때 공출되었고 1950년 한국전쟁 직전에 윤효중이 원래 상의 사진을 참조해 청동으로 다시 제작하였다.fig. 35

재조선 일본인 미술가들

일제강점기에는 물론 한일병합 이전에도 일본 화가들은 조선으로 건너와 활약하고 있었다.[55] 처음에는 일본화를 그리는 화가가 많았으나 점차 서양화가들도 자리 잡게 되었다. 당시 일본인 이주자들은 숫자로 보아도 한일병합 이후 급격히 증가해 1889년에 약 5,000명의 일본인이 있었다면 1916년에는 무려 32만 명으로 늘었다.[56] 이렇게 되면서 총독부가 주관하는 여러 행사에 일본 미술 작품들이 대거 전시되기 시작했다.

　조선에 거주하는 일본인 화가 중에는 도쿄미술학교 일본화과 조교수로 재직하다 1902년에 경성에 정착해 1915년까지 거주한 아마쿠사 신라이(天草神來, 1872-1917)가 있었다. 그는 하시모토 가호(橋本雅邦, 1835-1908)의 제자였다고 한다. 아마쿠사는 안중식, 조석진과도 교류한 것으로 알려지고 덕수궁 접견실에 송학도(松鶴圖)를 그리기도 하였다. 서양화가로는 야마모토 바이카이(山本海涯)가 1909년에 조선에 와 양화속습회를 차리고 주로 일본인들을 가르쳤고, 후일 고려화회에서 한국인 학생들을 지도하기도 하였다. 타카키 하이스이(高水背水, 1877-1943)는 평양에 자리 잡았는데 조선미술전람회 창설에 관여하기도 했다.

　일본인 화가들은 어진 제작과 병풍을 비롯한 왕실의 내부 장식화도 그렸다. 야마모토 바이카이는 순종의 어진 제작에 참여했고, 교토 출신으로 일본의 시조파(四條派) 계열이었던 시미즈 도운(清水東雲, 1869?-1929?)은 안중식 등과 함께 순종 황제 어전에서 휘호회를 가지기도 하였다. 시미즈 도운의 「설중웅도」(雪中熊圖)fig.36와 「설중응도」(雪中鷹圖)fig.37는 현재 국립고궁박물관에 소장된 34점의 일본화 중 하나이다. 눈이 쌓인 나무 위의 송골매나 벌판의 곰은 전통적인 왕실 장식화에는 등장하지 않았던 소재로 일본화에서 온 것이다. 1904년부터 20년 넘게 경성에 살았던 시미즈 도운은 한국에 있는 일본인 관리들과 친하게 지내면서 쌓은 인맥으로 왕실의 그림을 그릴 수 있었던 것으로 보인다. 그는 다른 한편으로는 사진기술강습소를 운영하였고 화숙에서는 주로 일본인 제자들을 길렀다. 사쿠마 데츠엔(佐久間鐵園, 1850-1921)도 순종의 어원 전경을 그렸다. 일본인 화가들은 1911년

54
김경승, 「미술인이 펼치는 조형세계 1:
나의 대표작」, 『한국일보』, 1983년 2월
22일 자.

55
이 부분에 대해서는 강민기, 「근대전환기
한국화단의 일본화 유입과 수용:
1870년대에서 1920년대까지」(박사 논문,
홍익대학교, 2004) 참조.

56
손정목, 『일제강점기 도시화 과정
연구』(서울: 일지사, 1996), 355–361;
김주영, 「재조선일본인 화가와 식민지
화단」, 김영나 편, 『한국근대미술과
시각문화』(서울: 조형교육, 2002), 266.

fig. 36
시미즈 도운, 「설중웅도」, 19세기 말–
20세기 초, 비단에 담채, 2폭 가리개,
병풍 각 폭 세로: 171cm, 가로: 92.7cm.
국립고궁박물관 소장.

fig. 37
시미즈 도운, 「설중응도」, 19세기 말
–20세기 초, 비단에 담채, 2폭 가리개,
병풍 각 폭 세로: 171cm, 가로: 92.9cm.
국립고궁박물관 소장.

조선미술협회를 결성했는데 여기에는 한국인 화가들도 참여한 것으로 알려진다.

다수의 일본인 화가들은 고등보통학교의 필수 과목이었던 도화 교사로 재직했다. 경성중학교(후일 서울중고등학교)의 히요시 마모루(日吉守)를 비롯 관립한성사범학교(후일 경성제일고등보통학교였다가 경기중고등학교로 바뀜)에 부임한 고지마 겐자부로, 원산중학교와 용산중학교에 재직한 토다 카즈오(遠田運雄, 1891-1955)도 있었다. 한국인 학생들이 많았던 경성 제이고등보통학교(후일 경복중고등학교)에서는 야마다 신이치(山田新一, 1899-1991)와 사토 쿠니오(佐藤九二男, 1897-1945)가 가르쳤는데, 유영국, 이대원, 장욱진, 권옥연(權玉淵, 1923-2011), 정현웅(鄭玄雄, 1911-1976) 등이 배웠다. 야마다는 1930년 후반 일본의 군국주의가 강해지면서 전쟁을 찬양하는 그림을 그리기도 했던 화가로 종전인 1945년까지 한국에 있었다.

경성에 있는 일본인 화가들은 조선미술전람회에도 출품했지만 자신들이 지방 화단의 작가로만 인식된다는 데에 불만을 갖고 일본에서 열리던 제국미술원전람회나 이과전(二科展, 니카텐) 등에 적극적으로 출품하기도 했다. 이들 중에는 유럽 유학을 다녀와 새로운 흐름을 수용한 화가들도 있었다. 파리에서 살롱 도톤(Salon d'Autumne)에 입선한 토다 카즈오, 피카소의 신고전주의 양식에 영향을 받은 미키 히로시(三木弘), 야수주의를 수용한 아라이 타츠오(荒井龍男, 1904-1955), 키스 반 동겐(Kees van Dongen, 1877-1968)의 인물화와 비슷하게 그린 야마다 신이치가 유럽 유학파였다. 그리고 경성에서 자라 도쿄미술학교를 졸업하고 프랑스 유학을 다녀온 야마구치 타케오(山口長男, 1902-1983)는 일본 추상미술의 선구자가 되었다.

이들과는 조금 다른 측면에서 활동했던 일본인은 아사카와 노리타카(浅川伯教, 1884-1964)와 아사카와 타쿠미(淺川巧, 1891-1931) 형제였다. 형인 아사카와 노리타카는 1913년 초등학교에서 교편을 잡기 위해 한국에 왔다가 조선백자에 매료되었고, 조선총독부 임업시험장의 기사로 일하던 동생 아사카와 타쿠미는 소반 등의 민예품을 사랑하고 수집하였다. 아사카와 노리타카는 원래 로댕의 영향을 받은 조각가였으나 수묵화, 서양화를 겸하여 제작하면서 조선미술전람회에서 꾸준히 입선하였고 일본의 제국미술원전람회에서 입선한 경력도 있었다. 그는 먹과 채색을 사용하면서도 서양화적인 구성과 빠른 붓을 구사해 독자적인 양식을 추구하였고 한국의 풍속이나 일상의 모습을 그렸다. 아사카와 노리타카는 40세로 일찍 타계한 아사카와 타쿠미, 민예운동을 한 야나기 소에츠(柳宗悅, 야나기 무네요시의 필명, 1889-1961)와 더불어 1924년에 경복궁 집경당에 조선민족미술관을 창설하는 데 큰

역할을 하였다.[57]

한국에 거주하던 일본인 화가들은 전시 활동을 활발하게 했지만 고바야시 만고(小林萬吾, 1870-1947), 이시이 하쿠데이(石井柏亭, 1882-1958) 등 일본에서 유명한 화가들의 전시도 경성 호텔 등에서 열렸으며, 일본인들의 작품 거래도 제법 활발했다고 알려진다. 미츠코시 백화점, 조지야 백화점에 들어선 화랑이나 경성일보사, 동아일보사 강당 같은 곳에서도 일본 화가들의 전시가 자주 열리고 있었다.

재조선 일본인 미술가들의 활동과 별도로 이 시기에는 조선총독부의 주관하에 서구적 양식으로 지은 관공서나 주요 공공 기관의 건물이 도심 중앙에 들어서면서 일본에서 명성이 높았던 미술가들에게 의뢰한 벽화들이 존재했다. 가장 먼저 제작된 천장화 「비천」(飛天)은 1915년 『조선물산공진회』의 미술관 건물(후일 조선총독부박물관)에 그려졌다.fig.38 하늘에서 살며 날아다니는 천녀(天女)를 의미하는 '비천'은 직사각형 형태에 아래위로 반원형의 형태가 덧붙여진 화면에 그려졌다. 천녀는 고려청자의 색을 연상하게 하는 고운 녹색의 하늘을 배경으로 피리를 불고 날아간다. 아래에서 쳐다보면 마치 하늘로 올라가는 천녀를 목격하는 듯한 착각을 일으키는 이 특이한 원근법은 서양의 바로크 궁전 천장화에 흔히 사용하던 방법이다. 공진회 보고서에는 이 천장화가 1912년에 평안남도 남포시 강서구에서 발굴한 강서대묘의 피리 부는 천인(天人)에서 영감을 받았다고 기록돼 있다.[58] 이 천장화를 그린 화가는 도쿄미술학교 출신으로 와다 에이사쿠(和田英作, 1874-1959)의 제자였던 안도 도이치로(安藤東一郎, 1882-1967)와 다나카 료(田中良, 1884-1974)임이 최근 밝혀졌는데 아마도 일본으로 가져간 강서대묘 천장화의 모사도를 보았을 것으로 추정된다.[59]

조선총독부 건물 내부의 중앙 홀에는 도쿄미술학교 교수였던 와다 산조(和田三造, 1883-1967)가 남쪽 벽과 북쪽 벽에 반원형 벽화 두 점을, 남쪽 벽 입구에 직사각형 벽화 두 점 등을 제작해 장식했다.[60] fig.39 이 벽화들은 프레스코가 아니라 마 재질의 캔버스 위에 일본 전통 종이인 도사지를 붙여 유화로 그린 작품으로, 일본에서 완성되어 경성으로 운송되었다. 조선총독부 건축과장이었던 이와이 초자부로(岩井長三郎)는 반원형 벽화의 경우 내선융합(內鮮融合)을 강조하기 위해 한국과 일본에서 공통되게 내려오는 「선녀와 나무꾼」과 「천녀의 날개옷」(羽衣, 하고로모) 설화로 벽을 장식하여 친연성을 보이려고 했다고 기록했다.[61] 북쪽 벽화fig.40의 소재로 선택된 한국의 설화 「선녀와 나무꾼」에서는 홀어머니를 모시고 살던 나무꾼이 쫓기던 노루를 살려 주자 노루는 선녀가 내려와 목욕할 때 날개옷을 훔치면 돌아가지 못하고 같이 살 수 있다고 말해

준다. 나무꾼과 선녀는 아이를 낳고 부부로 같이 살았으나
날개옷을 되찾은 선녀가 하늘나라로 올라가자 나무꾼은 다시
노루가 알려 준 대로 두레박을 타고 하늘나라로 올라간다.
그러나 노모를 잊지 못해 결국 다시 돌아온다는 이야기이다.
일본의 설화 「천녀의 날개옷」은 숲으로 내려온 천녀의 모습에
반한 늙은 어부가 날개옷을 훔쳤으나 되돌려주고, 천녀는 춤을
추며 승천한다는 전설이다.

　이 벽화에서는 그러나 설화 그대로의 이야기를 읽어
내기가 쉽지 않다. 「천녀의 날개옷」을 그린 남쪽 벽화의 경우가
특히 그러한데 **fig.41** 후지산은 소나무에 가려 잘 보이지 않고
인도 의상인 듯한 옷을 입은 젊은 남성이나 여러 명의 천녀는
설화에 나오지 않는 인물들이다. 프랑스에서 5년을 유학한
와다 산조는 귀국길에 인도에 들렀는데, 인도인처럼 보이는
얼굴이나 의상은 이러한 경험에 온 것으로 볼 수 있다. 두
설화는 줄거리는 비슷하지만 산을 배경으로 하고 하늘나라로
선녀를 쫓아간 나무꾼이 노모가 그리워 돌아온다는 한국의
설화와, 해안이 배경이 되고 천녀에게 그냥 옷을 돌려주는
일본의 설화는 오히려 일본과 한국의 다름을 보인다는
점에서 와다 산조가 국적을 명확하게 하지 않고 독단적으로
바꾸었다는 해석도 있다.[62]

57
조선민족미술관은 해방 이후
국립민족박물관으로 이관되었다가 다시
국립박물관에 합쳐졌다.

58
조선총독부 편, 『始政五年記念朝鮮物産共
進會報告書』, 1권(경성: 조선총독부, 1916),
55.

59
고지마 가오루(兒島薫), 「朝鮮物産
共進會 美術館 天井畫下繪について」,
『近代畫設』, 27(2018): 132-133; 정미연,
「시정오년기념 조선물산공진회미술관
천장화」, 『국립중앙박물관 일제 강점기
공공건물 벽화』(서울: 국립중앙박물관,
2018), 16.

60
직사각형의 벽화는 현재 남아 있지 않고
사진으로만 전한다. 정미연, 같은 글,
74-76.

61
「朝鮮總督府 新廳舍の計劃及實施に就いて」,
『朝鮮』, 朝鮮總督府, 1926년 4월, 19-20.

62
김정선, 「조선총독부 벽화」,
『미술사논단』, 26호(2008): 164.

fig.38
안도 도이치로·다나카 료, 「비천」, 1915,
캔버스에 유채, 상단 반원 229×473.2cm,
중앙 직사각형 506×630cm, 하단 반원
233.2×471.8cm. 국립중앙박물관 소장.

fig. 39
조선총독부 중앙 홀, 1929.

fig. 40
와다 산조, 「선녀와 나무꾼」, 1926,
캔버스에 유채, 왼쪽 342.4×365.5,
가운데 431.5×415, 오른쪽 342.5×364cm.
국립중앙박물관 소장.

fig. 41
와다 산조, 「천녀의 날개옷」, 1926,
캔버스에 유채, 왼쪽 341.5×364.5, 가운데
431.5×418.3, 오른쪽 343.5×365cm.
국립중앙박물관 소장.

조선 프롤레타리아 미술운동

1920년대 중엽 세계정세는 변하고 있었다. 그 신호탄은 1917년 볼셰비키가 주도한 10월 혁명으로 공산주의 국가로 탈바꿈한 소련이었다. 소련 공산당은 처음에는 과학과 미술을 혼합하고 새로운 시대에 걸맞은 미술을 창조하려는 과격한 아방가르드 운동을 지지했지만 1920년대 후반부터 미술은 프롤레타리아 문화 안에서만 성장할 수 있다는 정책으로 바꾸었다. 곧 볼셰비키 혁명에 영향을 받은 사회주의 운동이 일본에서 일어나고 있었고 한국에 파급되었다. 마르크스주의에서 인민을 기반으로 한 사회 혁명의 가능성을 보았던 일부 민족주의자들은 1925년에 조선공산당을 결성하였으며, 프롤레타리아 미술운동이 일어나는 계기가 되었다.

조선 프롤레타리아 미술운동의 시작은 『백조』 동인과 토월회(土月會)의 미술가와 문인 들인 김기진(金基鎭, 1903-1985), 박영희(朴英熙, 1901-1950), 김복진, 김형원(金炯元, 1900-?), 안석영(安夕影, 본명 안석주[安碩柱], 1901-1950), 이익상(李益相, 1895-1935), 연학년, 이상화(李相和, 1901-1943) 등이 1923년에 문예 단체 파스큘라(PASKYULA)를 창설하면서였다. 파스큘라라는 이름은 이들의 성이나 이름의 영문 머리글자를 따서 명명되었다.[63] 파스큘라는 다시 송영(宋影, 1903-1977), 박용대(朴容大) 등의 염군사(焰群社, 불꽃의 무리라는 의미, 1922)와 통합하면서 1925년 8월 조선프롤레타리아 예술동맹, 일명 카프(KAPF)[64]가 결성되었다. 이 조직에 강호(姜湖, 본명 강윤희, 1908-1984), 정하보(鄭河普), 추적양(秋赤陽 또는 秋民, 본명 추완호[秋完鎬], 1911-?), 이갑기(李甲基, 1908-?), 이상대, 이상춘(李相春, 1910-1937), 박진명(朴振明, 1915-1947) 등도 참여하게 된다.

이들은 1926년에 『문예운동』을 간행하고 1927년에는 도쿄지부 발족과 더불어 기관지 『예술운동』 창간호를 도쿄에서 발행하면서 미술가는 민족적 현실을 고민해야

한다는 주장을 내걸었다. 이 무렵 프롤레타리아 미술(이하 '프로 미술')에 경도되었던 화가 김용준은 미술계에는 의식 투쟁적인 화가가 필요하며 미술은 단순히 미적 활동 이상으로 사회적 진출을 해야 한다는 글을 썼다.[65] 서구 미술에 대한 비판이 나오는 것도 프롤레타리아 미술계에서였다. 서구 사조의 무분별한 추종에 대해 화가이자 평론가, 시나리오 작가였던 안석영은 프랑스의 향락주의 작품들과 이에 감염된 일본 미술을 모방하는 작품들이 있다고 비판했으며, 화가 홍득순(洪得順)도 네오리얼리즘, 야수주의, 초현실주의, 신상징주의 등 유럽의 실험 미술들이 썩은 곳에서 박테리아가 나타나듯 나오고 있다고 지적했다.[66]

한국의 프로 미술운동은 소련의 직접적인 영향보다는 일본의 영향이 컸으며 서로 협력 관계에 있었다. 다이쇼(大正, 1912-1926) 시기의 일본에서는 소위 대정신흥미술로 불리는 후기인상주의, 입체주의, 미래주의, 표현주의, 다다, 구성주의(Constructivism, 또는 구축주의) 운동 등의 전위 미술이 한창이었다. 이탈리아에서 일어난 미래주의는 산업화한 현대 사회의 역동성을 속도, 힘, 에너지로 찬미하면서 입체주의보다 더 빨리 일본에 소개되었고, 1920년 『미래파미술협회전』이 열리면서 기존 질서에 도전하는 정치적 예술운동으로 수용되었다. 1923년에 결성된 마보(マヴォ)는 구성주의와 다다적 색채가 강했다. 그러나 1923년 12월 관동 대지진 이후 민심이 흉흉해졌고 많은 사회 문제들이 노출되면서 아나키즘과 마르크스주의가 파급되었다. 이러한 불안정한 사회 배경에서 대정신흥미술 운동의 주역들은 그룹 간의 이합집산을 하는 복잡한 과정을 거치면서 1920년대 후반에 많은 화가가 프로 미술로 방향을 바꾸게 되었고, '신흥'이라는 용어는 프롤레타리아를 의미하는 것이 되었다. 프로 미술가들은 예술적 혁명과 사회적 혁명을 일치시키기를

주장하였고, 미술은 혁명의 도구여야 한다고 선언한다. 이에 상당수의 도쿄미술학교 재학생들이 동조했고 한국인 학생들도 영향을 받았을 것으로 보인다. 김주경이나 정하보 등은 일본 프롤레타리아 그룹인 나프(NAPF, 전일본무산자예술동맹, 후에 코프, 야프로 이름 변경)에 가입하였다.[67]

미래주의는 한국에도 소개되었다. 1920년 7월 7일 자 『동아일보』에 변영로는 미래주의 화가들은 동작을 무수히 그려 표현한다고 했고, 1922년 잡지 『신민공론』 12월 호에 노자영(盧子泳, 1898-1940)이 「미래파의 예술」이라는 글을 소개했다. 일본 유학 후 22세에 『조선일보』 기자가 된 문인 김기림(金起林, 1908-?)은 미래파를 다음과 같이 설명한다. "일찍이 미래파의 화가 마리네티는 스물여섯 개의 다리를 가진 말을 그린 일이 있다. 그는 치분(馳奔)하고 있는 말을 어떤 순간에 파악하여 그 순간 그의 의식에 표상된 그대로의 형상을 '캔버스' 위에 재현한 것이다."[68] 그러면서 김기림은 편집국에서 마감 시간에 맞추려는 기자들이 원고지를 쓰는 손가락 회전은 마치 프로펠러같이 보였고, 계속 오는 전화를 받는 사회부장은 50개 이상의 귀를 가지고 있는 것 같다고 말하면서 미래주의자들이 관심을 가졌던 현대 도시의 소음과 속도를 신문사의 현장과 연결했다. 카프에 참여한 안석영은 역동적 운동감을 보이는 「밤낮 땅만 파네」(1928)fig.42를 『조선일보』에 실었는데 김동환(金東煥, 1901-?)의 시에 붙인 시화였다. 이 시화에는 멀리서 태양이 솟아올라 곡괭이를 휘두르는 여러 명의 노동자를 후광처럼 빛내 준다. 동일한 동작을 하는 노동자들을 대각선으로 중첩해 강한 운동감을 주는 방식은 미래주의 미술의 한 특징이었다.

조각가 김복진은 1926년 『조선일보』 1월 2일 자에 신흥미술의 대표적인 미술운동으로 입체주의와 미래주의를 언급하면서 그 형태 파괴와 폭력성(미래주의의 경우)의 원인을 근대화와 과학 문명의 발달로 보았다. 조선프롤레타리아 예술동맹의 잡지였던 『문예운동』 창간호에서 소설가 홍명희(洪命憙, 1888-1968)는 신흥문예는 프롤레타리아 문예를 의미하는 것이라고 주장한다.

'전위'(前衛)는 '신흥'이라는 용어보다 더 투쟁적인 의미를 함축하면서 1927년을 전후로 사용되기 시작했는데, '전위기자동맹' 등 체제의 변혁을 추구하는 그룹들을 의미하게 되었다. 『조선일보』 1931년 8월 15일 자에 실린 「신흥술어 해설」에서는 "전위와 대중과는 계급전을 촉진하야 무산계급을 해방하는 데 있어서 기차의 양륜과 같은 것"이라고 설명한다. 원래 전위는 프랑스어인 'avant garde'의 번역어로, 군사 작전에서 위험을 무릅쓰고 앞장서 적지를 탐험하거나 행로를 만들어 내는 소수의 정예 군인들을 의미하는데 미술에서는 새로운 영역을 여는 일련의 예술가들을 지칭하는 용어가

63
예를 들면 PA(박), S(상화), K(김). YU(연), L(이), A(안)이다. 윤범모, 『김복진 연구』(서울: 동국대학교 출판부, 2010), 357-358.

64
에스페란토어로 Korea Artista Proleta Federacio의 약자.

65
김용준, 「화단개조」, 『조선일보』, 1927년 5월 18-20일 자.

66
안석영, 「동미전과 합평회」, 『조선일보』, 1930년 4월 12-13일 자; 홍득순, 「제2회 동미전을 앞두고」, 『동아일보』, 1931년 3월 21-22일 자.

67
키타 에미코, 「한일 프롤레타리아 미술운동의 교류」, 『한국근대 미술과 시각문화』, 146-147.

68
김기림, 「신문기자로서의 최초 인상」, 『철필』, 1호, 1930년 7월.

fig. 42
안석영, 「밤낮 땅만 파네」, 『조선일보』, 1928년 1월 27일 자.

되었다. 관습과 전통을 거부하고 혁신을 추구하는 전위는 모더니즘 미술의 특징으로 원래 계급 투쟁을 의미하는 단어는 아니었지만 이 시기에는 투쟁적인 측면이 더 부각되었던 것이다.

미술가 중에서 프로 미술에 가장 깊이 경도되었던 사람은 김복진이었다. 김복진은 1928년에는 고려공산청년회의 중앙위원 및 선전부원 겸 경기도 책임비서로 있었다. 그는 카프 조직원 중 유일하게 조선공산당 당원이기도 했다. 김복진은 1927년에 "의식적이고 유목적이고 전초적인" 예술운동이 일어날 것을 요구했다.[69] 그는 예술은 현실을 바탕으로 해야 하며 소련의 사회주의적 사실주의를 배워야 한다면서 변화하는 현실을 파악하고 발전시켜야 한다고 말했다.[70] 결국 그는 카프 활동 때문에 구속되어 1928년에 투옥되었다가 5년 6개월의 형을 살고 1934년에 출옥한다.

카프의 가장 큰 미술 행사는 1930년 3월 29일부터 3월 30일까지 수원 화성학원 강당에서 열린 제1회 프롤레타리아 미술전람회였다.fig. 43 주요 전시물은 대중이 쉽게 다가갈 수 있는 인쇄물, 삽화, 만화, 벽보, 포스터, 전단지, 장정 등이었다. 그 외에 잡지에서 오려 낸 카를 마르크스(Karl Marx, 1818-1883)나 레닌(Vladmir Lenin, 1870-1924)의 사진도 전시되었다. 원래 응원 전시하기로 했던 일본의 프롤레타리아 작가들의 작품은 경성에 도착했으나 전시하지 못하고 말았다.[71] 또한 약 70여 점의 작품이 압수되어 출품작은 120건이었고 입장객 수는 127명이었다고 한다.[72] 총독부의 프로 미술에 대한 단속은 1931년 이후부터 더 심해져 1934년 2차 검거(80여 명 검거, 23명 기소) 후 카프는 해산계를 제출하고 1935년에 공식 해체되었다.

프로 미술의 등장과 함께 주목할 만한 현상은 1920년대 러시아 아방가르드 예술가들이 시도했던 구성주의적 표지와 레터링이 사회주의 계열의 잡지뿐 아니라 문예 동인지에서도 보이기 시작했다는 사실이다.[73] 말레비치(Kazimir Malevich, 1878-1935)나 리시츠키(El Lissitzky, 1890-1941)와 같은 초기의 러시아 아방가르드 미술가들은 외부 세계의 재현을 일체 거부하고 기하학적 형태와 대각선을 주요 조형 요소로 회화, 조각, 건축, 디자인 등 여러 분야에 적용했다.[74] 한국에서 이러한 표지 디자인의 시도는 일본 잡지 『MAVO』의 영향으로 볼 수도 있지만 소련 잡지의 화보나 포스터의 직접적인 영감도 있었다. 소련의 『프로젝타르』(프로젝터의 소련식 발음)와 같은 사진 화보 잡지가 국내에 알려졌는데 당시 소련 관련 기사가 잡지에 많이 실렸기 때문이다.[75] 이근우(李謹雨)의 1930년 『문예광』fig. 44이나 엄성학(嚴聖學)의 1931년 『대중시대』fig. 45 표지에서 보이는 역동적인 대각선 구성과 기하학적 형태 또는 햇불을 든 기수(旗手) 이미지는 초기 러시아 아방가르드 미술에서 많이 사용하던 디자인이다. 개벽사가 발행하고 김규택(金奎澤, 1906-1962)이 표지를 맡은 『제1선』(1932)fig. 46은 몬드리안(Piet Mondrian, 1872-1944)이나 구성주의 작품처럼 기하학적 면의 구성으로 이루어진 추상 작품이다. 이러한 추상 디자인은 김환기나 유영국의 추상회화보다 몇 년 앞선 것이다.

이 무렵 인기가 있었던 것은 포토몽타주였다. 포토몽타주란 스트레이트 사진의 한계를 넘어 하나의 화면에서로 다른 사진을 결합하는 기법이다. 카프의 회원이었던 영화인 추적양이 디자인한 사회주의 문예지 『시대공론』의 1931년 9월 호 표지에서는 노동조합의 깃발을 든 서양 남성의 사진이 표지의 반을 차지하고 있다.fig. 47 포토몽타주로 처리된 이 남성은 군중을 이끄는 선구자를, 그리고 옷에 단 붉은 별은 공산당을 상징한다고 볼 수 있다. 배경의 기구(氣球)는 초창기 점보 여객기인 제펠린(Zeppelin)인데 러시아 아방가르드 미술에서 비행기구와 비행사, 비행사의 의상은 새로운 과학기술 시대를 상징하는 의미를 지녔다는 점과 연계해 보면 이 표지 디자인에서 러시아 미술의 영향은 명백해 보인다.[76] 1932년 카프가 발행한 『집단』 2월 호의 표지에도 단상에 깃발이 휘날리고 현수막이 내걸린 러시아 노동자들의 집단 시위 현장 사진을 포토몽타주로 사용하고 있다. 포토몽타주는 러시아 아방가르드 운동에서 주요 일원이었던 알렉산드르 로드첸코(Alexandre Rodchenko, 1891-1956)와 같은 예술가들이 관심을 가진 매체였다. 로드첸코는 아래에서 위를 쳐다보는 시점을 택한 사진들, 또는 새로운 사회 건설을 위한 사진 작품들을 제작한 바 있다.

한국 화단에 정치성을 띤 미술운동으로는 처음 등장한 프롤레타리아 미술은 떠들썩하게 진행되기는 했지만 사회주의 이념이 작품화된 경우는 인쇄물이나 삽화 외에는 거의 없었고 그 성과는 내부에서도 비판받았다. 카프에서 활약하다 후일 월북한 소설가 윤기정(尹基鼎, 1903-1955)은 다음과 같이 직언한다. "조선에는 프로 미술가가 없다. 이와 같이 말하면 한편에서는 아래와 같이 반박을 할 것이다. 조선에 프로 미술가가 없다고 하는 말은 피상적 관찰에 지나지 못한다. 프로 문예가가 엄연히 존재하는 거와 같이, 프로 미술가도 내재적으로 성장하고 있다. 프롤레타리아 이데올로기를 파악한 화가가 있고, 계급의식이 농후한 투쟁적 미술가가 도처에 산재한데 불구하고 조선에 프로 미술가가 없다는 것은 억측이요, 일종의 유견(謬見)이다. 그러나 우리는 그들의 존재를 인정할 수 없다. 사회적으로 기능을 볼 수 없고 프로 계급을 위하여 예술적으로 효과가 없는 이상, 다시 말하면 그들이 표면으로 나타나지 않았으므로 그 존재를 인식할 수 없다는 것이다. 여기에 개인 개인의 출현도 필요하지마는 더 한층

필요한 것은 집단적 행동이다. 재래에 있는 전람회 등에 반감을
가진 미술가 무리들과 재래의 미술—예술 지상주의적 귀족적
고답적 일체 부르주아 미술—에서 뛰어나와 딴 길을 걸으려는
새로운 의식에 눈뜬 젊은 화가의 무리들은 한데 뭉치라."[77]

　　이런 비판에도 불구하고 교토회화전문학교 출신인
강호는 카프에서 함께 일했던 이상춘, 김일영, 추적양과
함께 광고미술사를 운영하면서 꾸준히 활동을 이어 갔다.
일본에서 독학으로 무대 미술을 공부한 이상춘은 1932년
5월 31일 『조선일보』에 이북명(李北鳴)의 단편 연재 소설
「질소비료공장」의 삽화를 그렸다.fig.48 폐병에 걸린 노동자가
부당하게 해고당하자 조직을 만들고 투쟁하는 줄거리의
삽화였다. 이상춘은 주인공의 분노를 강한 흑백의 대비로
표현했다. 이상춘은 이갑기와 대구에서 가두극장을 세워
연극 운동을 주도하기도 하면서 대중매체를 중심으로 활동을
계속했으나 결국 2차 검거 때에 투옥당하고 얼마 지나지 않아
27세의 나이에 세상을 떠났다.

69
김복진, 「조선화단의 일년」, 『조선일보』,
1927년 1월 4–5일 자.

70
이국전, 「조각가 정관 김복진 선생」,
『조선미술』, 1957년 5월; 윤범모, 『김복진
연구』, 132–133에서 재인용.

71
키타 에미코, 「수원 프롤레타리아
미술전람회를 통해 본 미술개념」,
『한국근대미술사학』, 11집(2003): 89.

72
같은 글, 78–80. 키타 에미코는
수원경찰서 조서(경성지방법원검사국,
사상에 관한 정보철, 4책)를 바탕으로
수천 명이 보러 왔다는 박영희의
기록은 잘못되었다고 판단한다. 박영희,
「1930년 조선프롤레타리아 예술운동」,
『조선지광』, 1931년 1월.

73
김영나, 「선망과 극복의 대상,
한국근대미술과 서양미술」, 『20세기의
한국미술 2』, 152–153.

74
러시아 아방가르드 미술가들은
스탈린 정권이 들어서면서 사실상
사회주의의 공식 양식이었던 사회주의
사실주의(Socialist Realism)로 전향해
버리고 말았다.

75
서유리, 『시대의 얼굴: 잡지 표지로 보는
근대』(서울: 소명출판, 2016), 242.

76
소비에트 관련 표지화에 대해서는 같은
책, 227–368 참조.

77
윤기정, 「예술활동의 제문제」,
『조선강단』, 1930년 1월; 윤범모, 『김복진
연구』, 117에서 재인용.

fig.43
제1회 프롤레타리아 미술전람회 전경.
『중외일보』, 1930년 4월 1일 자.

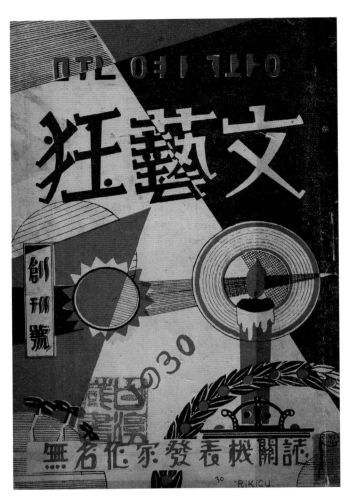

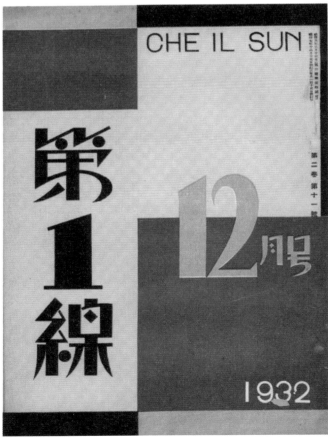

fig. 44
이근우, 『문예광』 창간호 표지,
1930년 2월. 아단문고 소장.

fig. 45
엄성학, 『대중시대』 표지,
1931년 8월.

fig. 46
김규택, 『제1선』 표지,
1932년 12월.

fig. 47
추적양, 『시대공론』 창간호 표지,
1931년 9월.

fig. 48
이상춘, 「질소비료공장」 삽화,
『조선일보』, 1932년 5월 31일 자.

근대성과 모더니즘 미술의 탐구

3

일제강점기 시기의 문화 일반이나 일상에 대한 연구가
활발해지기 시작한 것은 1990년대에 들어와서이다.
미술사학계에서도 도시가 커지고 근대화되던 이 시기의
물리적, 사회적 변화가 미술에 어떻게 재현되었는지에 관심을
갖게 되었다. 자율적으로 이룩한 근대화는 아니었지만
이른바 식민지 근대성을 가장 크게 피부로 느낄 수 있었던
곳은 1930년대에 건물들이 즐비하게 들어서고 대도시화되던
경성의 거리였다. 1920년에 인구 30만이었던 경성은
1935년에는 44만(일본인은 12만 명), 1940년대에는 100만 명에
육박하게 되었다. 원래 경성은 동서를 축으로 하는 도시였지만
1926년에 지금의 신세계백화점 자리에 있었던 경성부청사를
서울시청 자리로 옮기면서 총독부-경성부청사-조선은행,
또는 종로-황금정(黃金町, 고카네초, 현 을지로)-본정(本町,
혼마치, 현 충무로)의 남북을 연결하는 축이 형성되었다.
남산에서부터 남대문, 충무로, 명동, 퇴계로, 필동을 중심으로
하는 남촌에는 일본인들이 90퍼센트 가깝게 살고 있었다.
궁궐과 가까워 예전에는 권세가들이나 관료들이 자리 잡았던
종로, 원서동, 가회동, 삼청동이 중심인 북촌에는 한국인들이,
그리고 정동을 중심으로 서구인들이 모여 있었다. 가장 번화한
거리는 상점으로 북적거리던 본정, 명치정(明治町, 메이지초,
현 명동)에서부터 미츠코시 백화점(현 신세계백화점),
조선은행(현 한국은행), 경성부청사(현 서울시청), 철도 호텔(현
조선호텔)까지 이어지는 지역이었다. 이 남대문로 일대는
일본인의 권력과 자본, 문화의 중심지였고, 화려한 간판이
붙은 상가들과 네온사인이 거리를 밝히면서 불야성을 이루고
있었다.

근대 소비의 상징은 백화점이었다. 1906년에
미츠코시(三越) 백화점은 명동에 미츠코시 오복점으로
자리 잡았다가 1930년에 신축 건물을 짓고 개관하면서
일본인 거주자들의 최고의 쇼핑점으로 떠올랐다. 이외에도
히라다(平田) 백화점, 미나카이(三中井) 백화점, 그리고
조지야(丁子屋) 백화점(현 롯데 영플라자) 등이 소비자의
시선을 사로잡고 있었다.

청계천 이북의 한국인 거주 지역에서는 당시 동양에서
가장 큰 백화점으로 알려진 화신백화점이 새로운
랜드마크였다. 종로 네거리에 위치한 화신백화점은 한국인
거부 박흥식(朴興植, 1903-1994)이 건축가 박길룡에게 의뢰해
건립했다. 1932년에 3층 콘크리트 건물을 신축하고 개업한
이 백화점은 1935년에 화재가 나자 1937년에 지하 1층, 지상
6층의 신관을 올렸다. 화신백화점은 상점, 식당, 연회장
외에 5층에 화랑을 두었고 당시에는 드물게 에스컬레이터와
승강기를 갖춰 장안의 화제가 되었다. 백화점은 단순히 물건을
사기 위한 공간이 아니라 복합적 문화 공간이었다. 이곳에는
물건을 구매하려는 소비자뿐 아니라 눈요기하려는 구경꾼도
많아 경성 시민의 약 80퍼센트가 구경을 왔다고도 한다.
식민지의 절망 속에서도 사람들은 유행에 따른 의상을 걸친
마네킹이 전시된 쇼윈도와 새로운 상품들을 진열한 매장을
보면서 근대적 생활을 꿈꾸고 배웠다.

근대성은 단순히 시기적인 의미가 아니라 새로운 경험의
표현이다. 과거와 구별되는 도시적 삶의 중요한 특징은
군중의 경험이다. 낯선 사람들과 부대끼고 생활하면서
유기적인 관계를 맺는 경험은 근대 도시의 일상이었다. 도시에
직장을 가진 사람들은 사적인 공간보다는 공공 영역에서
더 많은 시간을 보내기도 한다. 남녀칠세부동석이라는
윤리가 작동하던 전통 사회에서 공공 영역은 거의 남성의
영역이었으나 이제 도시는 서로 다른 성별, 계층과 직종이
같이 존재하는 혼성 공간이 되었다. 거리에서 그리고 군중
속에서 사람들은 변화를 경험하고, 상점과 백화점을 통해서

근대 문화를 동경하고 소비했다.

안정적인 직장이 없는 지식인들이나 문화인들은
특별한 목적도 없이 거리를 돌아다니거나 카페를 찾았다.
문화인들에게 가장 인기가 있었던 카페는 1932년에 문을 연
낙랑 파라(樂浪 parlour)나 연극인 유치진이 관여하던 다방
플라타느(Salon le Platane)로, 이곳에서는 전시도 열렸다.
낙랑 파라fig.1를 운영한 이순석(李順石, 1905-1986)은 원래
도쿄미술학교 도안과 졸업생으로 화신백화점에서 쇼윈도
전시 등을 맡아 했었으나 건강이 나빠져 그만두고 낙랑 파라를
차렸다.[1] 그는 등나무 의자와 탁자, 열대성 화초로 실내를
꾸미고 영화 포스터 등을 벽에 붙여 근대적이면서 동시에
이국적인 분위기를 만끽하게 하였다. 이곳에는 이상(李箱, 본명
김해경[金海卿], 1910-1937), 이태준(李泰俊, 1904-?), 김기림,
박태원(朴泰遠, 1909-1986) 등 구인회(九人會) 문인들과
구본웅, 김용준, 길진섭 등 목일회(牧日會) 화가들이 자주 들러
예술론을 펼치거나 해외 예술에 대해 토론하기도 했다. 이상이
1933년에 연 종로의 제비 다방도 그의 친구인 구본웅, 박태원,
이태준 등 문화 예술인들의 얼굴이 많이 보이던 곳이었다.

카페는 지성과 예술만이 논해지는 장소는 아니었다.
'카페'라는 서양식 명칭에서도 알 수 있듯이 이곳은 답답한
일상에서 벗어나 커피를 마실 수 있고 새로운 분위기에 젖어
볼 수 있는 곳이었다. 카페에서 일하는 여성만 해도 "종로를
중심으로 하여 그 근방에만 있는 카페 수효만 하여도 십여
곳이 되며, 웨이트레스의 수효만 하여도 '목단'에 스물하나
'락원'에 쉬흔셋 '평화'에 스물넷 이렇게만 쳐도 그 수효가 역시
수백 명이나 되니"라고 했듯이, 카페는 도시 남녀의 호기심과
욕망이 교차하는 곳이기도 했다.[2]

도시적 감수성은 문인들의 일상이었다. 변화하는 도시의
삶과 분위기는 김기림, 박태원, 이상, 김광균 등에게 영감을
주었다. 『조선중앙일보』에 연재된 박태원의 『소설가 구보
씨의 일일』(1934)에는 종일 경성의 거리를 돌아다니는
소설가의 일상이 묘사되고 있다. 주인공이자 산책자인 구보
씨는 단장을 꺼내 들고 정오에 집을 나서 광교에서 시작하여
종로 네거리에서 전차를 타고 조선은행, 경성부청, 대한문,
남대문, 경성역, 다시 조선은행, 종로 네거리의 다방 등을
특별한 목적도 없이 돌아다니다 새벽 2시에 집으로 돌아온다.
구보 씨는 19세기 중반 프랑스의 시인 샤를 보들레르(Charles
Baudelaire, 1821-1867)가 예술가들은 대도시로 탈바꿈한
파리에서 스쳐 지나가는 일상적이면서 우연한 경험의
근대성을 표현해야 한다고 했듯이, 그 자신 도시적 삶을
관찰하는 산책자였다. 이야기의 줄거리보다 실험적인 문장을
내세웠던 그의 소설들은 모더니즘 문학의 대표작이 되었다.
'모더니즘'은 이렇게 예술가들의 운동을 가리키는 용어다.

1
1935년에 영화배우 김연실이 인수하면서
'낙랑'으로 개명했다.

2
녹안경(綠眼鏡), 「카페 여급 언파레-드」,
『별건곤』, 1931년 11월; 김진송, 『현대성의
형성: 서울에 딴스홀을 허하라』(서울:
현실문화연구, 1999), 260에서 재인용.

fig. 1
1932년 문을 연 낙랑 파라. 출처: 『하라
이순석 작품집』(서울: 서울대학교
미술대학 응용미술학과동문회, 1993).

'모더니즘'은 '모더니티'와는 다르다. 근대성으로 번역되는 '모더니티'는 근대사회에서 산업화, 도시화가 진행되면서 나타나는 현상을 의미하는 지적, 사회적 개념이다. 근대 도시적 삶의 사회적 유동성과 개인의 자유를 동반하는 '모더니티'를 모더니즘 미술로 탄생시킨 서구의 미술가들은 보들레르와 동시대인 1860년대에 등장한 마네(Edouard Manet, 1839–1906)나 모네와 같은 인상파 화가들이었다. 이들은 유럽이 산업혁명으로 인해 도시화하고 물질적으로 윤택해지자 당대의 삶과 모습의 '모더니티'(근대성)를 미술로 표현하기 시작했고, 이것이 '모더니즘 미술'의 시작이었다. 모더니스트 미술가들은 과학기술의 발전을 근거로 미래를 긍정적으로 보았다. 이들은 과거의 아카데미즘과 결별하고 인간의 경험을 독자적인 감각과 심미적인 표현으로 추구하기 시작했다. 19세기 후반에 이르면 모더니스트들은 인본주의를 계승한 인상주의에도 반발하면서 보이는 세계에서 떠나 색채, 선, 형태, 구성의 추상미술을 실천하게 된다. 이들이 중요시한 것은 무엇을 그리느냐보다 어떻게 그리느냐, 즉 미술의 자율성이었고 예술가의 무제한적인 자유를 주장하였다. 모더니티 또는 근대성은 이렇게 서구에서 먼저 나타난 현상이었지만 글로벌하게 확장되었고 모더니즘 미술도 지역에 따라 시차를 가지면서 조금씩 다르게 전개되었다. 이 장에서는 일본을 통해 서구적 근대성이 도입된 한국의 모더니티와 모더니즘 미술을 다루도록 한다.

모던 경성

시각 미술에서 도시적 근대성을 먼저 포착한 분야는 순수미술이 아니라 신문이나 잡지의 삽화, 만문만화(漫文漫畫)나 표지 그림이었다. 만문만화란 삶의 애환, 물질주의, 퇴폐주의 등의 사회 가치관의 변화를 신문이나 잡지에 글과 그림으로 풍자하는 형식의 만화였다. 당시 이름을 떨친 안석영, 최영수(崔永秀, 1911–1950), 김규택, 이승만은 도시의 의식주와 거리에서 본 세태의 변화를 삽화로 잡아냈다. 신문기자이면서 삽화가, 수필가, 소설가이기도 한 최영수가 그린 「만추가두풍경」fig.2에는 양장을 하고 높은 구두를 신거나 한복을 입은 여성들이 우르르 몰려 거리의 쇼윈도를 구경하는 모습이 보인다.

화가들도 1920년대 후반부터 도시의 변화를 다루기 시작했다. 김은호는 1927년 제6회 조선미술전람회에 출품해 특선을 수상하고 같은 해에 일본의 제국미술원전람회에도 입선한 「부감」(俯瞰)에서 과감하게 명동성당과 조선총독부가 보이는 경성의 신시가지 풍경을 그렸다. 현재 초본fig.3만이 국립중앙박물관에 소장되어 있는 이 작품은 산수화보다 풍경화라는 명칭이 더 어울린다. 근경에 큰 나무들을 배치하고

저 멀리 펼쳐진 도시의 정경을 그리는 방식은 화가가 나무가 있는 남산에서 내려다보면서 그렸음을 시사한다. 이러한 구성은 당시 잘 알려져 있었던 프랑스의 후기인상주의 화가 폴 세잔이 「생트 빅투아르산」(Mont Sainte-Victoire) 연작에서 많이 사용하기도 했지만 일본 근대 회화에서도 많이 발견된다.

김주경은 다양한 사조와 주제에 관심을 가졌던 화가였다. 그는 인상주의 화가 모네나 드가(Edgar Degas, 1834–1917)가 거리의 카페나 경마장, 대로(大路)의 인파를 즐겨 그렸듯이 도시의 물리적 변화에 주목하고 있었다. 1927년에 그려 1929년에 조선미술전람회에 출품한 「북악산을 배경으로 한 풍경」fig.4의 주제는 대도시가 되어 가는 경성의 모습이다. 화면에는 경성부청을 배경으로 서양식 건축물들이 좌우에 들어선 길을 양산을 쓴 한 여성이 걸어가고 있다. 흥미로운 것은 건물의 윤곽에 사용한 강한 선이다. 특히 강렬한 붉은색과 초록색이 채색된 길과 나무줄기는 빛의 흐름을 관찰하면서도 견고한 구조적 표현을 놓치지 않고 있어 세잔의 그림을 떠올리게 한다. 이외에도 조선미술전람회 도록에는 성공회 성당, 경성부청, 경성역과 같은 새로 들어선 건축물이나 거리의 인물을 그린 그림들이 제법 많이 등장한다.

경성과 마찬가지로 근대화되고 있던 대구는 이인성의 관심을 끌었다. 일제강점기에 가장 성공한 화가로 꼽히는 이인성은 자신이 살던 대구 남정집의 정원에 딸 애향이 우거진 각양각색의 화초와 나무들 가운데 서 있는 장면을 「정원」(1930년대 후반)에 그렸다.fig.5 초목이 한창인 정원이 딸린 서양 가옥에 사는 부유한 가정의 안락함을 보이는 이 작품에서 이인성은 인상주의 화가들이 흔히 다룬 부르주아적 일상을 밝고 순수한 색채의 터치와 넓게 채색한 색면을 복합해 그렸다.

모던 걸과 모던 보이

근대미술에서 가장 많이 그려진 장르는 숫자만으로 보면 누드화나 여성 인물화 또는 여성의 일상이었다. 조선미술전람회 출품작 중 60퍼센트가 누드화나 여인상이었다는 사실은 이를 증명한다.[3] 과거에는 주로 풍속화나 미인도 종류에 나타나던 여성 이미지는 이제 독립된 인물화로 등장하게 된다. 이것은 주로 여성 누드나 모델을 앞에 두고 그리게 한 서양화의 교육 과정, 여성의 일상생활을 많이 그린 인상주의의 영향, 그리고 미인도 중심의 일본 채색화의 영향을 그 이유로 들 수 있지만, 무엇보다도 거리에서 여성을 쉽게 볼 수 있게 된 사회적 변화와도 관련이 있다.

1886년 한 명의 학생으로 시작한 이화학당 이후 다수의 여자중학교가 설립되고 교육받은 여성들이 증가하면서

3
홍선표, 「한국근대미술의 여성표상:
탈성화와 성화의 이미지」,
『한국근대미술사학』, 19집(2002): 63.

fig. 2
최영수, 「만추가두풍경」, 『여성』, 1936년
11월.

fig. 3
김은호, 「부감」 초본, 1927, 종이에 담채,
118×174cm. 국립중앙박물관 소장.

fig. 4
김주경, 「북악산을 배경으로 한 풍경」,
1927, 캔버스에 유채, 97×130cm.
국립현대미술관 소장.

fig. 5
이인성, 「정원」, 1930년대 후반, 캔버스에
유채, 89.5×91cm. 개인 소장.

1925년에는 여자고등보통학교를 졸업한 학생의 수가 약 2,800명에 달했다. 이 숫자는 1931년에는 약 4,500명, 1944년에는 약 4만 1,500명으로 증가했다.[4] 1920년대 신문이나 잡지에는 신여성으로 불리는 일련의 여성들이 사회적 선망의 대상으로 소개되었다. 신여성이라는 용어 자체는 서양의 'new woman'의 번역어로 주로 국내의 여학교를 나오거나 일본이나 서양에 유학한 소수의 엘리트 여성들을 가리킨다. 신여성의 대두는 이 무렵 동서양을 막론하고 세계적인 현상이었다. 서양의 경우 19세기 후반부터 사회가 근대화, 산업화하면서 여성 노동력이 필요하게 되고 직업을 가진 여성이 증가하면서 사회적 위상이 달라지기 시작했다. 여성은 가정에서 벗어나 독립적인 인격체를 추구하게 되었고 참정권 부여를 주장하는 여성 운동도 이 무렵부터 시작되었다.

신여성의 범주에 대해서는 여러 견해가 있을 수 있지만, 엄밀히 말하면 교육을 받고 직업을 가진, 또는 관습을 거부하고 여성의 평등과 자유를 자각하는 여성으로 정의해 볼 수 있다. 이들은 주로 교사, 잡지사 기자, 예술가, 의사 등의 전문적인 직업을 가진 여성이었다. 대표적인 신여성으로는 미국 유학을 하고 최초의 여성 의사가 된 박에스더(본명 김점동[金點童], 1877–1910)를 비롯해 화가 나혜석, 잡지 편집인 김원주(金源珠, 일명 김일엽, 1906–1971), 성악가 윤심덕(尹心悳, 1897–1926) 등을 들 수 있다. 그러나 일반적인 인식으로는 신여성은 주로 외모와 행동으로 구분되었다. 쪽진 머리, 긴 치마저고리, 머리에 뒤집어쓰는 쓰개치마, 고무신이 구(舊)여성의 의상이라면, 단발머리, 구두, 양산, 치마가 짧은 한복이 신여성의 패션이었다. 옷차림의 차별화는 단순히 패션이 아니라 신체에 입혀진 정체성의 표현이었고 새로운 삶의 선언이었다.[5]

구여성과 신여성의 대비는 노수현이 그린 1923년 2월의 『부인』 8호 표지에서 잘 나타난다.fig. 6 방문객은 1920년 전후 여학교의 교복으로 사용되던 흰 저고리와 검은 통치마를 입고 있으며 대문을 여는 여성은 전통적인 쓰개치마를 쓰고 있다. 남성들에게 신여성의 노출된 종아리나 하이힐은 여성을 바라보는 즐거움과 설렘을 주었다. 문인 염상섭(廉想涉, 1897–1963)은 "여학생이 지나가면 한 번 볼 것을 찾아서 우산 밑으로라도 두 번 보는 것은 비단 우산, 양머리, 긴 저고리, 치마, 굽 높은 구두에 어지럼이 나고, 그다음에는 분 바른 얼굴에 얼이 빠지기 때문이 아니야?"라고 썼다.[6] 안석영은 『별건곤』 1927년 1월 삽화fig. 7에서 단발머리에 짧은 치마와 저고리를 입고 구두를 신고 걸어가는 신여성을 보고 열광하는 남성들을 그렸다.

1930년 전후에 등장하는 모던 걸은 엘리트 교육을 받고 전문성을 가진 신여성과는 달랐다. 모던 걸은 카페 걸, 당구장에서 일하는 빌리어드 걸, 티켓 걸, 전화 교환수, 미용사 등 공적 공간에서 활동하고 경제력이 있으면서 소비 생활을 누리던 직업 여성군이었다. 당시 '모던'이라는 단어는 모던 걸, 모던 보이뿐 아니라 모던 과학, 모던 빵, 모던 복덕방 등 새로 나온 분야나 상품에 모두 붙여졌다. 유행의 첨단을 걷는 모던 걸에는 부정적인 의미도 함축되어 있었다. 직장이 있으면 자연히 남성과 접촉할 기회가 많고 카페에서 함께 차와 커피를 마시기도 하면서 실제로 유혹도 많았기 때문이다. 1930년 『신민』(新民) 9월 호에 실린 「모던-어 사전」이라는 코너에서는 모던 걸을 다음과 같이 정의하고 있다. "모던(modern)—어의는 '새로운' 혹은 근대적이란 말이다. 그래서 '모던 껄'이라면 새로운 여자 혹은 근대 여자, 모던 보이라면 같은 의미의 남자인 경우에 사용한다. (…) '모던 보이'니 '모던 껄'이니 하면 경멸과 조소의 의(意)가 다분히 포함되어 있다. 그래서 불량소녀 혹은 불량소년이라는 의미로도 통하는 것이 사실이다."[7]

1933년도 『별건곤』 표지에는 모던 걸과 모던 보이가 도시를 활보하는 모습이 나타난다.fig. 8 잘록한 허리와 불룩 나온 가슴, 그리고 치마 속으로 드러나는 허벅지로 건강미를 자랑하는 모던 걸은 근대의 새로운 여성이었다. 모던 걸은 조선시대 신윤복의 「월하정인」fig. 9에서 세간의 눈을 피해 몰래 달빛 아래 만나던 젊은 남녀나 쓰개치마를 뒤집어쓰고 거리를 다니던 조선시대의 여성에서 완전히 벗어났다. 과거에 공공 영역에서는 통제되었던 여성의 신체는 이제 근대적 건강미의 상징이었다. 1930년대에는 몸매를 드러내는 양장이 도시 여성 패션의 대세가 되면서 신체에 대한 인식이 달라졌다. 여성 잡지 표지에는 팔다리를 드러낸 수영복을 입은 여성도 등장한다.fig. 10 서양화가 처음 소개되었을 때 전시장에서 누드를 보고 부끄러워하던 관람객은 점차 건강한 신체를 근대적 인간의 덕목의 하나로 인식하게 되었고, 간혹 촬영 금지되거나 철회 명령을 받는 경우도 있었지만 누드화는 점점 증가해 대부분 버젓이 전시장에 걸렸다.[8]

모던 걸에 비해 모던 보이는 상대적으로 논란이 적었고, 시각 이미지에서 주로 모던 걸의 상대역으로 나온다. 그러므로 이마동의 「남」(1931)은 지식인 이미지를 보이는 남성을 그린 많지 않은 예의 하나다.[9]fig. 11 도쿄미술학교 서양화과에 재학하던 1931년에 그려 1932년 제11회 조선미술전람회에서 특선을 한 이 작품에서 이마동은 측면으로 얼굴을 돌린 남성의 당당한 모습을 그려내고 있다. 이마동은 자신의 친구를 모델로 그렸다고 하는데, 기본적으로는 인물의 형태를 어두운색과 밝은색의 대조로 이해해 드로잉적 성격이 강조되었다. 이 작품은 아카데미즘의 훈련을 바탕으로 하며, 전체적인 균형이나 견고하면서도 큼직하게 형태를 표현하는 붓 터치는 세잔의 영향을 보인다.

4
정요섭, 「일제치하에 있어서 한국여성에 대한 교육정책과 그 저항운동에 관한 연구」, 『아세아여성연구』, 9권(1970): 4, 6, 9.

5
김영나, 「논란속의 근대성: 한국근대시각미술에 재현된 신여성」, 『미술사와 시각문화』, 2권(2003): 8-37.

6
염상섭, 『너희는 무엇을 어덧느냐』(서울: 민음사, 1974), 214.

7
「모던-어 사전」, 『신민』, 1930년 9월.

8
「미전검열 결과―촬영금지 칠점」, 『동아일보』, 1933년 3월 13일 자; 「미전진열 종료―촬영금지가 한 건」, 『매일신보』, 1934년 5월 19일 자.

9
「친구」라는 제목으로도 알려져 있으나 조선미술전람회 도록에는 '男'으로 적혀 있다.

fig. 6
노수현, 『부인』 8호 표지, 1923년 2월.

fig. 7
안석영, 「학생들」, 『별건곤』, 1927년 1월.

fig. 8
안석영, 『별건곤』 표지, 1933년 9월. 개인 소장.

fig. 9
신윤복, 「월하정인」,
18세기 중엽–19세기 초, 종이에 채색,
28.2x35.6cm. 간송미술관 소장.

fig. 10
『신여성』 표지, 1931년 8월.

fig. 11
이마동, 「남」, 1931, 캔버스에 유채,
115×87cm. 국립현대미술관 소장.

fig. 12
이제창, 「독서하는 여인」, 1937, 나무에
유채, 32x23.2cm. 국립현대미술관 소장.

fig. 13
김기창, 「정청」, 1934, 비단에 채색,
159×134.5cm. 국립현대미술관 소장.

fig. 14
이유태, 「인물일대—탐구」, 1944,
종이에 채색, 212x153cm.
국립현대미술관 소장.

fig. 15
이유태, 「인물일대—화운」, 1944,
종이에 채색, 210×148.5cm.
국립현대미술관 소장.

근대적 여성의 정체성은 지식과 교양이었다. 『신여성』, 『신가정』, 『부인』 같은 잡지에서는 여성이 산보, 독서, 수예, 그리고 음악 감상을 하면서 교양을 쌓아야 한다는 글을 많이 싣고 있었다. 독서를 하는 여성은 신식 교육을 받은 소수를 의미했다. 이제창은 「독서하는 여인」(1937)에서 독서삼매에 빠져든 여성을 그렸다.fig.12 이 여성은 허리끈으로 가슴을 동여맨 전통적 치마가 아니라 '어깨허리'로 알려진 조끼형 치마를 입고 있는데 신여성이 선도한 실용적인 한복이다. 노출된 어깨는 과거 장옷 속에 숨겨야 했던 여성의 신체에 대한 인식의 변화를 보인다.

신문 잡지의 삽화, 만평, 표지 그림과 달리 미술 작품에서는 신여성이나 모던 걸과 같이 시사성 있는 여성보다는 교양 있는 근대적 가정부인의 이미지가 더 많이 등장한다. 대중 매체에 드러난 모던 걸이 대부분 공공장소에서 포착된 모습으로 나타나는 반면 회화 작품에서는 주로 사적 공간을 배경으로 등장한다.

김기창의 「정청」(靜聽, 1934)에서는 어머니와 여자아이가 소파에 앉아 축음기에서 나오는 음악을 감상하고 있다.fig.13 김기창은 아는 의사의 집을 빌려 첫사랑이었던 소제라는 여성과 자신의 누이동생을 모델로 그렸다고 하는데, 이 작품에서는 화목한 가정의 모녀로 설정되었다. 탁자 위에 놓인 축음기 외에도 벽에는 그림이 걸려 있고, 등나무 의자가 있어 부유한 가정임을 시사한다. 안락한 거실에서 아이와 함께 음악 감상이라는 정서적 경험을 나누는 이 여성은 현모양처(賢母良妻)의 재현이다. 미인도의 근대적인 계승이라고 할 수 있는 이 작품에서 여성은 쪽을 지었으나 구두를 신고 있다. 당시 여학교에서는 여성이 깨우쳐야 위생적이고 과학적인 방법으로 육아와 가사 일을 할 수 있으며, 남편을 내조하고 아이들을 잘 교육시킬 수 있다고 가르쳤다. 소위 현명한 어머니와 어진 아내가 국가에 기여하는 여성의 사명이라는 현모양처의 개념은 교육을 받았어도 여성의 역할을 가정에 제한하는 가부장적 이데올로기로, 일본식 교육에서 도입되었다.

1930년대 후반에 이르면 신여성과 모던 걸이 더는 호기심의 대상이 아니었지만 조선미술전람회에는 아직도 신여성을 그린 작품이 출품되고 있었다. 태평양 전쟁이 한창이던 1944년에 이 시대의 가장 당당한 신여성의 이미지가 이유태에 의해 제작되었다. 그 작품은 제국미술학교를 중퇴하고 가와사키 쇼코(川崎小虎, 1886-1977)에게 개인적으로 사사한 바 있는 이유태의 두 폭 인물화인 「인물일대─탐구, 화운」이다. 「탐구」의 경우 실험실 도구인 플라스크 등이 가득 찬 장이 배경에 있고 책상 앞에는 현미경 등의 실험 도구가 널려 있으며 화면 아래에는 실험용 토끼가 보인다.fig.14 이

작품에서 주목할 점은 연구 현장이 배경이 되고 있다는 점이다. 남성의 영역이었던 과학 실험실 중앙에는 흰 가운을 입은 젊은 여성 과학자가 잠시 휴식을 취하고 있다. 「화운」에서는 피아노와 꽃, 책이 놓인 탁자가 있는 서양식 실내에 한복을 입은 젊은 여성이 앉아 있다.fig.15 작가는 「탐구」의 경우 당시 대학 병원 실험실에서 일하는 친구 동생을 모델로 그렸다고 말했으나 두 그림 속 여성의 얼굴이 동일한 점에서 어느 특정인을 그렸다기보다 과학과 예술, 지성과 감성, 또는 전문직 여성과 교양을 갖춘 가정적 여성을 대조적 쌍으로 그린 것이라는 추측도 가능하다.

1930년대의 놀라운 사진은 비디오 작가 백남준(白南準, 1932-2006)의 유명한 가족사진이다.fig.16 백남준의 아버지는 구한말부터 섬유업을 한 백낙승(白樂承, 1886-1956)으로, 그의 가족은 보통 사람들보다 훨씬 빠르게 서양 문화를 접하고 당시 일반인은 꿈도 못 꾸던 자동차와 피아노도 소유했다고 한다. 평범한 가족사진처럼 보이는 이 사진에는 한복을 입은 여인들도 있지만 교복을 입고 담배를 문 남학생, 신식 양복의 남성 등이 보이는데 이들은 모두 남장한 여성들이다. 백남준의 어머니는 앞줄 맨 왼쪽에 남자들이 입는 두루마기를 걸치고 갓을 쓰고 있다. 백남준은 1984년에 이 사진을 공개하고 작품화하면서 이들이 누구인지를 밝혔다. 그는 어느 날 집에 모인 친척 여성들이 재미로 남장을 하고 동네 사진관에 가서 사진을 찍었는데 사진관에서 이 사진을 진열장에 내거는 바람에 남사스러워 한동안 집 밖에 나가지 못했다는 일화도 전했다. 1930년대에 주부들이 남장을 하고 사진을 찍었다는 놀라운 일은 어쩌면 근대기 여성의 정체성은 생각보다 유동적이지 않았을까 하는 추측을 하게 한다. 남녀칠세부동석이었고 여성이 혼자 밖에 나가는 것도 허락되지 않았던 폐쇄적인 조선 사회가 처음으로 국제 문화에 눈을 뜨게 되면서 여성도 전통적인 프레임에서 벗어나고 있었다.

여성의 사회 진출은 남녀의 관계를 재정의하게 만들었다. 당대 최고의 아카데믹한 화법을 구사한 화가 김인승의 「화실」(1937)에서는 남성 화가가 여성과 같이 스케치북을 보고 있다.fig.17 왼쪽 위에서 비치는 광선은 붉은색 쿠션과 양장을 한 여성의 흰색 칼라, 남성의 셔츠와 어두운 양복을 비추면서 풍요로운 색채 대비를 느끼게 한다. 여성의 체격은 거의 남성과 비슷하며 동등하게 자리 잡고 있다. 흥미로운 것은 김인승의 작품에서는 여성들이 대부분 서양 여성의 얼굴과 신체 비례로 그려져 있다는 점이다. 그의 작품에서뿐 아니라 이 무렵 서구적 여성 이미지는 미술 작품과 상품 및 광고, 잡지 표지에도 등장하면서 서양적 이목구비와 체형, 하얀 피부, 그리고 커다란 눈이 동경과 환상의 여성상으로 자리 잡게

fig. 16
백남준 가족사진, 1931년경.

fig. 17
김인승, 「화실」, 1937, 캔버스에 유채,
162x129cm. 국회도서관 소장.

되었다. 화가 김용준도 "조선 여성을 세워 놓고는 그릴 맛이 없다"고 하면서 서양 여성의 신체를 찬양했다.[10]

계속해서 조선미술전람회에 특선하면서 '선전 귀족'이라고까지 불렸던 김인승의 작품 「춘조」(春調, 1942)에서는 짧게 단을 올린 치마와 저고리를 입은 젊은 여성들과 양복을 입은 남성들이 함께 첼로 연주를 감상하는 모습이 나타난다.fig.18 김인승은 인물 하나하나를 따로 스케치하고 마지막에 합치는 방식의 아카데미적인 구성을 시도했지만, 일상생활의 장면이라는 점에서는 역시 아카데미즘과 사실주의가 절충된 작품이다. 김인승은 인물들의 시선이 화면 오른쪽에 있는 첼로 연주자에게 향하게 하고 중앙을 비워 관람자가 마치 이 자리에 참여하는 듯 느끼게 설정하였는데 이러한 구성은 서양의 고전주의에서 자주 사용하는 방법이다. 무엇보다도 도시적 주제나 인물들의 분위기, 그리고 인물의 앞이마에 보이는 하이라이트 등은 김인승이 일본에서 유학할 때 알고 있었던 고이소 료헤이(小磯良平, 1903–1988)의 영향이 확연히 보인다. 한편 음악 감상이라는 주제나 세심하게 고려한 인물의 자세와 위치는 드가의 작품에서 영감을 받은 것으로 보인다. 김인승 자신도 당시 고이소 료헤이, 드가, 마네 등을 좋아했다고 말한 바 있다.[11]

10
김용준, 「모델과 여성(女性)의 미(美)」,
『여성』(女性), 1936년 9월, 21.

11
필자에게 보낸 편지, 1991년 1월 24일.

fig. 18
김인승, 「춘조」, 1942, 캔버스에 유채,
147×207cm. 한국은행 소장.

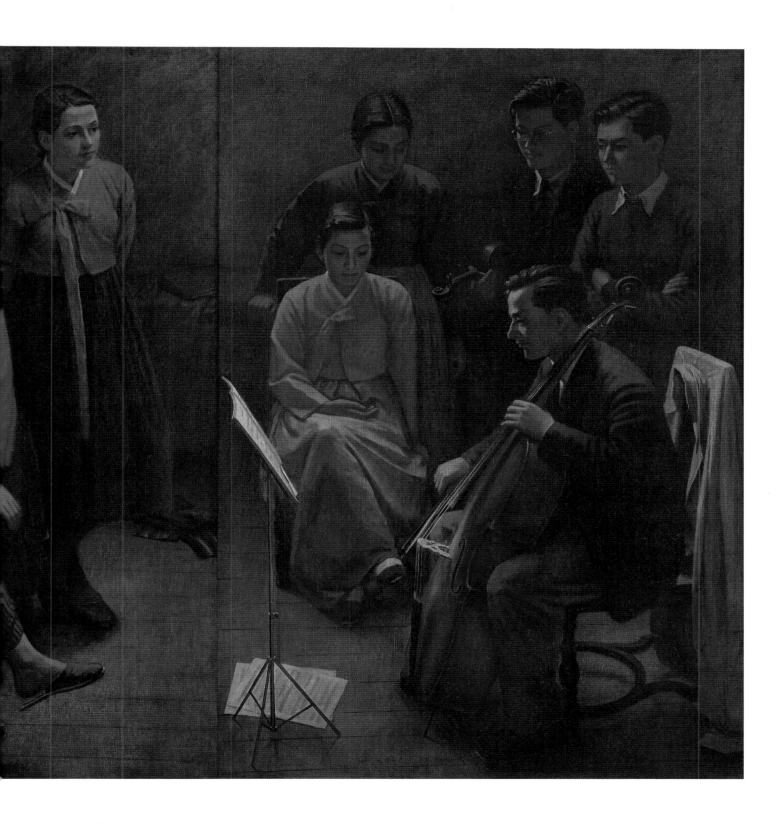

모더니즘 미술의 시도

일본 소그룹 전시

'모더니즘'이 언론이나 잡지에 자주 언급되기 시작한 것은 1920년대였다. 모더니즘은 미술가의 자유와 천재성의 가치를 함의하는 용어였으며 미술가의 엘리트 의식은 모더니즘 미술의 특성이었다. 모더니즘 미술은 과거 도덕적 윤리와 연결되던 미의 개념에서 떠나 개인의 경험과 감각의 추구를 더 중요시했다. 서양의 모더니스트 미술가들처럼 한국의 미술가들도 예술의 자유를 하나의 특권으로 여겼고, 시대의 암울함에서 떠나 예술 지상주의에 빠지기도 했다.

전문적인 미술사 저술이 없었던 당시 유럽의 모더니즘 미술 사조는 주로 신문이나 문예 잡지에서 소개되고 있었다. 필진은 대부분 화가나 문인으로 일본어로 된 화집이나 잡지를 읽고 그것을 소개하는 것이 일반적인 추세였고, 이 과정에서 일본에서 번역된 용어들이 비판 없이 그대로 사용되었다. 일본의 경우 모더니즘 미술은 이미 1910년대부터 시도되어 다이쇼 자유주의와 더불어 다다, 초현실주의, 러시아 구성주의 등이 공감을 얻고 있었고, 미래주의와 같은 운동은 프롤레타리아 미술 탄생의 기폭제가 되었다. 그러나 프롤레타리아 미술운동이 탄압당하는 과정을 겪으면서 일본의 전위 미술은 맥이 끊어져 버렸고 쇼와(昭和) 시기에 들어와서는 세대교체가 일어나고 있었다. 새로운 움직임은 순수미술 경향에서 살펴볼 수 있다. 1930년협회전이나 독립미술협회전에서는 야스이 소타로(安井曾太郎, 1888-1955)와 우메하라 류자부로(梅原龍三郎, 1888-1986)로 대표되는 '일본적 포브' 양식이 발표되고 있었다. 프랑스에서 마티스(Henri Matisse, 1869-1954), 드랭(André Derain, 1880-1954) 등이 창시한 야수주의는 미술운동으로는 약 1905년부터 3년간 지속된 단명한 운동이었지만 밝고 순수한 색채와 자연의 긍정적 에너지의 표현은 일본적 미감과 잘 맞았던 듯

많은 추종자가 있었다.

추상미술과 초현실주의는 1930년대 소그룹에서 많이 시도되었다. 프랑스의 시인 앙드레 브르통(André Breton, 1896-1966)이 주도한 초현실주의는 문학에서 먼저 소개되었고 미술로 전해졌다. 초현실주의 경향을 촉발한 전시는 1932년 『파리 동경 신흥미술동맹전』으로, 일본 미술가들은 에른스트(Max Ernst, 1891-1976), 미로(Joan Miro, 1893-1983), 마송(André Masson, 1896-1987)과 같은 초현실주의 화가들의 작품을 보고 충격을 받았다. 일본에서 초현실주의는 당시의 사회 현실을 시적인 또는 환상의 세계로 전환해 비판하거나 정신적인 방황을 반영할 수 있는 사조로 큰 호응을 받았다. 이에 비해 입체주의를 비롯한 기하학적 추상은 자유미술가협회, 구실회(九室會) 등 소규모의 그룹전에서 시도되었다.

한국에서도 야수주의, 입체주의와 더불어 미래주의와 구성주의가 소개되고 삽화나 표지화에서 시도되기는 했지만 아직도 이들 모더니즘 미술은 낯설었다. 거의 2년간 해외여행을 하고 돌아온 나혜석은 『삼천리』 1932년 3월 호에 「파리의 모델과 화가 생활」이라는 글에서 다음과 같이 입체주의를 소개하고 있다. "입체파의 착안점은 이러하다. 예술은 가공적이 아니요 사상이요 의식이다. 전통적이 아니요 해방적이다. 개념적이 아니요 과학적이다. 선과 색으로 그 움직임을 그리려 하는 것이다. 그러므로 입체파의 화면에는 색채의 교차, 운동감, 구성이 가득하였다. 입체파의 대표자는 피카소와 브라크이다. 입체파는 야수파가 직감을 중시한 결과 너무 단순화하여 지식을 부정하므로 이에 반하여 모든 지식을 토대로 하여 미술을 건설하자는 것이다."

1922년 『개벽』 10월 호에 문인 임노월(본명 임장화[林長和], 1908-?)은 유럽 미술운동에 표현파와 악마파 외에

유미파(唯美派), 미래파, 입체파, 상징파가 있다고 했다.[12]
악마파로 그는 보들레르와 오스카 와일드(Oscar Wilde, 1854–
1900) 등을 예로 들었는데 미술사에서 거의 사용되지 않는 이
용어는 아마도 19세기 말 퇴폐주의나 상징주의를 가리키는
것으로 보인다. 칸딘스키를 표현파로 본 임노월은 그의
작품은 자연 모방에서 떠나 주관적 색채와 형태의 구성이라고
설명했다. 1932년에 화가 김주경은 구본웅의 개인전을
보고 "이제까지 조선에 소개되지 않았던 쉬르리얼리즘을
처음으로 소개한 것이다. (…) 큐비즘 중간층과 포비즘
중간층과 익스프레셔니즘 또는 임프레셔니즘 중간층에 속하는
작품"들도 있다고 모호하게 말해 아직도 각 미술운동을
정확히 이해하고 분석하기는 쉽지 않았던 것으로 보인다.[13]
1924년에는 일본대학 유학생 고한용(高漢容, 1903–1983)이
『개벽』 9월 호에 다다 운동을 소개했다.
　　가장 큰 반발을 야기한 미술운동은 입체주의였다.[14]
김주경은 「화단의 회고와 전망」이라는 글에서 입체주의에서도
순수한 피카소적인 것은 아직 나오지 않았다고 하면서 이것은
입체주의가 조선의 민족적 입장이나 민족성에 부합하지 않는
데 원인이 있다고 지적했다.[15] 입체주의와 피카소에 대한
본격적인 비판은 1939년에 화가 오지호에 의해 이루어졌다.
그는 입체파에 대한 경이로움은 미적 가치가 아니라 기형성
때문이라고 보면서 피카소는 예술적 가치를 갖기보다는 단지
세상을 우롱하고 있다고 비난을 퍼부었다.[16] 오지호는 회화는
발생한 후 한 번도 자연의 형태에서 떠나 본 적이 없는데
입체파 등장 이후 혼란이 야기되고 있다고 지적했다. 즉,
그의 비판의 주된 이유는 입체주의 미술이 자연에서 벗어나
추상으로 가면서 회화에 대한 신념을 상실하게 하는 등
미술계에 해악을 미쳤다고 보았기 때문이다.
　　근대성과 모더니즘 미술과의 연관성에 대해 김환기는
다음과 같이 말했다. "현대 전위 회화의 그 주류는 직선, 곡선,
면, 입체 따위의 형태를 갖춘 것, 입체파야말로 순수 회화예술을
추구한 것인데 지금의 모든 전위 회화는 입체파를 통과한
회화 정신을 갖고 있으므로 근대 예술을 현대 예술로 계승한
것이다. (…) 자연의 모방에서 촌보도 벗어나지 못한 회화는
가장 민중에게 접근한 감이 있을지 모르지만 기차보다 비행기에
매력을 더 크게 느끼는 오늘날에 그런 회화는 우리의 생활,
문화 일반에 있어 아무런 관련이 있을 수 없다"고 반박했다.[17]
위 문장으로 보면 김환기는 상당히 정확하게 모더니즘을
이해하고 있음을 보인다. 조오장(趙五將)은 "전위 회화가
단순한 추상주의적 조형 구상에서 모든 문제를 해결하고
아무것도 없이 감각적인 유미주의에서 온갖 회화적 요소를
읽고 현실성을 전혀 망각했다고 생각하는 사람들이 많은
모양이다. 그러나 결코 그런 것이 아니"라고 설명했다.[18]

12
임노월, 「최근의 예술운동」, 『개벽』, 1922년
10월, 277–291.

13
김주경, 「화단의 회고와 전망 2」,
『조선일보』, 1932년 1월 3일 자.

14
김영나, 「한국근대미술과 입체주의」,
『20세기의 한국미술 2』, 214–223.

15
김주경, 「화단의 회고와 전망 3」,
『조선일보』, 1932년 1월 9일 자.

16
오지호, 「피카소와 현대회화」, 『동아일보』,
1939년 5월 31일, 6월 2, 4, 6, 7일 자.
오지호, 『현대회화의 근본문제』(서울:
예술춘추사, 1968)에 재수록, 77, 85에서
인용. 전체 글은 45–86.

17
김환기, 「추상주의 소론」, 『조선일보』,
1939년 6월 11일 자.

18
조오장, 「전위회화의 본질」, 『조광』, 4권,
11호, 1938년 11월, 339.

정현웅(鄭玄雄, 1911-1976)은 추상은 "선, 색채, 면의 비례와 균형, 조화 이러한 엣센스를 엣센스만으로서 표현"하는 것인데 이것이 무엇을 그린 것이냐고 묻는 것은 무의미하다고 지적했다.[19]

모더니즘 미술이 소개는 되었지만 불과 20여 년 전인 1910년대에 명암법, 원근법 등 사실주의 묘사법을 새롭게 받아들였던 서양화가들에게 모더니즘 미술의 시도는 시간이 필요했다. 모더니즘 미술은 주로 일본 유학생들에 의해 시도되었는데 그중 하나가 구본웅이다. 구본웅의 아버지는 『개벽』의 편집장을 지낸 출판인이자 재력가 구자혁(具滋爀, 1885-1959)이었고 당시 창문사(彰文社)라는 출판사를 운영하고 있었다. 부유한 가정에서 태어났지만 구본웅은 두 살에 척추 장애를 앓으면서 키가 자라지 않아 '서울 로트렉'으로 불렸다.[20] 그는 처음에 김복진에게 조소를 배웠으나 1928년에 일본으로 건너가 태평양(타이헤이요)미술학교에서 유화를 배웠다. 그의 관심은 아카데믹한 화풍보다는 후기인상주의, 야수주의, 표현주의에 있었고, 1930년협회전, 독립미술가협회전, 이과전에 입선하기도 했다.

구본웅의 「인형이 있는 정물」(1937)은 위에서 내려다보는 시점으로 그려 당시 일본 화단에 큰 영향을 준 세잔의 정물화를 떠올리게 한다.fig.19 그러나 보다 직접적으로는 그가 존경했던 일본의 야수주의 화가 사토미 카츠조(里見勝藏, 1895-1981)의 같은 제목의 작품에서 영향을 받았다.fig.20 사토미 카츠조는 프랑스에 유학해 야수파의 일원이었던 모리스 드 블라맹크(Maurice de Vlaminck, 1876-1958)에게 배운 화가였다. 구본웅도 야수파 화가들을 좋아해 시인 이상을 그린 「친구의 초상」(1935)fig.21은 블라맹크의 「파이프를 피우는 남자」(1900)를 연상시킨다. 「날개」, 「오감도」와 같은 초현실주의적인 시를 발표한 이상은 구본웅의 초등학교 동기동창으로 친한 친구였다. 「친구의 초상」의 어두운 분위기와 대담하고 거친 필치, 그리고 한쪽 눈과 입가에 사용한 붉은색 등은 그 시대의 냉소적인 지식인의 이미지를 표현주의적으로 잡아내고 있다.

「여」(1930년대)fig.22는 사토미 카츠조의 작품 「여」(1928)를 모르고 제작했다고는 보기 어렵지만 얼굴의 형태가 훨씬 더 야만적으로 왜곡되어 있다.[21] 거친 붓으로 마구 칠한 듯한 빨간색과 초록색은 서로 밀고 당기며 충돌한다는 측면에서 야수주의보다는 독일표현주의에 더 가깝다. 프랑스의 야수주의 화가들은 순수하고 원색적인 색채로 자연의 풍요로움과 생명감을 표현한 반면 독일표현주의의 키르히너(Ernst Kirchner, 1880-1938)나 놀데(Emil Nolde, 1867-1956)의 색채는 구본웅처럼 감정적으로 더 격렬하고

거침이 없었기 때문이다. 「여」나 「여인과 새」(1931), 또 장남 구환모를 그렸다고 하는 「인물」(1940년경)에서 얼굴의 과장되고 일그러진 형태와 충돌하는 색채는 불편한 느낌을 주는데 신체적 장애를 가지고 살았던 구본웅 내면의 표현이 아닐까 추측해 본다.

구본웅은 귀국 후 50여 점의 작품을 가지고 낙랑 파라에서 전시를 하고 목일회, 백만회(白蠻會)에 참여하기도 했다. 그러나 과격해 보이는 그의 표현주의 작품들은 쉽게 받아들여지지 않았다. 1934년 5월 개최된 목일회 1회전에서 구본웅의 작품을 보고 안석영은 위험성, 불안성, 데카당 등의 용어로 비판했다.[22] 그를 이해하고 지지하는 동료 지식인들도 있었는데 그중 문인 김기림은 "조선 화단의 아카데미즘이 그에게 향하여 아무리 돌을 던질지라도 구본웅 씨는 단연히 우리 화단의 최좌익이다. 적막한 고립에 영광이 있으라"고 말했다.[23]

일본에 유학한 일련의 화가들은 큰 규모의 전시에 참여하기보다는 자신들의 주장을 좀 더 확실하게 할 수 있는 소규모 그룹전을 선호했다. 그중 대표적인 그룹이 1937년에 결성한 자유미술가협회와 1940년부터 전시한 미술문화협회로, 일본 화단의 주류에서 벗어난 모더니즘 그룹이었다. 자유미술가협회는 이름 그대로 자유로운 창작을 도모한다는 의미에서 붙인 이름으로 하세가와 사부로(長谷川三郎, 1906-1957), 무라이 마사나리(村井正誠, 1905-1999), 야마구치 가오루(山口薫, 1907-1968) 등이 회원이었는데 기본적으로 기하학적 추상의 경향을 보이고 있었다.fig.23 우리나라 화가로는 김환기, 문학수, 유영국, 이중섭, 송혜수(宋蕙秀, 1913-2005), 이규상(李揆祥, 1918-1964) 등이 참여했다.

1913년 전라남도 신안군 기좌도(箕佐島, 현 안좌도)에서 태어난 김환기는 부유한 아버지 김상현의 1남 4녀 중 넷째로 태어난 외아들이었다. 그는 18세에 일본으로 건너가 도쿄의 니시키시로중학교를 다닌 후 1933년부터 1936년까지 일본대학 예술학원 전문부 예술전공 미술과에 들어가 졸업하고 그 후 1년간 연구과에 남아 있었다.[24] 일본대학에 재학하면서 그는 1935년에 제22회 이과전에 「종달새 노래할 때」를 출품하여 입선하였다.fig.24 이과전은 아카데미즘에 기반한 관전에 반발해 1914년에 창설한 재야 세력의 중심 전시로 진취적인 미술가들을 많이 배출한 바 있었다. 현재 사진으로만 남아 있는 이 작품에서 김환기는 기좌도의 바다를 배경으로 머리에 바구니를 인 한복을 입은 소녀를 그렸는데, 사실적인 묘사에서 벗어나 소녀의 상체나 팔을 둥근 원통과 같이 단순화했다. 바구니는 기하학적 면으로 분할되었고, 그

19
정현웅, 「추상주의 회화」, 『조선일보』,
1939년 6월 2일 자.

20
19세기 말의 유명한 프랑스의 화가 툴루즈
로트렉(Henri de Toulouse Lautrec,
1864–1901)은 십대에 양쪽 다리가
부러지면서 더 이상 성장하지 않아 어른의
상체와 아이의 다리를 가지게 되었다.

21
김영나, 「한국 근대의 누드화」, 『20세기의
한국미술』, 132–133. 「여」는 1930년
제작으로 알려져 있으나 양식적으로 볼
때 「친구의 초상」과 비슷한 시기에 제작된
것으로 보는 것이 타당하다.

22
A생, 「목일회 제1회 양화전을
보고 2」, 『조선일보』, 1934년 5월 23일 자.

23
편석촌(片石村, 김기림의 호), 「협전을 보고
1」, 『조선일보』, 1933년 5월 8일 자.

24
우시로쇼지 마사히로(後小路雅弘),
「화가의 탄생: 1930년대 일본의 김환기」,
『미술사논단』, 46호(2018): 129.

fig. 19
구본웅, 「인형이 있는 정물」, 1937,
캔버스에 유채, 71.7×89.4cm.
리움미술관 소장.

fig. 20
사토미 카츠조, 「인형이 있는 정물」, 1930,
캔버스에 유채, 90×116.7cm.
시즈오카 현립미술관 소장.

fig. 21
구본웅, 「친구의 초상」, 1935, 캔버스에
유채, 62x50cm. 국립현대미술관 소장.

fig. 22
구본웅, 「여」, 1930년대, 캔버스에 유채,
47×35cm. 국립현대미술관 소장.

fig. 23
제4회 자유미술가협회전 전경, 오사카.

fig. 24
김환기, 「종달새 노래할 때」, 1935,
캔버스에 유채, 178×127cm.
ⓒ (재)환기재단·환기미술관

속에 든 여러 개의 새알이 그대로 보인다. 또 배경의 풍경은 딱딱한 선과 면 분할로 처리되었다.

「종달새 노래할 때」에서 인체를 원통화하는 시도는 예를 들면 입체주의의 영향을 받은 레제(Fernand Léger, 1881–1955)의 작품이나 1928년에 프랑스에서 귀국해 이과회를 중심으로 활약한 도고 세이지(東郷靑兒, 1897–1978)의 작품을 연상시킨다. 20세기 초 파리에서 시작하여 곧 다른 도시로 파급된 입체주의는 당시 빠르게 변화하던 현대 사회의 기계문명과 도시 환경에 강한 자극을 받아 인간의 삶과 환경을 시각적으로 강렬하고 분석적인 조형 언어로 표현하려 한 운동이었다. 입체주의 화면은 통일감을 지향하기보다 오히려 파편화되어 서로 뒤틀리는 공간을 창조해 냈다. 이것은 달라진 시공간의 경험을 통해 새로운 시대에 적합한 표현을 추구하려는 의지에서 출발한 것이고 근본적으로는 20세기 초 유럽 사회의 현대성의 표현이었다. 그런데 김환기의 작품에서는 서구의 실험적 형태를 사용하면서 이와는 다른 토속적인 서정성이 공존하는 독특한 분위기가 있다. 이것은 섬이라는 배경 설정과 머리에 바구니를 이고 가는 소녀에서 느껴지는 전근대적인 주제, 그리고 제목이 시사하는 종달새가 지저귀는 평화로운 섬의 낭만적인 분위기가 근대적인 양식과 결합되어 있기 때문이다. 이러한 모더니즘적 시도에서도 자연에 대한 서정적 반응이 김환기 작품 세계의 가장 기본적인 특징으로 잉태되어 있음을 볼 수 있다.

김환기는 일련의 화가들과 더불어 교류하고 활약했다. 그는 도고 세이지, 아베 곤고(阿部金剛, 1900–1968), 고가 하루에(古賀春江, 1895–1933) 등이 개설한 아방가르드 양화연구소에도 다녔는데 이곳에는 프랑스에서 활약하다 귀국한 유명한 후지타 쓰구지(藤田嗣治, 후지타 츠구하루로도 발음, 1886–1968)도 있었다.[25] 김환기가 「종달새 노래할 때」와 같이 낭만적인 주제를 떠나 기하학적 추상으로 전환하는 데에 누구보다도 영향을 준 화가는 무라이 마사나리였다. 1928년부터 1932년까지 유럽에서 공부한 후 귀국한 무라이는 문화학원에서 가르치면서 처음에는 마티스의 1910년대 회화를 연상시키는 작품을 제작하였으나 1937년부터 몬드리안 풍의 기하학적 추상으로 변화를 모색하고 있었다.[26] 무라이뿐 아니라 한국의 유학생들과 친하게 지내던 쓰다 마사지카(津田正周, 1907–1952)와 오노사토 도시노부(小野里利信, 1912–1986)는 모두 자유미술가협회전의 참여 작가들이었다. 아마도 이들과의 친분 때문에 김환기뿐 아니라 문화학원에 다니던 문학수, 이중섭, 유영국 등이 참여하는 계기가 된 것으로 보인다.

1937년 4월에 김환기는 일단 귀국했지만 1940년까지 계속해서 기좌도나 서울에서 작품을 보내 자유미술가협회전에 참여했다.[27] 그가 출품한 작품들은 대부분 곡선과 직선 그리고 기하학적 형태로 구성된 비대상회화로, 추상회화의 선구적인 화가로서의 그의 위치를 확인할 수 있다. 당시 작품들은 대부분 없어졌지만 다행히 그중 현존하는 예가 「론도」(1938)fig. 25와 「창」(1940)fig. 26이다. 「론도」는 피아노의 곡선적인 형태와 사람의 형상이 남아 있지만 기본적으로 곡선과 직선, 그리고 흰색, 검은색, 노랑, 파랑의 색면으로 이루어진 구성 작품이며 이것은 「창」에서도 마찬가지이다. 그러나 기하학적 추상이나 구성주의를 시도하던 다른 일본 화가들이 말레비치나 몬드리안의 엄격하고 팽팽한 균형감과 역동감에 근거한 추상 작품을 제작했다면 김환기의 「론도」에서는 곡선이 더 많이 사용되었고, 음악적인 주제에 어울리는 서정적 운율감을 느낄 수 있다. 도쿄에 있으면서 서양음악에 눈을 뜨게 된 김환기의 음악적 서정은 그 후의 작품에서도 일관되게 흐르고 있다.

자유미술가협회전에 참여한 문학수, 이중섭, 유영국은 문화학원 출신이었다. 문화학원을 다니던 유영국은 학교에서 배운 인물 데생 같은 것은 흥미를 느낄 수 없었고 새로운 것을 해 보고 싶었다고 한다. 그는 자유미술가협회, 독립미술협회 전시회에 참여하는 한편 NBG(Neo Beaux-Arts Group)의 전시나 양화동인전에도 출품했다. 당시의 작품 중 현재 남아 있는 「작품」(1940)은 화면에서 엄격한 균형과 질서를 추구했던 그의 관심을 반영한다.fig. 27 주조를 이루는 검은색과 파란색 사이에 보라색과 빨간색의 선과 형태가 선명하게 자리 잡았고 그 위에 노란색은 명도 대비로 전진하듯이 전체 화면의 중심을 잡는다. 유영국은 한편 유일하게 릴리프 오브제를 시도하기도 했다. 사진으로만 남아 있는 그의 「릴리프 오브제」(1937)는 나무 자투리를 사용한 순수한 형태들의 구성이다.fig. 28 배경은 비어 있고 두 개의 크고 작은 사각형과 긴 마름모 형태가 긴장감 있게 배치되었으며 서로 다른 나무의 색채와 질감을 표현적 요소로 살리고 있다.

유영국은 라이카 카메라를 구입하고 1940년에 오리엔탈 사진학교에 등록해 6개월 과정을 밟았다. 1930년대에는 만 레이(Man Ray, 1890–1976)나 모호이너지(László Moholy-Nagy, 1895–1946)의 실험 사진 등이 일본에 알려지고 있었고 일본에서도 전위 사진 붐이 일고 있었다. 유영국이 참여하던 자유미술가협회 회원전에도 첫 회부터 사진 작품들이 출품되었는데 그중에서도 에이큐(瑛九, 본명 스기타 히데오[杉田秀夫], 1911–1960)가 포토그램, 포토몽타주 등의 기법을 이용한 작품들을 전시한 것도 자극이 되었다. 유영국이 1942년 자유미술가협회의 후신인 미술창작가협회전에 출품한 사진 일곱 점은 대부분 경주의 불상이나 석탑을 찍은 작품이었다. 그는 하나의 대상에 집중하고 클로즈업해서

25
이 연구소는 후일 스루가다이
양화연구소로 명칭이 바뀌었다.

26
1991년 도쿄에서 있었던 필자와의
인터뷰에서 무라이 마사나리는 1935년
12월에 동경 시나가와구의 ´포플러의
집´으로 불리던 아파트로 이사를 했는데
그 후 화가이자 문화학원에서 가르치던
쓰다 마사지카가 이곳에 이사해 왔고,
화가 오노사토 도시노부가 자주 놀러
왔다고 말했다. 이 ´포플러의 집´의 다른
방에 기거한 한국 화가가 김환기였고 그
후 유영국도 들어왔다고 한다.

27
자유미술가협회전에 대해서는 김영나,
「1930년대의 전위 그룹전 연구」,
『20세기의 한국미술』, 63–114 참조.

fig. 25
김환기, 「론도」, 1938, 캔버스에 유채,
61×71.5cm. 국립현대미술관 소장.
© (재)환기재단·환기미술관

fig. 26
김환기, 「창」, 1940, 캔버스에 유채,
80.3×100.3cm. 리움미술관 소장.
© (재)환기재단·환기미술관

fig. 27
유영국, 「작품」, 1940, 캔버스에 유채,
45×37.7cm. 유영국미술문화재단 소장.

fig. 28
유영국, 「릴리프 오브제」, 1937(유리지
재제작 2002), 혼합재료, 53×40cm.
유영국미술문화재단 소장.

fig. 29
유영국, 「경주 오릉묘」, 1941-1942,
젤라틴 실버 프린트, 10.2x15.2cm.
유영국미술문화재단 소장.

fig. 30
문학수, 「비행기가 있는 풍경」, 1939.

fig. 31
문학수, 「병든 말과 소」, 1940.

형태와 질감을 사로잡으려 했다. 대상에서 추상적인 선, 형태, 구성의 아름다움을 발견하는 그의 재능은 「경주 오릉묘」(1941–1942)에 잘 나타난다.fig.29 화면을 거의 황금분할 하듯이 나누어 위에는 둥근 반원형의 묘가, 아래에는 잔디로 덮인 대지가 있으며, 직육면체의 묘지석과 그것을 받히는 형태들의 대비 내지 대조는 매우 추상적이라고도 할 수 있다.

자유미술가협회에서 가장 두드러진 활약을 한 사람은 평양 출신의 문학수였다. 그가 당시에 제작한 작품들은 「비행기가 있는 풍경」(1939)fig.30이나 「춘향단죄지도」(1940)처럼 단지 흑백 사진으로만 알려져 있다. 「비행기가 있는 풍경」에는 저 멀리 초가집이 보이는 풍경 속에 하늘에서는 비행기가 날아오고, 거대한 두 마리의 소와 작은 백마와 흑마가 대결하듯이 다가오는 가운데 아이를 업은 한국 여성이 있다. 이것은 1930년대 말에 느낄 수 있었던 다가오는 전운(戰雲)과 그 사이에 낀 한국을 나타내는 것으로 해석할 수도 있다.

김환기나 유영국이 추상미술을 실험했다면 문학수의 작품은 밀레나 들라크루아(Eugène Delacroix, 1798–1863)에 더 가까웠다.[28] 일본의 화가 하세가와 사부로는 "문학수 씨 작품은 본 전람회 중 최고의 주옥이다. (…) 조금의 과장도 없이 특유의 시와 꿈의 세계를 표현하면서 그만큼의 건실한 조형성을 보일 수 있다는 것은 드물게 보는 그의 자질과 감격에 차 있는 그의 생활 태도의 덕분이다"라고 평했다.[29] 문학수의 이 시기의 작품에 주목할 필요가 있는 것은 초현실주의적인 시도가 몇몇 말을 주제로 한 그림에 보이기 때문이다. 달빛 비치는 밤의 풍경에 소가 축 늘어진 말을 등에 업고 있는 「병든 말과 소」(1940)도 그러한 시도의 하나다.fig.31 또 1943년 긴자의 기노쿠니아 화랑에서 열린 개인전의 팸플릿에 나온 작품 사진에는 하늘을 나는 말의 그림이 보인다.

이중섭은 문학수와 문화학원뿐 아니라 평안북도 정주에 있던 오산고등보통학교의 동문이기도 했다. 오산학교에 다니면서 그는 미국의 예일 대학교에서 미술을 공부하고 돌아온 임용련(任用璉, 1901–?)에게 배웠다. 1936년에 일본에 간 이중섭은 처음에는 제국미술학교에 입학했다가 1년도 되기 전에 나왔고 1937년에 다시 자유로운 학풍으로 알려진 문화학원에 입학해 졸업한 후 1943년까지 도쿄에 머물렀다. 자연 속에 인물과 동물이 함께 등장하는 주제는 이때부터 시작되었다. 1941년경부터 1943년까지 후일 부인이 되는 야마모토 마사코에게 보낸 9x14센티미터 크기의 그림엽서에는 글은 없고 소뿐 아니라 말, 물고기 등이 등장하는 매우 환상적인 드로잉들이 나타난다.fig.32 현재 90여 점이 알려진 이 그림엽서 작업은 종이에 펜, 먹, 또는 채색한 드로잉인데 아담과 이브와 같은 태초의 남녀가 말을 타거나 화살을 날리는 장면이 그려져 있어 이중섭 자신의 사랑, 욕망, 환상,

고백이기도 하다. 평안도 출신인 그는 어쩌면 1910년대 이후 일본인들이 발굴한 평양 근처의 고구려 벽화에 등장하는 용, 주작, 학을 타고 날아다니는 천상의 인물들에게서 영감을 받았을 수도 있다. 특히 1941년 우연히 일본 군인들이 발견한 진파리 고분벽화는 『문화조선』 9월 호에 소개되기도 했다.[30]

이중섭은 제4회 자유미술가협회전(1940)에도 소를 소재로 한 「작품」fig.33을 출품했는데 잘 알려진 1950년대 제작한 작품들의 원형이라고 할 수 있다. 그러나 「작품」은 이중섭의 후기 작품과는 달리 매우 구조적이며, 굵게 윤곽선을 처리한 부분에서는 조르주 루오(George Rouault, 1871–1958)의 양식에 영향을 받은 것처럼 보인다. 사진조차 남아 있지 않은 제2회 출품작에 대해 일본 초현실주의 미술의 선구자였던 타키구치 슈조(瀧口修造, 1903–1979)는 "환각적인 신화를 묘사하고 있다. 소품이지만 큰 배경을 느끼게 한다. 옛 신비 속에서 생생한 악마가 꿈틀거리고 있다"고 말했다.[31]

자유미술가협회전에 출품했던 한국 미술가 중에는 이색적으로 동양화를 그린 박생광(朴生光, 1904–1985)이 포함되어 있었다. 17세가 되는 1920년에 교토에 온 그는 교토시립회화전문학교를 나왔다. 이 학교에서는 일본화의 교토 화단을 대표하는 타케우치 세이호(竹内栖鳳, 1864–1942), 고오쿠라 센징(鄕倉千靭, 1892–1975), 츠지다 박쿠센(土田麥僊, 1887–1936), 무라카미 가가쿠(村上華岳, 1888–1939) 등이 가르치고 있었는데 도쿄의 일본화 화단보다 자유로운 화풍이 특징이었다. 교토 화단의 영향이었는지 박생광은 서양화를 의식한 실험적 작업을 시도해 일본화라는 좁은 개념에서 벗어나 동서의 구분을 넘어서고자 했다. 그는 조선미술전람회에서는 서양화부(9회)와 동양화부(10회)에서 입선한 바 있었고 1938년의 자유미술가협회전에는 「도월」(盜月)이라는 추상 작품을 출품했다. 불행히도 이 시기에 제작한 박생광의 추상 작품들 중 현재 「춘일」(春日)만이 사진으로 남아 있다. 박생광은 자신이 1930년대에 동양화 재료로 추상화풍을 시도한 효시로 자부한다는 말을 하기도 했다.[32]

자유미술가협회는 자유라는 이름이 군국 체제와 맞지 않는다는 이유로 1940년 미술창작가협회로 개명하고 1940년 10월에 서울의 부민회관에서 전시를 했다.[33] 이때 출품된 이중섭의 작품에 대해 김환기는 "작품 거의 전부가 소를 취재했는데 침착한 색채의 계조, 정확한 데포름, 솔직한 이미지, 소박한 환희, 좋은 소양을 가진 작가이다. (…) 이 한 해에 있어 우리 화단에 일등으로 빛나는 존재였다"라는 찬사를 던졌다.[34] 이 전시에는 일본화가 열두 명을 포함한 약 60점이 전시되었으나 주로 추상 위주였던 이 전시의 반향이 어떠했는지 확실하지 않다. 그러나 이후 추상미술이

28
김영나, 같은 글, 90-91.

29
「第二回 自由美術展 入選 作品評」, 『美の國』,
1938년 7월, 24; 김영나, 같은 글, 91에서
재인용.

30
김현숙, 「이중섭 예술의 양식 고찰」,
『한국근대미술사학』, 5집(1997): 36-75.

31
瀧口修造, 『アトリエ』, 1938년 7월, 73.

32
이석우, 『예술혼을 사르다 간
사람들』(서울: 가나아트, 1990), 313에서
재인용.

33
김영나, 「1930년대의 전위 그룹전 연구」,
98-99.

34
김환기, 「구하던 일 년」, 『문장』, 2권, 10호,
1940년 12월, 184.

fig. 32
이중섭, 「신화에서」, 1941, 종이에 청먹,
채색, 9×14cm. 개인 소장.

fig. 33
이중섭, 「작품」, 1940.

거의 시도되지 않은 것을 보면 대부분의 화가들에게 이러한 움직임은 아직 받아들일 단계가 아니었다고 판단된다.

미술과 문학의 모더니스트들

미술계에서의 모더니즘은 새로운 시도로 관심을 끌기도 하고 비판의 대상이 되기도 했지만 당시 모더니즘에 큰 관심을 가진 집단은 문인들이었다. 모더니즘 문학은 현실을 반영하고자 한 리얼리즘 문학과는 달리 형식 실험과 언어 감각을 중요시했는데 이것은 미술에서의 선, 색채 등의 형식 실험에 대한 관심을 공유하는 것이기도 했다. 이태준, 이상, 김기림, 정지용(鄭芝溶, 1902–1950), 박태원 등 아홉 명의 문인들이 모인 구인회와 구본웅, 김용준, 길진섭, 이종우 등 화가들이 모인 목일회 회원들은 구본웅의 화실 겸 거실이었던 다옥정이나 낙랑 파라, 제비 다방 같은 카페에서 서로의 예술과 사상을 공유하고 있었다.[35] 이들은 주로 일본에서 모더니즘을 접하고 추상미술과 초현실주의에 관심을 가졌으며, 순수미술을 추구하는 예술의 최전선에 있었다고 할 수 있다. 식민지 현실에 대한 절망과 함께 이들은 근대에 대한 낭만적 사상을 호흡하고 있었다. "30년대 회화는 어느 의미로든 시보다 조숙하였다. 시는 그림과 함께 호흡하면서도 앞서가는 회화를 쫓아가기에 바빴"다고 시인 김광균(金光均, 1914–1993)이 말했듯이 미술인들과 문인들이 시각과 감각에 열정을 가지고 있었다.[36]

화가들과 문인들은 유럽의 최신 경향을 토론하고 세계 각국의 문인, 음악가, 미술가가 모여들던 예술의 도시 파리를 동경했다. 파리에는 제1차 세계대전 이후 프랑스 화가들 외에 다양한 외국인 예술가들이 모여들면서 에콜 드 파리(École de Paris)를 형성하고 있었다. 일본에서 온 후지타(藤田嗣治), 러시아에서 온 샤갈(Marc Chagall, 1887–1985)과 수틴(Chaïm Soutine, 1893–1943), 스페인의 미로(Joan Miró, 1893–1983), 루마니아의 브랑쿠시(Constantin Brâncuşi, 1876–1957)가 어울리고 있었고, 인기를 끌던 러시아 발레의 단장 댜길레프(Sergei Diaghilev, 1872–1929)는 피카소, 코코 샤넬(Gabrielle "Coco" Chanel, 1883–1971), 에릭 사티(Erik Satie, 1866–1925), 장 콕토(Jean Cocteau, 1889–1963)와 협업했다.

파리 예술가들의 실험적인 작업은 한국의 모더니스트에게도 알려졌다. 이들은 르네 클레르(René Clair, 1898–1981)의 영화를 보고 장 콕토, 브르통, 아폴리네르(Guillaume Apollinaire, 1880–1918), 살바도르 달리(Salvador Dali, 1904–1989)의 시나 그림을 화제에 올렸다. 김기림은 자신은 블라맹크를, 이상은 르네 클레르와 초현실주의, 달리를 좋아했다고 말하면서 이상과 늘 프랑스 문학에 대해 대화를 나눴다고 한다.[37] 그렇다고 이들이 서양 문화만을 바라보고 있었던 것은 아니다. 서구의 최첨단 예술을 동경하면서도 구인회 회원들은 동양화 그리기에 취미가 있었다.

이들 문인과 미술가에게는 장르의 벽이 없었다.[38] 책 표지와 삽화는 화가들의 중요한 작업이자 생활 수단이기도 했다. 구본웅은 화가, 삽화가, 출판가였고, 김용준은 서양화, 동양화를 그렸고 미술 평론가이기도 했다. 이상은 조선총독부 건축기사로 일했으나 그림을 그리고 시를 썼다. 그는 자신의 작품인 「날개」(1936)와 박태원의 소설 「소설가 구보 씨의 일일」(1934)의 삽화를 직접 그렸으며, 김기림의 「기상도」(1936)의 표지 디자인을 맡기도 했다.

당시 신문기자 중에는 일본 유학을 다녀온 문인들이 많았다. 이들은 자신이 쓴 연재소설의 삽화를 화가에게 부탁하곤 하였다. 1930년대 문인과 화가가 협업한 잡지로는 『창조』와 『영대』(김동인, 김찬영), 『삼사문학』(신백구, 이시우, 조풍연, 김환기, 길진섭), 『단층』(김병기, 문학수, 주현), 『문장』(이태준, 김용준, 김환기, 길진섭) 등이 있었다. 이외에 정현웅, 안석영, 노수현, 이승만, 김규택, 이상범 등이 여러 신문과 잡지의 삽화를 그렸다.

1930년대 전반은 신문과 잡지의 전성시대였다. 발행되는 신문이나 잡지의 수가 늘어나자 서로 경쟁이 붙었는데 연재소설은 신문의 정기 구독자 유치에 중요한 역할을 했다. 연애 소설이나 추리 소설에 곁들여지는 삽화는 글의 내용을 생생하게 떠올리게 해, 보는 신문의 역할을 톡톡히 하게 되었다. 화가이자 평론가 윤희순(尹喜淳, 1906–1947)은 1932년 6월 『신동아』에 실린 「조선미술의 당면과제」라는 글에서 실제 미술을 감상할 수 있는 기회가 적은 일반인에게 신문 잡지에 싣는 삽화들은 미술 보급의 수단이라고 말하기도 했다. 김복진도 우리의 삽화계가 제판술의 유치함에도 불구하고 비범한 진경을 보이고 있다고 평한다.[39]

모더니즘 미술을 캔버스에 실천하지 않았던 화가들도 삽화에서는 대담하게 시도했다. 1934년에서 1937년까지 간행된 『삼사문학』(三四文學, La Littérature des Trois Quatre) 창간호에는 정현웅의 삽화가 실렸는데, 도시 풍경이 보이는 실내에 비스듬히 누워 있는 누드를 입체주의적으로 분석한 그림이다.fig. 34 『삼사문학』 제5호인 1936년 10월 가을호는 김환기가 그린 초현실주의적 오토매틱 드로잉(automatic drawing)을 표지화로 사용하기도 했다.fig. 35 오토매틱 드로잉이란 자동기술법으로 흔히 번역되는데 작가가 의식을 통제하지 않고 자연스럽게 선을 그어 무의식이 드러나게 하는 자유연상 작업을 의미한다. 초현실주의에 관심이 많았던 잡지는 평양에서 1937년 4월부터 1940년 6월까지 발행된 『단층』(La Dislocation)으로 김병기(金秉驥, 1916–), 문학수, 주현(周現, 본명 이범승[李範昇]) 등이 참여했다. 『단층』

35
1934년에 목일회는 길진섭, 이병규, 송병돈, 구본웅, 이종우, 김용준, 김응진, 황술조 등으로 구성되었으나 1937년에 목시회(牧時會)로 이름을 바꾸게 된다. 구인회는 처음에는 조용만, 유치진, 김유영, 이효석, 이종명, 이무영, 이태준, 김기림, 정지용 등 아홉 명으로 구성되었고 후일 이상, 박태원 등이 들어오면서 회원에는 변화가 있었지만 늘 아홉 명이었다. 이들은 모두 이 시대를 대표하는 문인들이었다.

36
김광균, 『김광균 문집, 와우산』(서울: 범양사, 1985), 177; 권근영, 「서산 구본웅 연구」(석사 논문, 서울대학교, 2002), 31에서 재인용.

37
김기림, 「이상의 모습과 예술」, 『이상선집』(서울: 백양당, 1949).

38
미술가와 문학인과의 교류에 대해서는 『미술이 문학을 만났을 때』, 전시 도록(서울: 국립현대미술관, 2021) 참조.

39
김복진, 「정축 조선미술계 대관」, 『조광』, 1937년 12월.

fig. 34
정현웅, 『삼사문학』 창간호 삽화, 1934년 9월.

fig. 35
김환기, 『삼사문학』 5호 표지, 1936년 10월. 개인 소장. 표지 이미지 ⓒ(재)환기재단·환기미술관

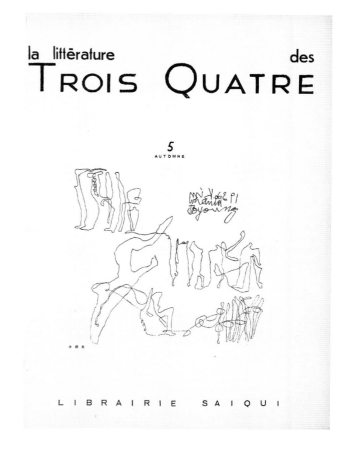

제3호(1938)에는 한스 아르프(Hans Arp, 1886–1966)의 작품이
실려 있고, 자코메티(Alberto Giacometti, 1901–1966), 피카소,
샤갈, 마티스를 소개하고 있다.

　　초현실주의는 일본에서 현실 비판의 통로로 사용되어
추종자가 많았으나 한국 미술가들이 초현실주의를 시도한
경우는 많지 않았다. 문학수의 환상적인 동물 작품들을
일례로 볼 수 있고, 일본의 초현실주의 미술을 대변하던
미술문화협회전에 출품한 김하건(金河鍵, 1915–1951)의
작품도 그러한 시도였다. 김하건의 「항구의 설계」(1942)는
미술문화협회에서 발행하던 『미술문화』에 사진이 실려
있다.[40]fig.36 멀리 펼쳐진 해변에 서 있는 외딴 건물과 책상
위에 놓인 정사각뿔을 비롯한 기하학적 형태들은 일상의
질서와 다른 수수께끼 같은 설정으로 충격을 준다. 함경북도
청진 옆의 경성(鏡城) 출신으로 도쿄미술학교를 나온 김하건은
그 후 한국전쟁 때에 죽은 것으로 알려진다. 미술문화협회전에
출품한 또 하나의 화가는 그동안 잘 알려지지 않았던
화가 김종남(金鐘湳, 1914–1986, 일본 이름 마나베
히데오[眞鍋英雄])으로, 그의 「수변」(水邊, 1941)은 꿈속에서
보이는 듯한 비밀스럽고 환상적인 생명체들과 나무들이
정밀하게 묘사되었다.fig.37 그는 일본에 귀화하여 그곳에서
생을 마쳤다.

40
김영나, 「1930년대의 전위 그룹전 연구」,
101–102.

fig. 36
김하건, 「항구의 설계」, 1942.

fig. 37
김종남, 「수변」, 1941, 캔버스에 유채,
123.5×161cm. 이타바시 구립미술관 소장.

유럽과 미국으로 간 화가들

1920년대에는 식민지에서 받을 수 있는 교육의 한계를 느끼고 유럽, 또는 미국으로 유학을 떠나는 화가들이 하나둘씩 등장했다.[41] 유럽이나 미국 유학은 일본국 비자를 받아야 했기 때문에 쉽지 않았고, 미술가들의 사연은 각기 다양했다. 황해도 만석꾼의 아들이었던 이종우는 1923년에 도쿄미술학교를 졸업하고 귀국했다. 그러나 명월관의 외상 빚이 쌓이자 부친에게 다시 프랑스로 유학을 가야 한다고 말하고 거금 3,000원을 받았다고 한다. 그중 800원으로 빚을 갚은 그는 1925년 파리로 건너가 3년간 지내면서 러시아 출신의 화가 슈레이베르(Grégoire Schreiber, 1889–1953)의 화실에서 그림을 배웠다.[42] 1927년 살롱 도톤의 입선작인 그의 「모 부인의 초상」(1927)은 품격을 느끼게 하는 중후한 초상화로 그가 정밀한 아카데믹한 화풍을 배웠음을 보인다.[43]fig.38

「루앙 풍경」(1926)도 이종우가 파리에서 그린 작품으로 나뭇잎의 붓 터치와 간결하게 묘사된 건물의 윤곽선, 그리고 균형 잡힌 구도에서 세잔의 영향이 보인다.fig.39 그는 「모 부인의 초상」과 「인형이 있는 정물」을 1927년 살롱 도톤에 출품하고 1928년 귀국해 『이종우 귀국전』에 출품했다. 이종우는 그 후 중앙고등보통학교에서 미술 교사도 하고 작품 제작도 했지만, 주목할 만한 작품은 나오지 않았다.

배운성(裵雲成, 1900–1978)은 이종우보다 앞선 1922년에 독일에 가 활발하게 활동한 화가다. 어렸을 때 집안 형편이 어려웠던 배운성은 15세가 되던 해에 전주 출신의 갑부 백인기(白寅基, 1882–1942)의 집에서 서생(書生)으로 생활하면서 고보를 졸업했다고 한다. 그는 백인기의 아들 백명곤이 성악 공부를 하러 베를린에 갈 때 친구 겸 뒷바라지도 하고 자신은 경제학을 공부하기 위해 동행했다고 하는데, 요코하마에서 배를 타고 마르세유를 경유했을 때 방문한 미술관의 경험이 인상 깊었던 것으로 보인다.[44] 그 후 백명곤이 건강이 나빠져 귀국하자 배운성은 그대로 독일에 남아 사립미술학교를 다니다 1925년에 베를린의 순수·응용미술 종합학교로 옮겼다.[45] 1924년에 개교한 이 학교는 바우하우스만큼 혁신적이지는 않지만 상당히 진취적인 미술학교였다. 이 학교에서는 케테 콜비츠(Käthe Kollwitz, 1867–1945)가 1928년부터 5년간 판화를 가르치고 있었고 오스카 슐레머(Oscar Schlemmer, 1888–1943)도 바우하우스를 떠난 후 이곳에서 1년 정도 가르쳤다. 배운성의 스승은 슈피겔(Ferdinand Spiegel, 1879–1950)로 그는 후일 나치가 정권을 잡은 후 농부, 군인, 또는 영웅적인 인체를 주제로 하는 작품을 제작했고 히틀러(Adolf Hitler, 1889–1945)가 가장 중요한 화가들의 명단에 포함시킨 화가이기도 했다.

배운성은 이후 바쁘게 동분서주하면서 유럽의 여러 곳에서 전시 활동을 벌였다. 그는 1927년 살롱 도톤에 입선했고, 1933년에는 23개국 233명이 참가한 폴란드의 바르샤바 국제미전에서 1등상을 수상했으며, 1935년 함부르크 민족학박물관, 1938년에는 파리의 갤러리 샤르팡티에(Galerie Charpentier)에서 개인전을 가지기도 했다. 그의 전시는 대부분 유럽에 있던 일본 외교계의 지원 속에서 이루어졌다. 예를 들면 파리 전시는 일본과 프랑스의 문화 교류를 위해 설립된 일불동지회(Comité Franco-Japonais, 日佛同志會)가 관여해 성사한 것으로 알려졌고, 체코슬로바키아의 전시 역시 일본협회(Japonské Sdruzeni)가 지원했다.[46] 유럽이 전쟁에 휩쓸리면서 1940년에 귀국하기까지 배운성은 독일에서 15년, 프랑스에서 3년을 포함해 18년간 유럽 생활을 했다.

배운성은 독일이 파리를 함락하기 이틀 전에 짐을 싸 귀국하면서 167점의 작품을 파리에 두고 왔다고 밝힌 바

41
김영나, 「한국근대서양화의 대외교섭」,
한국미술사학회, 『근대미술의
대외교섭』(서울: 예경, 2010), 65-
82; 김영나, 「선망과 극복의 대상,
한국근대미술과 서양미술」, 『20세기의
한국미술 2』, 142-163.

42
이지희, 「1920-30년대 파리 유학 작가
연구」(석사 논문, 서울대학교, 2011), 42.

43
살롱 도톤은 1903년 보수적인 살롱전에
대항하기 위해 설립되었고 1920년대에도
진취적인 미술가들의 작품이 전시되었다.

44
배운성, 「벙어리 화백과 부르노 고성에서」,
『문화일보』, 1947년 3월 19일 자.

45
Vereinigte Staatsschulen für Freie
und Angewandte Kunst. 이 학교는
1924년에서 1939년까지 지속되었다. 후일
여러 번 교명이 바뀌었고 현재의 베를린
미술대학교(Universität der Künste
Berlin)다.

46
신민정, 「배운성의 파리 시기—잡지
『프랑스-자퐁』과의 관계를 중심으로」,
『한국근현대미술사학』, 42집(2021):
294-308; 프라하에서 1936년에 열린
개인전에 대해서는 다음 참조. Jaroslav
Olša, Jr., "The Korean Painter Pae
Un-sŏng(Unsoung Pai) and His
1936 Exhibition in Czechoslovakia,"
*Transactions of the Royal Asiatic Society,
Korea Branch*, vol. 90 (2016): 95-116.

fig. 38
이종우, 「모 부인의 초상」, 1927, 캔버스에
유채, 78×63cm. 연세대학교 소장.

fig. 39
이종우, 「루앙 풍경」, 1926, 캔버스에
유채, 64×48cm. 국립현대미술관 소장.

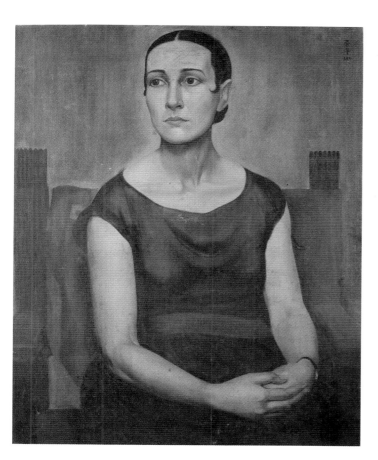

있다. 이러한 이유에서 그의 유럽 체재 시기의 작품은 그동안 알려지지 않았다가 최근 파리에서 그 일부로 추정되는 48점이 발견되었다.[47] 그중 하나인 「가족도」는 1930-1935년 사이에 제작된 것으로 추정되는데, 대가족이 한자리에 모여 있는 화면으로 인물들이 모두 부동적인 자세로 정면을 응시하고 있다.[48]fig.40 이 작품은 마치 사진관에서 찍는 가족사진을 연상시켜 한국에서 가져간 사진을 참고하지 않았을까 추측해 본다. 「가족도」가 화가 자신의 가족을 그린 것인지 아니면 백인기의 가족을 그린 것인지는 확실하지 않지만, 이 가족 초상화는 서열을 매우 중요시하고 있다. 장손을 무릎에 안고 있는 할머니를 중심으로 어머니가 중앙에, 그리고 주변에는 친척들이 배치되어 한국의 유교적 가정의 위계가 그대로 드러난다. 배운성은 많은 인물을 하나의 화면 안에 구성하기 위해 앞에 서 있는 사람들 뒤로 대청마루에 앉아 있거나 방에서 내다보는 인물들을 배치하고 창 너머엔 풍경을 그려 넣었는데, 이러한 구성은 북유럽 르네상스 회화에서 자주 사용하던 방법이다. 배운성 자신도 화면 맨 왼쪽에 흰 두루마기를 입고 구두를 신고 나타난다.

배운성은 자화상을 여러 점 그렸는데 현재 독일의 베를린 민족학박물관에 소장 중인 「자화상」(1930-1936)은 수수께끼 같은 그림이다.[49]fig.41 배경에는 고전주의적 건물의 아치가 있고 공간 깊숙이 들어가는 층계가 보인다. 배운성은 붉은 갓을 쓴 박수무당으로 자신을 그렸지만 무관의 복식을 하고 왕족의 예복에 사용하는 흉배를 하고 있다는 사실이 지적되었다.[50] 흉배 위에 태극 문양과 일본 국기 문양을 같이 그렸다는 점은 한국인이 일본인 여권을 가지고 독일에 와, 동양인으로서 서양에서 작품 활동을 하는 자신을 박수무당이라는 또 하나의 정체성으로 표현한 것이 아닌가 하고 추측하게 된다. 그의 작품들은 늘 동양과 서양이 혼합되었다는 평을 들었는데 이 「자화상」에서 옅은 물감으로 바른 파스텔 색조와 선의 강조는 유럽에서는 동양적으로 보였을 것으로 판단된다. 배운성도 자신의 작품이 동서양을 잘 조화시킨 그림이라고 호평을 받아 왔다고 유럽의 평을 소개했다.[51] 그가 작품에 한국적 소재를 자주 사용한 것은 유럽인이 기대하던 신비스러운 동양의 이국성(異國性)에 부합하는 것일 수도 있다. 그러나 1936년에 있었던 체코슬로바키아의 전시 리뷰에서는 배운성이 지나치게 유럽화되어 그들이 기대했던 동양적 색채를 찾을 수 없다는 언급도 있어 흥미롭다.[52] 한국인 화가로는 처음으로 동서를 넘나든 화가였다고 할 수 있는 배운성의 작품에서는 이렇듯 한국, 일본, 유럽의 문화가 서로 융합하거나 충돌한다.

한국적인 인물을 르네상스 미술의 도상이나 주제와 결합하는 시도는 여러 작품에서 보이는데 그의 긴 유럽 체재를 돌이켜보면 이해가 된다. 「귀가」(1930년대)fig.42에서 멀리 펼쳐지는 파노라마 같은 겨울 설경은 브뤼헐(Pieter Bruegel the Elder, 1525-1569)을 연상시키는데 자세히 살펴보면 말을 탄 인물은 한국의 갓 비슷한 모자를 쓰고 있다. 배운성은 나귀를 탄 선비가 동자를 앞세워 산속의 길을 가는 전통 서화의 기려도(騎驢圖)를 생각하고 그렸을 수도 있다. 「여인과 두 아이」(1930년대)에서 그는 한복을 입고 머리 뒤에 후광이 보이는 여인(마리아)과 무릎 위에 앉은 아기(아기 예수), 그리고 그 옆에 동자(세례 요한)가 있는 성모자상의 한국적 번안을 그렸다.fig.43 18년을 유럽에서 지낸 배운성이 동시대의 현대 미술운동인 표현주의, 다다, 구성주의 등의 아방가르드 실험미술보다 르네상스 미술에 더 큰 관심을 가졌던 점을 어떻게 설명할 수 있을까? 어쩌면 그가 머문 1920년대와 1930년대의 독일은 정치적 사회적으로 혼란스러운 시기였고, 나치 독일이 모더니즘 미술을 배척한 것도 그가 보수적인 그림을 그린 이유 중의 하나가 아닐까 추측해 본다.

유럽과 미국에서 공부한 화가들은 대부분 유학 후 곧 귀국한 데 비해 배운성은 오랫동안 유럽에서 활약한 거의 유일한 화가였다. 그는 유럽에 있을 때부터 국내 언론에 자주 소개되었고 1944년에는 귀국 개인전을 미츠코시 경성지점 5층 화랑에서 가졌다. 31점을 출품한 이 전시회에는 미나미 지로(南次郎, 1874-1955) 조선총독부 총독 초상화도 포함되어 있었다.[53] 그에 대한 평가는 엇갈렸다. 화가 박고석은 유화의 정통성을 바탕으로 색채의 양과 광채의 위력을 마음대로 밀착시키는 능력은 화단의 귀감이 될 것이라고 말했다.[54] 윤희순은 아직 향토를 화제로 하기에는 시간이 필요한 것 같다고 지적하면서 동서양의 분위기의 상이함에 대한 반성이 필요하다고 평했다.[55]

유명한 가톨릭 집안에서 태어난 장발(張渤, Louis Pal Chang, 1901-2001)이 화가가 되기로 결심한 것은 휘문고보에서 고희동의 지도를 받은 후였다. 그는 1920년에 도쿄미술학교에 입학했으나 중퇴하고 뉴욕으로 갔는데 아마 이미 미국에 가 있었던 맏형 장면(張勉, 1899-1966)의 권유 때문으로 보인다.[56] 장발은 처음에는 뉴욕의 국립디자인아카데미(National Academy of Design)에 다니다 1923년에 미국의 콜롬비아 대학의 사범대학 내 실용미술학교의 미술과에 비학위 과정으로 등록하고 수학한 것으로 알려졌다.[57] 그는 1925년에 형 장면과 함께 바티칸에서 열린 '조선 79위 순교복자 시복식'에 참석하면서 그곳에서 본 성화들에 감명을 받고 귀국했다. 그의 종교 미술에 대한 열정은 이미 도쿄미술학교 유학 당시부터로, 서신 연락을 통해 뮌헨의 그리스도교 미술협회 회원으로 가입하고 협회의 간행지인 『그리스도교

47
전창곤 대전 프랑스문화원장이 1999년에
파리에서 발견하고 수집하였다고
알려진다.

48
김영나, 「선망과 극복의 대상,
한국근대미술과 서양미술」, 149.

49
배운성은 1936년 체코슬로바키아의
프라하와 독일의 브르노에서 2월과
6월에 개인전을 가졌다. 저명한 미술
평론가 도나트(Adolph Donath)가 기획한
브르노 전시에 포함된 「자화상」은 '카니발
의상을 입은 자화상'(Selbstbildnis
im Faschingskostüm)'이라고 도록에
소개되어 있다. Ausstelllung des
koreanischen Malers Unsoung Pai, exh.
cat. (Brünn: Mahrischer Kunstverein,
1936), 55.

50
김미금, 「배운성의 유럽체류시기 회화
연구 1922–1940」(석사 논문, 홍익대학교,
2003), 42–43.

51
「예술가 동정」,『삼천리』, 1940년
12월–1941년 1월, 110.

52
Jaroslav Olša, Jr., "The Korean Painter
Pae Un-sŏng," 101, 104.

53
김복기, 배운성 연보, 『배운성』, 전시
도록(경기: 국립현대미술관, 2001), 26.

54
박고석, 「유화의 정통성—배운성 씨의
예술」, 『경향신문』, 1948년 12월 20일 자.

55
윤희순, 「배운성 개인전평」, 『매일신보』,
1944년 6월 7일 자.

56
장면은 1960년에 출범한 제2공화국에서
국무총리를 하다 4.19 혁명으로 물러났다.

57
조윤경, 「장발의 생애와 작품 활동에 대한
연구: 가톨릭 성화를 중심으로」(석사 논문,
서울대학교, 2000), 8.

fig. 40
배운성, 「가족도」, 1930–1935년 사이,
캔버스에 유채, 140×200cm. 개인 소장.

fig. 41
배운성, 「자화상」, 1930년대, 캔버스에
유채, 55×45cm. 베를린 민족학박물관
소장.

fig. 42
배운성, 「귀가」, 1930년대, 캔버스에 유채,
110×160cm. 개인 소장. 이미지 제공:
융갤러리.

fig. 43
배운성, 「여인과 두 아이」, 1930년대,
캔버스에 유채, 72×60cm. 개인 소장.
이미지 제공: 융갤러리.

미술』(Die christliche Kunst) 잡지를 구독하면서 관심을 키워 온 바 있었다.[58]

장발의 미술에 큰 영향을 준 것은 한국에 있을 때부터 알고 있었던 독일 베네딕도회에 속하던 보이론(Beuron) 화파의 종교화였다. 19세기 말 독일 남부 바덴-뷔르템베르크의 작은 도시 보이론의 수도원에서 시작한 보이론 화파는 비잔틴이나 중세 종교화와 같이 엄숙한 양식을 고수한 그룹이었다. 수사 데시데리우스 렌츠(Desiderius Lenz, 또는 Peter Lenz, 1832–1928)에 의해 창시된 보이론 화파는 사실주의를 배척하고 중세적인 평면적이고 엄숙한 종교화를 추구했다. 장발이 보이론 화파에 대해 관심을 갖게 된 것은 아마 1909년 이후 한국에 진출해 있던 베네딕도회 오틸리엔(Ottilien) 수사들을 통해서가 아닌가 추정된다. 장발은 『가톨릭 청년』(1934)에 보이론 화파는 "모든 형체를 단순화함으로 신격 혹 인격을 보다 고상하게 하고 정연히 부동의 세를 취함으로써 일층 엄숙하게" 하는 미술이라고 설명하기도 했다.[59] 그는 이러한 양식으로 명동성당에 「14 종도상」(1926)fig.44과 「성녀 김 골롬바와 아네스 자매」(1925)fig.45를 그렸다.

「14 종도상」은 성당의 동쪽 끝에 있는 반원형의 애프스(apse) 공간의 벽감 같은 뾰족한 아치 속에 부착된 벽화 형태이지만 캔버스에 유화로 그린 작품이다. 그림에서 열네 명의 제자들은 세 명씩 짝을 이루고 있고 베드로와 바울은 중앙에 위치한 성모자의 양옆에 배치되어 있다. 모두 부동의 자세로 정면을 바라보고 있는 이들은 푸른 평면적인 배경 속에 강한 윤곽선과 색채로, 멀리서도 구별할 수 있게 그려졌다.[60]

「성녀 김 골롬바와 아네스 자매」에서 두 성인 역시 약간 경직된 자세를 취하고 있다. 오른쪽의 김 골롬바(김효임, 26세)와 왼쪽의 아네스(김효주, 24세) 두 성녀는 1839년 기해박해(己亥迫害) 때에 경기도 고양 용머리에서 관군에 체포되어 그해 9월 참수되었고, 1925년 바티칸에서 시복(諡福)되었다. 이들은 서양의 종교화에 흔히 등장하는 순결과 순교를 상징하는 백합이나 종려나무 가지를 들고 있어 장발이 기독교 종교화의 도상에 매우 익숙함을 알려 준다. 장발은 이외에도 신의주 성당에 「성신강림」(1928), 평안북도 비현성당의 「예수 성심상」, 그리고 평양 서포성모회 수녀원에 「복녀 김골롬바와 아네스 치명(致命)」(1940)을 그렸다고 알려졌다. 경건함과 엄격함에서 르네상스보다는 이전의 중세적 표현에 끌렸던 장발의 종교화 양식은 해방 후 그에게 영향을 받았던 조각가 김세중(金世中, 1928–1986)의 종교적 조각으로 계승되었다.

임용련의 경우도 파란만장한 유학 과정을 겪었다. 그는 배재중학 3학년 때 3.1 운동에 참가했고 일본 경찰에 쫓기게 되자 상하이로 가서 1919년부터 2년 동안 난징의 진링대학(金陵大學)을 다녔다. 그 후 그는 중국인으로 보이기 위해 임파(任波, Phah Gilbert Yim)라는 가명으로 중국 여권을 발급받아 미국 시카고로 떠났다.[61] 1926년 임용련은 아트 인스티튜트 오브 시카고(Art Institute of Chicago)를 졸업한 후 예일 대학교 미술대학에 편입해 1929년에 졸업했다. 이때 그는 졸업 미술전에서 특상을 받고 1등 졸업생에 주는 윈체스터 장학금을 받아 1년간 유럽에 머물렀는데 이 장학금의 수혜자는 유럽의 여러 국가를 방문하고 작품 두 점을 모교로 보내는 조건이었다. 파리에 간 임용련은 1930년에 그곳에서 미술 유학생이었던 백남순(白南舜, Joanna Paik, 1904–1994)을 만나 결혼을 한다. 백남순은 1923년에 도쿄의 여자미술전문학교 양화과로 유학을 갔으나 관동 대지진으로 중퇴하고 돌아왔다가 다시 1928년에 24세의 나이로 파리 유학을 떠났던 재원이었다. 두 사람은 파리 근교의 에르블레에서 살았는데 「에르블레 풍경」(1930)은 바로 여기서 탄생한 작품이다.fig.46

1930년 11월 5일부터 9일까지 서울의 동아일보사 옥상 전시실에서는 한국의 첫 양화가 부부인 임용련과 백남순의 귀국 전람회가 열렸다. 그 부부전에는 임용련의 「십자가」와 백남순의 「남편의 초상」을 비롯해 작품 82점이 전시되었다. 이 전시를 본 춘원 이광수는 『동아일보』 11월 8일 자에 다음과 같이 기고했다. "장에 들어가서 처음으로 인상되는 것은 양씨의 화풍의 진실함이다. 모든 자연과 인생에 대한 엄숙한 관찰과 그것의 성실한 표현이요, 추호도 이른바 예술가적 희롱이 없다는 것이다. 취재나 구도나 색채나 운필이 가작(假作)이 없고 무리가 없고 모두 천연스럽고 조심스럽다는 것이다."[62]

이 전시에 포함된 것으로 알려진 「십자가」(1929)는 격렬한 감정 표현이 인상적인 연필 드로잉으로 예일 대학교를 졸업할 무렵 그린 것으로 보인다.fig.47 세심하게 그려진 이 작품은 서양미술사의 십자가형 관례를 따르고 있지 않다. 우선 그리스도는 나무 위에 축 늘어져 매달려 있고, 막달라 마리아는 그의 두 다리를 잡고 비통해한다. 머리에 후광이 감돌고 있는 마리아는 주저앉아 슬퍼하는데 그 옆에 무릎을 꿇고 두 손을 위로 올리고 있는 남성 누드는 아마도 사도 요한으로 추정된다. 애도하는 여러 인물은 마치 고딕 작품이나 독일의 빌헬름 렘브루크(Wilhelm Lehmbruck, 1881–1919)의 조각처럼 신체가 감정적으로 길게 왜곡되어 있어 신비스럽고 표현적인 분위기를 나타낸다. 무엇보다 임용련은 예일 대학교에서 스승 유진 새비지(Eugene F. Savage, 1883–1978)의 영향을 받았다. 당시 토머스 하트 벤턴(Thomas Hart Benton, 1889–1975)의 영향을 받았던 새비지는 1930년대 미국에서 있었던 벽화 운동에 참여한 화가로서 인체 중심의 벽화를 제작했는데 「박카날(4계절)」(Bacchanal, 1920년경)과 같은

58
이구열, 「한국의 가톨릭 미술」,
『근대한국미술사의 연구』(서울: 미진사,
1992), 165.

59
장발, 「보이론 예술」, 『가톨릭 청년』, 2권,
2호, 1934년, 52–55.

60
이러한 구성은 석굴암의 내벽 원형 구조의
부조를 참작했다는 의견도 있다. 이구열,
「한국의 가톨릭 미술」, 『근대 한국미술사의
연구』(서울: 미진사, 1992), 165.

61
임대웅, 「그리운 내 어머니, 나의
모친 '해농 백남순' 화백의 회고전을
준비하면서」, 『건강과 아름다운 삶』, SYK
Korean American Community Center,
2013년 11/12월, 13. 임대웅은 임용련과
백남순의 아들로 미국에서 의사로 개업
중이다.

62
이광수, 「임용련, 백남순 씨 부처전
소인(素人) 인상기」, 『동아일보』, 1930년
11월 8일 자.

fig. 44
장발, 「14 종도상」, 캔버스에 유채, 1926,
각 227×70cm. 명동성당.

fig. 45
장발, 「성녀 김 골롬바와 아녜스 자매」,
1925, 캔버스에 유채, 69.5×49.5cm.
한국천주교순교자박물관 소장.

fig. 46
임용련, 「에르블레 풍경」, 1930,
카드보드에 유채, 24.2x33cm.
국립현대미술관 소장.

fig. 47
임용련, 「십자가」, 1929, 종이에 연필,
37×32.5cm. 국립현대미술관 소장.

fig. 48
유진 새비지, 「박카날(4계절)」, 1920년경,
캔버스에 금동잎과 템페라와 카제인,
61×50cm. 인디애나폴리스 미술관 소장.
© Eugene Francis Savage.

작품에서도 몸을 뒤틀고 구부린 인체들이 보인다.**fig.48**

백남순은 파리에 살면서 처음에는 아카데미 그랑
쇼미에르 화실에 다니다 다시 아카데미 스칸디나브(Académie
Scandinave)로 옮겼다.**63** 그의 작품들은 보수적인
살롱데자르티스트프랑세(Salon des Artiste Français)와
살롱데튈르리(Salon des Tuileries)에 입상하기도 했다.**64**
귀국 후 백남순이 1931년 오산학교에 부임한 임용련과 함께
평안북도 정주에 살면서 친구의 결혼 기념으로 선물한 작품이
「낙원」(1936년경)으로, 현재 그의 해방 이전 제작으로는
유일한 작품으로 남아 있다.**65fig.49** 백남순은 동양적인
8폭 병풍에 유화로 그려 동서양의 융합을 시도하고 있다.
「낙원」에는 기암절벽 같은 환상적인 풍경 속에 누드나 약간의
옷을 걸친 인물들이 여기저기 배치되어 있다. 자연과 인간의
평화로운 공존은 서양미술에서는 '황금시대'(Golden Age)의
주제로, 동양에서는 이상향의 주제로 많이 다루어졌지만,
「낙원」에서 광활한 자연에 대비되어 작게 그려진 인물의
구성은 동양화에 더 가깝다고 할 수 있다. 상상의 주제를
심산유곡에 폭포와 동양적 누각, 서양적 건물, 금발의 여인,
야자수 등을 포함해 화폭에 펼친 백남순의 시도는 이 시기의
화가들 가운데 단연 돋보인다. 풍경 속의 인물이라는 소재에서
백남순은 아카데미 스칸디나브에서 배웠던 프랑스 화가 오통
프리에즈(Emile Othon Friesz, 1879–1949)의 영향을 보인다.
노르망디 출신의 프리에즈는 조르주 브라크와 함께 야수파
그룹에 속했으나 그 후 세잔의 「수욕도」(Les Baigneuses)의
영향을 받으면서 풍경과 인물이 복합된 「가을의 노동」(Le
Travail à l'Automne, 1908)**fig.50**과 같은 작품을 여러 점
제작했다. 프리에즈의 작품은 추수하는 남녀의 율동적인
운동감과 강한 윤곽선으로 강조한 인체의 입체감, 그리고
야수주의적인 원색의 색채로 수확의 활기와 풍요로움을
표현한다. 「낙원」에서도 인체를 선으로 정의하고 있고, 특히
가운에 서서 그물 비슷한 것을 가지고 있는 남자의 강한
어깨와 자세는 프리에즈의 「가을의 노동」의 오른쪽에서 세
번째 인물과 유사하다.

위에서 살펴본 바와 같이 유럽이나 미국에서 공부한 화가들이
동시대에 절정을 이룬 모더니즘 미술에는 별로 관심을 갖지
않았다는 사실은 주목해야 할 부분이다. 어쩌면 서양미술의
기본에 더 충실하고자 했을 수도 있고, 배운성이나 임용련의
경우 둘 다 1930년대의 사실주의 화풍을 구사한 화가들에게
배웠던 것도 그 이유의 하나였다고 보인다. 이것은 한편
이들이 당시 추상미술과 재료 실험이 한창이던 유럽의
모더니즘 미술의 현장에는 들어가지 못했다는 것을 시사하는
것이기도 하다. 오히려 동시대의 모더니즘 미술에 대한 정보는

일본에서 유학한 화가들이 더 밝았다. 또 유럽이나 미국
유학생들은 귀국하고서도 특별한 활동을 하거나 영향력을
발휘하지 못했다. 이종우는 귀국 후 작품 활동을 많이 하지
않았고, 장발은 주로 종교화를 그렸으며, 배운성이 독일에서
귀국한 1940년에는 이미 태평양 전쟁 중으로 거의 활동을
할 수 없었다. 배운성은 해방 후 홍익대학교 미술과의 초대
학과장을 지냈으나 조선미술가동맹에서 활동하다 1950년에
월북했다. 임용련의 경우 1948년 대한민국 정부가 들어선 후
서울세관장으로 있었으나 한국전쟁 중에 납북되고 말았고,
백남순은 그 후 미국에 가서 여생을 마쳤다.

63
이지희, 『1920-30년대 파리 유학 작가 연구』, 49.

64
「첫 부부화가 백남순 여사」, 『계간미술』, 18호, 1981년 여름, 24.

65
낙원이라는 제목은 평론가 이구열이 뉴욕에 살고 있던 백남순을 방문했을 때 작가와 협의 끝에 붙였다고 한다.

fig. 49
백남순, 「낙원」, 1936년경, 166.8×367cm, 캔버스에 유채. 이건희 컬렉션.

fig. 50
에밀 오통 프리에즈, 「가을의 노동」, 1908, 200.5×250cm, 캔버스에 유채. 노르웨이 국립미술관 소장.

사진과 건축

예술로서 사진

사진기는 아직 고가였지만 1930년대에는 이스트만 코닥사의 베스트 포켓 카메라와 건판 필름이 공급되면서 취미로 사진을 찍는 아마추어 사진가들의 활동이 활기를 띠고 있었다. 이들 중에는 일본 유학을 갔다가 사진에 취미를 가지게 되거나 사진 학교를 다닌 사람들도 꽤 있었다. 부유한 한약방 아들로 도쿄외국어대학교에서 독일어를 전공한 후 사진에 관심을 가지게 된 정해창(鄭海昌, 1907–1967)이나 동양대학 문화학과를 다니다 다시 도쿄사진전문학교(현 도쿄공예대학)를 다닌 신낙균(申樂均, 1899–1955)이 그 대표적인 예이다.

사진가들의 모임으로는 이미 영업 사진사들 중심으로 1926년에 경성사진사협회가 있었다. 이들은 신낙균에게 인화법을 배우기도 하고 명암이나 톤을 조절해 영업용 초상 사진에 적용하는 등 사진의 변화에 적응하려고 노력하고 있었다. 신낙균은 『사진학 개설』(1928)이라는 책을 써 보급하기도 했다. 아마추어 사진가들은 따로 경성사구회(京城寫究會)를 1933년에 결성했고 수백 명의 회원이 모였다. 이들은 자신을 사진관 영업을 하는 직업적인 사진사와 차별화하고 싶어 했다. 이들의 활동 중심은 주로 신문사가 주최하는 공모전이었다. 공모전으로는 사진 단체들이 하나로 통합된 전조선사진연맹과 총독부 기관지였던 『경성일보』가 공동 주최하는 조선사진전람회가 1934년에서부터 1943년까지 열렸다. 대부분 일본인이었지만 첫 회에는 500여 점이, 3회에는 1,200점 정도 출품되었고 그중 약 100점이 입선되어 그 열기를 짐작할 수 있다. 이외에 『조선중앙일보』는 '전조선현상사진모집', 『조선일보』는 '납량사진현상모집', 『동아일보』는 '예술사진모집' 등 여러 차례 공모전을 개최하였다. 1930년대 후반에는 전국에 아마추어 사진 단체가 70개 이상 있었고 회원 수도 1,000여 명에 이르렀다.

아마추어 사진작가들이 주도하던 사진의 경향은 서양에서 1880년대에서 1910년대까지 유행한 픽토리얼리즘(Pictorialism)으로, 일본에서 '예술사진'으로 번역되었고 한국에서도 그대로 사용되었다. 픽토리얼리즘은 사진이 기록과 기념을 하는 기술이고 예술은 아니라는 초창기의 인식에서 벗어나기 위한 움직임이었다. 픽토리얼리즘 작가들은 사진을 예술의 경지로 끌어올리기 위해 회화적인 분위기를 강조하는 등 그림과 같은 효과를 주는 여러 가지 방법을 고안했다. 예를 들면 명암이나 톤을 조작하고 인화 과정에서 세부 묘사를 흐리게 하는 연초점(軟焦點)을 사용해 대상의 주위가 부드럽게 나타나게 했는데 이러한 사진을 흔히 살롱 사진으로 불렀다. 픽토리얼리즘의 영향으로 한국의 예술사진도 이제까지의 초상 사진 중심에서 벗어나 분위기 있는 풍경 사진이 주가 되었다.

예술사진을 찍은 대표적인 사진작가로는 정해창, 신낙균, 민충식(閔忠植, 1890–1977), 임응식(林應植, 1912–2001)이 있었다. 정해창은 1929년에 광화문 빌딩 2층에서 사흘 동안 50점의 작품으로 『예술사진 개인전람회』를 열었는데 이 전람회가 최초의 개인 사진전이었다. 그는 전시 제목에 예술사진이라는 용어를 사용하면서 언론의 주목을 받았고 예술사진을 인식시키는 데 중요한 역할을 했다. 카메라 앵글을 다양하게 한다든지 피그먼트 인화 기법을 사용한 그의 사진은 이제까지 보던 사진과 차이가 있었다. 「무제(여인)」(1929–1941)와 같은 작품에서는 얼굴을 화면 가득히 클로즈업하고 주변을 흐릿하게 해 생생한 표정을 살렸다.fig.51 이러한 사진은 정면상에 인물 전체에 명확하게 초점을 맞춘 사진관 초상 사진과는 매우 달라 보였다.

주목할 만한 점은 사진기라는 근대적 기술을 사용하고 인상주의 회화처럼 우연하게 포착한 풍경과 인물을 보여 주면서도 산수화, 수하미인도, 풍속화와 같은 전통적인 동양화의 주제를 계승했다는 점이다. 정해창의 「풍경」(1930년대)은 지평선을 화면의 3/5 정도에 설정하고 공간감을 강조해 한 폭의 순수한 동양화처럼 서정적이며 목가적이다.fig.52 감상적이면서 평화롭고 한가로운 그의 풍경은 과거에 대한 노스탤지어를 자아내는데 이러한 그의 사진은 1930년대 조선미술전람회에 많이 입선한 향토색 회화와 같은 맥락으로도 볼 수 있다.

동시대의 서구의 사진은 더는 회화적 표현에 의존하지 않고 실험 사진을 시도하고 있었다. 1920년대부터 만 레이나 모호이너지 등은 물체를 감광판에 놓고 직접 노출시키는 포토그램(photogram)을 실험해 추상적인 이미지를 만들거나 극단적인 클로즈업을 시도하기도 했다. 이러한 모더니즘 사진 추세에 대해 『동아일보』 1930년 9월 5일 자의 '첨단을 걷는 예술양식'이라는 제목의 기사에는 인물이나 풍경만을 박는 것도 옛날 일이라고 하면서 카메라 없이 사진을 제작한 만 레이의 포토그램을 소개하고 있다. 일본에서는 이미 이러한 실험에 영향을 받은 전위 사진들이 시도되고 있었고 화가이자 사진가인 조우식(趙宇植)이 국내 신문이나 잡지에 이들을 소개하기도 했다. 그는 사진작가 주현과 더불어 『2인전』을 1939년 7월에 경성제국대학 갤러리에서 가졌다. 이 전시에 포함되었던 것으로 추측되는 「포토그램」(1939-1940)에서는 그의 실험 의식을 엿볼 수 있다.66 fig.53 아쉽게도 조우식과 주현의 해방 이후의 행방은 알려지지 않고 있으며 사진계에서 사라졌다. 이외에 부산의 여광사진그룹부에서 일본인 사진가들에게 사진을 배웠던 임응식이 1933년경 인화지에 피사체를 올려놓고 광원에 노출하는 실험을 한 「습작 3」 등 몇 점의 포토그램 사진을 남겼다. 그의 당시 사진들은 기하학적 형태를 서로 겹치게 하거나 흑백의 대조에 의한 환상적인 효과를 주는 추상적 구성을 보인다.

사진은 이제 신문과 잡지의 발행이 활발해지면서 대중화되기 시작했다. 무엇보다도 시야의 강력한 확장이라는 면에서 매력적인 분야는 보도사진이었다. 1896년에 『독립신문』이 처음 발간되면서 목판이나 석판으로 주로 초상 사진들을 실었던 신문은 이제 일상적인 장면이나 뉴스를 사진과 곁들여 보도하고 있었다. 신문에 실리는 사진들은 개인보다는 집단이나 군중의 모습이 많았다. 신문의 사진은 도시 생활의 이모저모, 계절에 따라 변화하는 풍경, 스포츠, 집중 호우, 정치적 사건이나 소비의 이미지와 정보를 전달했다. 더 멀리, 더 많이 기록할 수 있는 사진의 능력은 특히 항공사진에서 위력을 발휘했는데 문치장(文致障, 1900-?)은

이 분야에서 개척자였다. 조선총독부 산림과의 조수로 일한 그는 그 후 『동아일보』와 『조선일보』의 사진기자로 있으면서 비행기에서 항공사진들을 찍었다. 동아일보에 실린 「신록의 대경성부감기」(1933)에 곁들인 그의 사진은 경성의 주요 지역을 창공에서 아래를 내려다보는 시점이나 아래에서 위를 올려보는 시점, 클로즈업이나 잘라내기 같은 방식으로 찍어 새로운 시각을 경험하게 하였다.

모더니즘 건축의 수용

모더니즘 건축은 장식이 없는 순수한 형태를 고집하고, 합리적이고 깨끗하며, 기능적인 환경과 사회를 창조하려는 바우하우스를 중심으로 1930년대에는 이미 국제적으로 퍼져 가고 있었다. 모더니즘 건축의 중요한 특징은 지역성을 넘어서는 인류 보편적인 가치의 추구와 기능주의, 과학기술과 새로운 재료의 수용이다. 한옥, 양옥, 일본식 건물이 혼재되어 있던 1930년대 경성에서도 예전의 관공서에서 보이던 비슷비슷한 고전주의적 건물과는 다른 새로운 모더니즘 건축의 재료와 기술이 적용되기 시작했다. 공공 건물의 경우 총독부 상공장려관(1929)을 필두로 경성의학전문학교 부속병원(1933, 현 국립현대미술관 서울관 부지), 단성사(1934)를 모더니즘 건축의 예로 들 수 있다.

새롭고 다양한 건축 양식이 소개된 주목할 만한 행사는 '시정 20주년 기념'이라는 표제로 1929년 9월 12일부터 10월 31일까지 열린 조선박람회에서였다. 약 100만 명이 관람했던 조선박람회는 1915년에 열렸던 『조선물산공진회』처럼 경복궁에서 열렸다. 전시관 건물은 직영관, 한국의 각 도와 일본의 각 부, 현의 특설관, 그리고 일본의 미쓰비시나 스미모토와 같은 민간 기업 특설관으로 구성되었다. 직영관은 주최 측의 기획 아래 한국의 전통 양식으로 통일해 지어졌으나 특설관들은 해당 지역 행정 기구와 협찬 기업에 따라 각기 다른 양식을 선보였다. 이들 특설관에서는 모더니즘 양식이 다양하게 시도되었다. 도쿄관fig.54이나 경상남도 특설관fig.55에서는 수평적으로 반복되는 창문, 흰 벽, 기능 위주의 공간, 지역적 특수성이나 역사와 상관없는 기하학적 형태의 국제 양식이 대거 적용되었다.

『조선박람회기념사진첩』에는 문화주택 모델 세 채가 소개되어 있다.fig.56 이 주택들은 조금씩 다르지만 대체로 지붕의 경사가 완만하고, 외부는 벽돌, 회벽이나 돌을 사용하고 큰 창을 달았으며, 내부에는 온돌과 다다미를 모두 사용했고, 2층 베란다를 갖추고 있다. 1920년대부터 소개된 문화주택은 기본적으로 도시 중상류 계층을 위한 가족 중심의 소주택 공간으로 부엌과 화장실을 위생적으로 개선해 화제의 대상이 되었고 잡지 등에 많이 소개되었다. 문화인이

66
조우식, 「전위사진에 대하여」,
『조선일보』, 1940년 7월 6일 자; 권행가,
「자유미술가협회와 전위 사진: 유영국의
경주 사진을 중심으로」, 『미학예술학연구』,
51집(2017): 175에서 재인용.

fig. 52
정해창, 「풍경」, 1930년대, 젤라틴 실버
프린트. 한국사진사연구소 소장.

fig. 53
조우식, 「포토그램」, 1939-1940. 출처:
권행가, 「자유미술가협회와 전위 사진:
유영국의 경주 사진을 중심으로」,
『미학예술학연구』, 51집(2017).

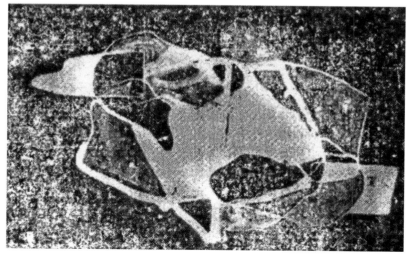

사진과 건축

fig. 54
『조선박람회기념사진첩』(1929)에
실린 조선박람회 도쿄관. 출처:
서울역사박물관.

fig. 55
『조선박람회기념사진첩』(1929)에
실린 조선박람회 경상남도관. 출처:
서울역사박물관.

fig. 56
『조선박람회기념사진첩』(1929)에 실린
문화주택. 출처: 서울역사박물관.

fig. 57
홍난파 가옥, 1930. 출처: 문화재청.

fig. 58
박길룡, 보화각(현 간송미술관), 1938.
출처: 문화재청.

거주한다는 의미에서 문화주택으로 불린 이러한 집들은
일본에서는 관동대지진 이후 활발하게 건립되었다.

문화주택이 많이 건설된 지역은 혜화동, 후암동, 충정로,
신당동 부근이었다. 홍파동의 「홍난파 가옥」(1930)도 이러한
예의 하나인데 독일인 선교사가 지은 집을 작곡가 홍난파가
구입했다.fig.57 급경사의 빨강 기와를 얹은 지붕과 유리 창문을
내고 테라스를 갖추었으며, 내부에는 의자 생활을 하는 거실과
부엌, 지하실 등이 있었다. 문화주택은 실내에 커튼이나
등나무 가구를 들여놓는 등 서양식 주거 생활을 적극적으로
도입하거나 절충해 새로운 주거 형태로 받아들여졌다.

1930년대에는 건축이 기능에 따라 형태가 다르게
설계되어야 한다는 인식이 조금씩 자리 잡으면서 일본인과
조선인이 운영하는 건축 사무소가 우후죽순 들어섰다. 이들은
주로 극장, 백화점, 사무소와 같은 상업 건축이나 개인 주택을
설계했다. 일본을 통해 프랭크 로이드 라이트(Frank Lloyd
Wright, 1867–1959)나 브루노 타우트(Bruno Taut, 1880–
1938)의 영향을 보이는 서구 모더니즘 건축 양식이 등장하기
시작한 것도 이 무렵이었다. 무엇보다 큰 변화는 벽돌을
선호한 이전 건물과는 다르게 철근 콘크리트를 사용하여
무거운 벽체가 많이 사라졌고, 커다란 창을 내거나 타일을
사용해 넓고 개방된 내부 공간이 가능해졌다는 점이다.

한국인으로 돋보이는 활약을 한 건축가는 박길룡이었다.
박길룡은 경성공업전문학교 출신으로 조선총독부에서
일하다 1932년 건축 사무소를 내고 거부 박흥식이 건립한
화신백화점(1937년 완공, 1987년 철거)을 설계해 각광을 받은
바 있다. 종로 네거리에 위치한 화신백화점은 외형적으로는
모더니즘 건축이라고 할 수 있지만 기둥에 코린트식 몰딩을
하는 등 장식 처리를 해 사실은 절충적 건물이라고 볼 수
있다. 박길룡의 대표적인 모더니즘 건축은 성북동에 위치한
보화각(保華閣, 1938, 현 간송미술관)으로 알려져 있다.fig.58
비대칭적 구성과 직선과 곡면의 대비, 장식이 없는 벽면과
창문은 간결한 바우하우스 양식을 따랐다. 박길룡은
조선가옥건축연구회를 설립하여 한옥 주택 개량안을
제시하거나 상담해 주었으며, 신문 잡지에 기고하고 강연과
발표를 하는 등 활발한 활동을 하였다. 그는 당시 유행하던
문화주택에 대해 비판적 견해를 가지고 있었으며, 우리의
고유한 생활양식 속에서 건축 양식이 나와야 한다고 주장했다.
특히 온돌과 같은 전통 방식을 고수하되 위생과 청결을
강조해 부엌, 화장실을 개량하는 문제를 연구하였다. 그는 또
1941년에는 월간지 『건축조선』을 창간하기도 해 선각자의
면모를 보였다.

역시 경성공업전문학교 출신인 박동진(朴東鎭, 1899–
1981)은 모더니즘 건축에 관심이 있었다고 하지만 그의

대표작인 고려대학교 본관이나 도서관에서는 고딕이나
고전주의 양식을 따랐다. 그는 총독부에 근무하면서
개인적으로 보성전문학교(현 고려대학교)의 창립자
김성수(金性洙, 1891–1955)의 의뢰로 1934년에 화강석을
사용한 보성전문학교 본관(1934)fig.59과 도서관(1937)을
설계했다. 두 건물은 해외 유명 대학들을 방문한 바 있는
김성수의 의견으로 미국의 듀크 대학교, 영국의 옥스퍼드와
케임브리지 대학교 등을 모델로 했다고 하는데, 외관상으로는
근대와 역행하지만 석조와 철근 콘크리트를 혼합한 근대적
방식으로 시공된 건축이었다.

fig. 59
박동진이 설계한 보성전문학교(현
고려대학교) 본관, 1934. 출처: 문화재청.

국내 미술 시장과 미술품 수집

오늘날의 화랑 비슷하게 그림을 전시하고 판매도 겸하는 서화관이 생긴 것은 1906년 이후부터로, 경성에는 수암서화관, 한성서화관, 고금서화관 등이 있었다. 한일병합 이후에는 일본인 고미술상들이 대거 진출해 사찰에서 불법으로 유출된 불교 미술품이나 고분 출토품을 수집하고 판매했다. 이제 불교 조각은 종교적 대상에서 미적 감상의 대상, 그리고 경제적 가치의 대상이라는 새로운 문맥에서 바라보게 되었다. 시서화 판매의 중심지는 광통교 주변이었다. 이곳에서는 도화서를 떠난 화원들의 그림, 몰락한 사대부 문중에서 내놓은 그림, 그리고 이름 없는 화가들이 그린 그림이 유통되고 있었다. 그림을 사는 사람은 대부분 기술직 중인이나 여항문인이었고, 장식적이고 화려한 도시 취향을 강조한 작품이나 풍속화, 민화가 잘 팔렸다. 고서화 외에도 칠기, 석물, 도자, 불상 등도 거래되고 있었다. 1930년대에는 미츠코시 백화점, 화신백화점, 조지야 백화점 안에 화랑이 생겼으나 주로 대관 전시로 본격적인 화랑의 기능을 하지는 않았다.

고미술 시장의 중심은 역시 골동상점과 경매로, 경성, 평양, 대구가 중심이었다. 당시 가장 많이 고미술품 수집을 한 기관은 이왕가미술관과 총독부 미술관이었지만 개인 고객들로는 일본인과 한국인이 반반이었다.[67] 도자기의 권위자였던 아카보시 고로(赤星五郎)는 다음과 같이 이야기한다. "그 당시 경성에는 많은 [일본인] 골동품 거래상들이 있었고 (…) 게다가 많은 훌륭한 한국인 거래상들이 있었는데, 그들은 대부분 고철상 및 다른 부업을 가지고 있었다. 내가 가게 앞에 있을 때면 한 사람이 불상이나 천으로 싼 단지를 가져와서 보여 준 뒤, 그와 가게 주인이 흥정을 하기 시작한다. 마침내 가격을 치르고 그가 떠나면 가게 주인이 막 구매했던 그 물건은 몇 배로 값이 매겨지게 된다."[68]

미술품 수집은 처음에는 고미술품이 인기가 있어 골동상들은 사람을 풀어 시골을 돌아다니면서 부유한 가문에서 간직하고 있던 골동품을 사들이기도 했다. 1920년대의 중요한 일본인 고미술상이었던 도쿄의 류센도(龍泉堂)나 고츄교(壺中居), 교토의 야마나카상회(山中商會) 등은 경성에 지점을 내고 있었다.[69]

경매는 주로 경성미술구락부를 통해 이루어졌다. 남산 근역(현 프린스 호텔 자리)에 위치한 이 구락부는 1922년 일본인 창립 주주 85명이 설립해 1945년까지 모두 260회의 경매회를 열었다. 회원제로 되어 있는 이 구락부에는 출자를 한 주주만이 참여할 수 있었지만 구매하고 싶은 사람들은 회원인 골동상을 통해 참여할 수도 있었다. 구매 수요가 많은 품목은 주로 도자기와 금속공예였다. 도자기 수요가 많아지면서 개성이나 경주에서는 도굴이 횡행하고 밀거래가 이루어졌고, 고려청자가 구하기 어려워지자 나중에는 백자를 구입하는 경우가 많았다.

당시 한국인이 운영하는 골동상점으로 유명한 곳은 배성관상점과 문명상회였다. 특히 문명상회를 운영한 이희섭(李禧燮)은 1934년에서 1941년까지 7회에 걸쳐 도쿄와 오사카에서 조선공예전람회를 개최하고 많은 고미술품들을 팔면서 거금을 벌었다. 그는 도쿄뿐 아니라 오사카, 개성에도 지점을 가지고 있었고, 불법은 아니었지만 이런 방식으로 많은 문화재가 일본으로 넘어갔다. 서화 수집가이자 화상인 오봉빈(吳鳳彬, 1893-?)은 공예보다는 서화에 관심을 가졌다. 일본인들은 당시 조선 회화에 대해서는 별 관심이 없었으나, 오봉빈은 회화를 수집하고 널리 알렸다.[70] 그는 1929년에 현재의 세종문화회관 뒤에 조선미술관을 개관하고 여러 번에 걸쳐 전통 회화와 동시대 회화를 전시했다. 오봉빈이 개최한 전시회의 특징은 오세창을 비롯해 중추원

참의 박영철, 동양화가 이한복, 서화가 이병직, 치과의사
함석태, 소장가 전형필, 서예가 손재형 등 개인 수집가들의
작품들을 포함하고 수집가 이름을 밝혔다는 점이다.
그는 1930년에 동아일보사 후원으로 신문사 사옥에서
『고서화진장품전』(古書畵珍藏品展)을 열기도 했다. 이러한
전시는 한국인이 지켜야 할 민족 유산의 전시로 조선학 부흥
운동과 연관이 된다.[71]

오봉빈은 1931년에는 이왕가박물관과 조선총독부박물관의
공동 후원으로 도쿄 우에노에 있는 도쿄부미술관에서 3월
22일부터 4월 4일까지 『조선명화전람회』를 개최했다. 이
전시에는 고구려 벽화에서부터 조선 후기 작품까지 모두
400여 점이 출품되었는데 박물관 소장품, 개인 소장가들과
일본 내 수장가의 작품들도 포함되었다. 이것은 해외에서
열린 첫 번째 조선 회화 전시였고 그때까지 불교 조각이나
도자기보다 폄하되던 조선 회화를 새롭게 바라보게 한 계기가
되었다.

오봉빈은 또 1940년에 조선미술관 10주년 기념으로
『십대가 산수풍경화전』을 열었는데 최초의 동시대
서화가들만의 작품 전람회였다. 그의 작가 선정의
기준은 안중식과 조석진에게 직접 수업을 받은 화가,
조선미술전람회에서 입선 또는 특선을 한 화가, 또는 상당한
화력이 있는 화가 등이었다. 출품한 화가들은 고희동, 허백련,
김은호, 박승무, 이상범, 이한복, 최우석, 노수현, 변관식,
이용우였다.

개인이 설립한 최초의 사립 미술관은 1938년에 모더니즘
양식으로 설계된 보화각인데, 이미 전운이 감돌고 있을
때 한국 미술품을 전시하는 미술관을 짓는다는 것은 쉽지
않았을 것으로 보인다. 일본 와세다 대학을 졸업한 부호
전형필(全鎣弼, 1906-1962)이 설립한 보화각은 특히 회화와
도자기 소장품으로 유명하다. 그는 작품을 수집하면서
고희동과 뛰어난 감식안으로 유명한 오세창의 자문을 받은
것으로 알려진다. 전형필은 경성미술구락부를 통해서 많은
작품을 수집했지만 해외로 빠져나간 미술품을 돌려받는
데에도 열심이었다. 전형필이 한국 미술품을 대거 수집한
영국인 존 개스비(John Gadsby)의 소장품을 거금을 주고
인수한 사실은 유명한 일화로 남아 있다.[72] 개스비는
주일영국대사관의 법률 고문으로 도쿄에 오래 거주하면서
처음에는 일본 고미술에 관심을 가졌지만 곧 고려자기에
매혹되었다. 개스비는 도쿄뿐 아니라 경성의 골동상을
뒤지면서 일급의 방대한 수집품을 모아, 당시 개인으로는
그만큼 우수한 도자기를 가진 사람이 없다는 소문이 날
정도였다. 1937년 일본에서 군부의 세력이 커지고 아시아에
전운이 감도는 것을 일찌감치 알아차린 개스비는 모두

67
권행가, 「미술과 시장」, 『근대와 만난
미술과 도시』, 국사편찬위원회 편,
두산동아 한국문화사 시리즈 21(서울:
두산동아, 2008), 216.

68
킴 브란트(Kim Brandt), 「욕망의 대상:
일본인 수집가와 식민지 조선」, 이원진
옮김, 『한국근대미술사학』, 17집(2006):
242.

69
김상엽, 「경성의 미술시장과 일본인
수장가」, 『한국근현대 미술사학』,
27집(2014): 159.

70
권행가, 「1930년대 고서화 전람회와
경성의 미술시장: 오봉빈의 조선미술관을
중심으로」, 『한국근현대미술사학』,
19집(2008): 163-189.

71
같은 글, 169.

72
이구열, 『한국 문화재 수난사』(서울:
돌베개, 1996), 211-219.

정리하고 영국으로 돌아가고자 했는데 이때 도쿄에 가서 그의 소장품을 인수한 사람이 전형필이었다. 현재 간송 소장품인 이 도자기들 중에는 국보급과 보물급 도자기가 여러 점 포함되어 있다. 전형필 외에 잘 알려진 수집가로는 정치가 장택상, 서화가 이병직, 군인 관료이자 은행가 박영철, 의사 박병래, 서예가 손재형, 서화가 오세창, 화가 김찬영 등을 꼽을 수 있다.

해외의 한국 미술품 수집

19세기 말에서 20세기 초 제국주의의 팽창과 더불어 서구인들은 아시아 미술에 관심을 가지게 되었다. 중국, 일본, 한국이 문호를 개방하고 여행이 잦아지면서 동아시아에 대한 거리감도 없어졌다. 이 무렵 한국에 살면서 미술품을 수집하던 개인으로는 미국인 선교사이자 외교 자문을 하였던 호러스 앨런(Horace N. Allen, 1858–1932), 프랑스 공사였던 빅토르 콜랭 드 플랑시(Victor Collin de Plancy, 1853–1922)와 프랑스 공사관에 통역관으로 와 있던 모리스 쿠랑(Maurice Courant, 1865–1935) 등을 꼽을 수 있다. 외국인의 소장은 그 경위가 다양하겠지만 1894년에 경성에서 법어(프랑스어)학교 교장으로 있던 에밀 마르텔은 자신을 비롯한 외국인의 한국 미술품 수집의 시작은 조선인들이 자꾸 팔러 왔기 때문이었다고 회상했다.[73] 마르텔은 상인에는 두 그룹이 있었는데 하나는 양반의 부탁으로 대신 팔러 오는 경우, 그리고 또 하나는 고분 도굴품을 밀매하는 경우였다고 기억했다. 특히 개성 근처에서 일본인들에 의해 도굴되기 시작한 고려자기는 외국인에게도 상당히 인기가 있었다.

해외에 소장된 아시아의 미술품들은 그 수집 과정이 불확실한 경우도 있지만 모두 약탈된 것은 아니었고 정식 구입도 많았다. 19세기 후반 유럽이나 미국에는 아시아 미술품을 거래하는 골동상들이 있었다. 파리에서는 일본인 하야시 타다마사(林忠正)가 유명했다. 그는 1878년 파리 만국박람회의 통역으로 프랑스에 왔다가 정착한 후 자신의 상점을 열고 일본의 목판화인 우키요에(浮世畵)뿐 아니라 나전칠기, 도자기를 팔았다. 그는 일본인들이 약탈하거나 헐값으로 가져간 한국 미술품도 일본에서 가져와 유럽에서 팔았을 것으로 추정된다.

파리에 하야시가 있었다면 뉴욕에는 야마나카 사다지로(山中定次郎)가 있었다. 19세기 말부터 뉴욕에서 작은 골동상점을 운영한 야마나카는 당시 서양인에게 인기가 있었던 이국적인 공예품보다 동양미술의 주류인 불교 조각이나 고서화 등을 거래하기 시작했다. 그의 고객에는 록펠러 가문, 반더빌트, 이사벨라 가드너(이사벨라 가드너 미술관의 설립자)를 비롯해 메트로폴리탄 미술관과 같은 유수한 미술관들도 있었다. 야마나카는 미술품을 팔면서

상세한 설명문을 곁들여 아시아의 오래된 전통문화의 이해를 도왔다. 야마나카상회가 번창해 곧 보스턴, 시카고, 런던, 파리, 상하이, 그리고 베이징에 분점을 설립하면서 그는 아시아 미술의 최고 전문 딜러로 이름을 떨쳤다. 야마나카에서 한국 미술품을 많이 구입한 사람은 하와이의 애나 라이스 쿡(Anna Rice Cooke, 1853–1934)이었다. 그는 1922년 호놀룰루 미술관을 건립하고 한국 미술품 100점을 기증해 1927년부터 독립된 전시실에 전시하게 했는데 이것이 해외 미술관의 첫 번째 한국실이었다. fig. 60

미국에서 아시아 미술 수집에 집중했던 미술관들은 주로 뉴잉글랜드 지역에 많이 모여 있었는데 몇몇 개인의 열정적인 기부가 결정적인 역할을 하였다. 보스턴 근역의 세일럼에 있는 피바디 에섹스 미술관에는 에드워드 모스(Edward Morse, 1838–1925)의 기증이 중요했다. 동물학자였던 그는 1877년 도쿄대학 교수로 초빙되면서 일본과 관계를 맺게 되었다. 처음에는 미술에 대해서 전혀 지식이 없었지만 점차 도자기를 모으기 시작하면서 모스는 가장 훌륭한 일본 도자를 소장한 전문가가 되었다. 미국에 돌아온 후 그는 1880년부터 1924년까지 피바디 에섹스 미술관 관장을 지냈다. 그때 모스는 당시 미국에 유학하고 있던 개화사상가 유길준(俞吉濬, 1856–1914)을 알게 되었고, 그의 의복, 모자, 부채 등 유품을 기증받았다. 피바디 에섹스 미술관은 또 1883년 조선에 와 있었던 파울 묄렌도르프를 통해 조선의 도자기, 토기 등 225점을 구입했으며, 1893년에는 시카고 박람회에 출품된 악기 등을 비롯한 민속품, 그리고 1899년에는 구한말 조선을 방문한 구스타브 고워드(Gustave Goward)의 민속품을 소장품에 추가했다. 영국의 야금학 전문가이자 아마추어 고고학자 윌리엄 가울랜드(William Gowland, 1842–1922)는 일본에서 고고학 발굴에 참여했는데 1884년에는 조선에 와 삼국시대 토기 등을 구입했고 1889년에 영국박물관에 기증했다.[74] 미국인 찰스 B. 호이트(Charles B. Hoyt, 1889–1949)가 1910년대에 수집했던 고려자기 대부분은 보스턴 미술관에 기증되었다.

파리의 기메 박물관에는 1888년 프랑스 정부의 교육예술부를 대표하여 조선을 방문한 여행가이자 인류학자 샤를 바라(Louis-Charles Varat, 1842–1893)가 수집한 조선의 민속품들이 소장되어 있다. 이 민속품의 정리를 위해 박물관은 화가 펠릭스 레가메(Félix Régamey, 1884–1907)를 통해 일본에 있었던 홍종우(洪鍾宇, 1854–1913)를 1년간 계약으로 채용했다. 후일 김옥균(金玉均, 1851–1894)의 암살범으로 더 잘 알려진 유학자 홍종우는 바라의 소장품을 분류하고 한글과 불어 표기를 작성했다.

일제강점기에 한국의 고미술품이 가장 많이 빠져나간

73
같은 책, 204–205.

74
Jane Portal, "Unveiling the Hermit
Kingdom: A Century of Collecting
Korean Art," *British Museum Magazine*,
no. 37 (Summer 2000), 17.

fig. 60.
개관 첫날 한국실 전경, 호놀룰루 미술관,
1927.

곳은 일본이었다. 한일병합 이전인 1907년 일본의 궁내대신 다나카 미스야키(田中光顯, 1843-1939)는 개성 경천사에 있던 석탑을 해체해 불법 반출했다. 그러나 당시 영자 신문 『코리아 리뷰』(Korea Rivew)의 발행인 헐버트(Homer B. Hulbert, 1863-1949) 등이 이 불법 약탈을 『뉴욕 포스트』를 비롯한 해외 신문에도 기고해 국제적인 비판 여론을 조성하자 결국 1918년에 반환되어 1919년에 총독부박물관에 귀속되었다.[75] 고미술 수집의 대표적인 인물은 토지와 가옥을 사들여 부동산으로 돈을 벌고 전기 회사를 운영하던 오구라 다케노스케(小倉武之助, 1870-1964)였다.[76] 그는 주로 대구와 경성에서 많은 골동품을 수집해 일본으로 가져갔는데 그 수집 과정과 유물 출처가 석연치 않은 부분이 있다. 그는 1981년에 1,030건을 도쿄국립박물관에 기증했다. 이외에 통감부의 초대 통감이었던 이토 히로부미(伊藤博文, 1841-1909), 이왕직 차관을 지낸 고미야 미호마츠(小宮三保松, 1859-1935), 공주에서 교원이었던 가루베 지온(輕部慈恩, 1897-197), 야나기 무네요시 등도 한국 미술품 수집가로 알려진다.

75
신소연, 「일제강점기 경기 개성지역 석조문화재 보존사업」, 『미술사연구』, 40호(2021): 110-116.

76
오구라 소장품에 대해서는 국외소재문화재재단 편, 『오구라 컬렉션, 일본에 있는 우리문화재』(서울: 사회평론 아카데미, 2014) 참고.

회식민 4
색민족
지주주
대의의
　의의

1930년대 들어 세계 각국은 급격한 정치 변동과 경제 침체로 요동치고 있었다. 소련에서 스탈린(Joseph Stalin, 1878–1953)이 집권하고, 독일에서는 히틀러가 총통이 되었으며, 스페인에서는 좌파 인민전선 정부와 프랑코(Francisco Franco, 1892–1975)가 이끄는 우파 반란군의 내전 끝에 프랑코 총통이 정권을 장악하게 된다. 경제 대공황으로 미국도 실업률 25퍼센트를 기록하며 어려움을 겪고 있었고, 일부 지식인들은 좌익으로 기울어져 있었다. 팽팽한 긴장이 연속되던 세계 정국 가운데 결국 1939년에 히틀러의 나치 독일이 폴란드를 침공하면서 전쟁의 불씨를 당겼고, 곧 유럽 전역과 미국이 제2차 세계대전에 휘말리게 되었다. 극우파가 지배하게 된 일본은 1931년에 만주 사변을 일으켜 만주국을 세웠으며, 1937년에는 중일전쟁을 일으키고, 1941년에는 하와이 진주만을 기습 공격해 태평양 전쟁을 도발하면서 아시아 역시 전운을 띠게 되었다. 군사적 팽창을 계속 시도하던 일본은 식민지인 조선에서 징병 제도를 실시하고 자원을 착취했다. 일본이 수많은 희생자를 내고 패전하는 1945년까지 한국은 그들에게 전쟁 물자를 공급하는 병참 기지였다.

파시즘과 나치즘이 판치면서 1930년대에는 근대에 대한 회의가 일어났고 일련의 국가들은 보수주의로 돌아섰다. 서구에서는 모더니즘 미술에 대한 매혹이 아직도 대세였지만 사실주의로 회귀하거나 현실을 반영하는 미술도 많아졌다. 나치 정권하의 독일 화단에서는 농촌이나 농민을 그린 사실적인 그림들이 등장했고, 미국에서는 추상을 배격하고 중서부 미국의 가치와 정경을 주제로 하는 지방주의(regionalism) 미술과 노동자나 도시 하층 계급의 삶에 초점을 맞춘 사회사실주의(Social Realism, 소련의 사회주의 사실주의[Socialist Realism]와는 다름)가 대두했다.

그동안 서양을 모델로 근대화를 추구하던 일본은 더는 서양의 물질주의와 기계문명을 추종해야 할 필요를 느끼지 않았고 오히려 극복해야 할 대상으로 여기고 있었다. 일본에서는 그들의 전통과 문화의 가치를 새롭게 공식화하고 동양 문화를 재정의하려는 움직임이 일어났다. 그들은 동양 문화를 수호할 수 있는 나라는 일본이라고 주장하며 아시아를 일본을 중심으로 하는 대동아공영권의 새로운 세계로 재편하고자 했다. 대동아주의 이데올로기의 유명한 캐치프레이즈는 '아시아는 하나'라는 구호였다. 원래 이 구절은 도쿄미술학교 교장을 지내고 보스턴 미술관의 아시아부장으로 있던 오카쿠라 텐신(岡倉天心, 본명 오카쿠라 카쿠조오[岡倉覺三], 1862–1913)이 1903년에 런던에서 출간한 『동양의 이상』(The Ideals of the East)에서 온 것이었다. '아시아는 하나'라는 문장으로 시작되는 이 책은 영문으로 출간한 당시에는 일본에 잘 알려지지 않았지만 1920년대에 『동양의 이상』(東洋の理想)이라는 제목의 일본어로 번역되면서 일약 이 시대의 이념이 되었다.

오카쿠라 텐신은 이 책에서 인도와 중국을 중심으로 한 아시아의 문명이 일본에서 종합되었다고 주장했다. 그는 "청일전쟁으로 인해 우리는 커다란 과제와 책임에 당면하게 되었다. 이제 아시아는 우리를 새로운 강자로 기대하고 있다. 우리들이 가진 과거의 이상으로 돌아가는 것뿐만이 아니라 그동안 잠재해 있던 아시아의 통일성을 느끼고 되살리는 것이 우리의 사명"이라고 했다.[1] 그가 말하는 아시아는 중국, 인도, 일본, 한국을 포함하는 한자 문화권과 불교 문화권을 포괄하는 개념이었다. '아시아는 하나'는 아시아 문명권을 강조하는 것처럼 들리지만 궁극적으로는 중국의 중화주의에서 벗어나 일본을 중심으로 새로운 질서를 재편하고, 일본이 아시아 문명을 통합한 새로운 문명국으로 서양에 대항하는 특권적인 위치를 얻으려는 정치적 목적이 숨어 있었다. 그리고 이러한

1
킴 브란트, 「욕망의 대상: 일본인 수집가와
식민지 조선」, 『한국근대미술사학』, 이원진
옮김, 17집(2006): 261.

개념은 내지(內地)인 일본과 외지(外地)인 조선은 하나라는
내선일체(內鮮一體, 조선인과 일본인은 같은 운명 공동체라는
의미)의 근거로 사용되었다. 그러나 내선일체나 동화 정책이
진정으로 실현된다면 내지(內地, 식민 지배국)와 외지(外地,
식민지)의 차이는 없어지게 되는데, 이것은 지배 국가와
식민지의 차별화에 기초한 식민주의와는 모순되는 것이었다.
따라서 내선일체는 일본 제국주의가 내세운 허위에 지나지
않았다.

서양과 동양을 대척점으로 보고 서양은 기술, 체계적,
물질 중심이고 동양의 본질은 자연, 감성, 정신성이라는
이분법적 인식은 일본의 제국주의적 사고에서 나왔지만,
다른 아시아 국가에게 서양에 맞설 수 있다는 환상을 주고
자긍심을 끌어내 동조하게 한 것도 사실이었고 한국에서도
전통에 대한 관심으로 연결되었다. 안재홍(安在鴻, 1891–1965),
정인보(鄭寅普, 1893–1950), 문일평(文一平, 1888–1936)과
같은 학자들은 이제까지 조선총독부의 지원 아래 일본
학자들이 독점하던 조선학을 개척하기 시작했고, 1933년에
조선어학회는 한글맞춤법 통일안을 제정했다. 1933년에는
조선경제학회, 철학연구회가 설립되었고, 1934년에는
이병도(李丙燾, 1896–1989), 이상백(李相佰, 1904–1966),
손진태(孫晋泰, 1900–?) 등에 의해 진단학회가 창립되었다.

1930년대 후반부터는 전운이 감돌면서 문화 활동은
위축되고 있었다. 대동아주의는 강압적인 통치의
개념으로 바뀌었고, 검열과 전쟁 참여를 요구하는 선동
정책이 시작되었다. 1936년 1월 조선총독부 학무국에는
사상계(思想係)가 설치되어 '검열 표준'을 만들고 신문, 잡지,
영화, 단행본을 검열하는 등 모든 출판물, 대중문화, 민속
신앙 등을 통제했다. 또 1940년 10월에는 황국신민화 운동을
강행하는 국민총력조선연맹이 결성되었다. 한국인의 정체성을

내세운다는 것은 위험한 일이었다. 조선미술전람회의 특선
작가이면서 『동아일보』 기자로 일하던 이상범과 사진부장
신낙균 등이 1936년 베를린 올림픽 마라톤에서 우승한
손기정의 사진에서 앞가슴의 일장기를 지우고 신문에
게재하자, 퇴사당하고 감시의 대상이 된 것은 이러한 검열의
한 예일 뿐이다.

향토색 회화

근대 이후 서양미술이 소개되고 다양한 미술운동이 거의 한꺼번에 들어오면서 1920년대 후반부터는 그동안 서양미술의 새로움에 경도되었던 화단에서 서양미술 추종에 대한 문제가 거론되기 시작했다. 프롤레타리아 미술이 현실을 반영해야 한다는 주장을 내세웠지만 정부의 탄압으로 거의 소멸했고, 조선적·민족적 정서를 추구해야 한다는 움직임은 향토색 회화를 탐구하는 경향으로 나타났다.

향토색론은 한국의 독자적인 정체성을 찾으려는 의식에서 나온 것이라고도 볼 수 있는데 이 무렵 민속 문화와 풍속에 대한 관심, 또는 농본주의가 부각된 것과도 관계가 있다. 문학에서는 1930년대 전반에 농촌을 주제로 한 소설들이 많이 나왔다. 계몽주의적 농민 소설의 대표작인 이광수의 『흙』(1932)이나 심훈(沈熏, 1901-1936)의 『상록수』(1935)의 경우, 도시 지식인이 농촌의 참된 생활을 찾아 농촌으로 돌아간다는 줄거리다.

회화에서 향토색론, 조선색론은 민족적 정체성 모색과 맞물려 논쟁의 중심에 있었다. 독학한 화가로 조선미술전람회에도 출품한 바 있는 심영섭(沈英燮)은 1928년에 김주경(金周經, 1902-1981), 장석표(張錫豹, 1903-1958), 박광진(朴廣鎭)과 함께 대자연과 일치 조화하는 '초록 고향'이라는 의미의 녹향회(綠鄕會)를 결성했다. 후에 오지호도 참여한 이 그룹은 1931년까지 지속되었다. 심영섭은 1929년 8월 『동아일보』에 「아세아주의 미술론」이라는 글을 연재하면서 서양과 동양 문화의 근본적인 차이는 자연에 대한 태도에 있다고 주장했다.[2] 심영섭은 문명에 의해 오염되지 않고 인간과 조화를 이루는 순수한 자연의 농향(農鄕)을 동양적인 것으로 보았다. 그는 서양화가 중에 폴 고갱(Paul Gauguin, 1848-1903), 앙리 루소(Henri Rousseau, 1844-1901),

그리고 앙리 마티스가 순수한 자연을 추구한 화가라고 말했다. 그는 이들의 작품에서 보이듯이 서양의 회화가 사실적인 묘사에서 벗어나 주관적 표현을 추구하며 동양미술로 돌아오고 있다고 주장했다. 심영섭의 서양미술에 대한 이러한 인식은 동시대 서양에서 후기인상주의와 야수주의 등의 운동이 탄생한 사회적·미학적인 요인을 묵과하는, 단순하고 낭만적인 시각인 것이 사실이다. 동양 문화로 회귀한다는 사고와 아시아주의라는 용어 사용, 그리고 조선적 회화를 정의하기보다 아시아 미술의 창조를 촉구한 점에서 심영섭은 일본에서 주창하던 아시아주의의 영향을 받은 것으로 보인다.

도쿄미술학교 졸업생들이 모여 만든 동미회(東美會)의 회원이었던 김용준도 1936년에 「회화로 나타나는 향토색의 음미」라는 글에서 "조선의 공기를 실은, 조선의 성격을 갖춘, 누가 보든지 저건 조선인의 그림이로군 할 만큼 조선 사람의 향토미가 나는 회화란 결코 알록달록한 유치한 색채의 나열로써 되는 것도 아니오, 조선의 어떠한 사건을 취급하여 표현함으로써 되는 것도 아니"라고 지적했다.[3] 그는 또 같은 글에서 색채란 개인적인 것이므로 민족의 공통된 기호색이란 없으며, 조선 사람, 조선 풍경, 조선 인물 등을 그리는 것을 조선 정조로 생각하는 것도 잘못이라고 지적하면서, 향토색 정조를 소재에서 찾는 태도를 경계했다. 김용준이 정의한 조선적 미술의 특징은 반도라는 지리적 특성에서 나온 고담한 맛, 청아한 맛이었다. 조선적 미술의 정체성에 대한 이러한 논의는 아시아주의의 영향으로도 볼 수 있지만 궁극적으로 중국의 전통에서 벗어나 독자적 미술을 탐구하는 긍정적인 계기가 되기도 했다.

향토색론은 이념보다는 순수미술을 지향했는데, 이것은 식민지 상황에서 정치적이지 않은 방식으로 민족적 정서를 표현할 수 있는 하나의 대안이기도 했다. 그러나 이러한

2
심영섭, 「아세아주의 미술론」, 『동아일보』,
1929년 8월 21일 –9월 7일 자.

3
김용준, 「회화로 나타나는 향토색의 음미」,
『동아일보』, 1936년 5월 6일 자.

fig. 1
장우성, 「귀목」, 1935, 비단에 수묵 채색,
145×178cm. 국립현대미술관 소장.

이유로 향토색은 프롤레타리아 미술에 참여했던 안석영이나 김복진의 공격의 대상이 되었다. 안석영은 향토색이 생활과 괴리된 부르주아 미술이라고 보았고, 김복진은 조선적, 향토적, 반도적이라는 수수께끼는 미술의 본질을 말살하는 위험성을 가지고 있으며, 이것은 결국 외방 인사의 토산물적 내지 수출품적 가치 이상의 것은 아니라고 지적했다.[4]

이렇게 과연 무엇이 조선적인 회화인가에 대한 논의가 시작되기는 했지만, 정작 조선미술전람회에서는 한가롭고 목가적인 시골의 풍경, 아이를 업은 농촌 소녀나 물동이를 머리에 이고 가는 시골 아낙네, 담뱃대를 입에 문 노인, 나물을 캐거나 소를 몰고 가는 아이들을 그린 그림이 증가하고 있었다. 향토색 작품에서는 이렇듯 어린이와 여성의 모습은 자주 등장하지만 건강한 성인 남성들의 모습은 많이 보이지 않는다. 그 대표적인 작품들로는 채색화 계열의 이영일의 「농촌의 아이」(1929), 장우성의 「귀목」(歸牧, 1935)fig.1, 그리고 김기창의 「엽귀」(饁歸, 1935)fig.2를 꼽을 수 있다.[5] 한가로운 분위기에서 농촌의 여성과 아이들 중심의 향토색 회화는 한국을 여성적이고 전근대적인 이미지로 굳어지게 했고 보호해야 할 나라로 인식하게 했다. 여성과 아이의 소재는 조각가 윤효중의 「사과를 든 모녀상」(1940년대 초)에서도 나타난다.fig.3 1937년에 도쿄미술학교에 입학해 세키노 세이운(關野聖雲, 1889–1947)에게 사사한 윤효중은 목조를 전공한 조각가였다. 아이와 함께 어머니가 가을에 수확한 사과와 바구니를 든 모습을 조각한 이 작품은 얼굴 부분은 명확하게 손질되었고 전체적으로 단순하고 견고하며, 일본의 근대 목조에서 흔히 보이는 나무에 평끌을 써서 균일한 간격으로 깎아내는 나타보리(鉈彫り) 기법을 사용하고 있다.

어떻게 보면 한국 미술가들은 토착적인 민속 문화나 한복을 입은 여인의 소재 또는 농촌의 풍경을 민족적인 정서의 표현으로 생각했을 수도 있지만, 향토색은 조선미술전람회의 심사위원들이 공개적으로 요구한 사항이기도 했다. 1930년대는 조선의 독특한 분위기를 내고 조선색에 주력하라는 요구가 신문에 자주 실렸다. 1935년 3월 27일 『경성일보』에는 조선미술전람회를 주관한 조선총독부의 학무국장 와타나베 도요히코(渡邊豊日子, 1885–1970)가 향토색 작품을 많이 보기를 바란다고 한 말이 실렸다.[6] 일본인 심사위원들은 향토색이라는 용어 외에도 조선색, 지방색, 반도적, 로컬 컬러(local color)라는 용어를 같은 의미로 사용했다. 1939년에는 노골적으로 '반도적인 것'을 심사 기준으로 한다고 공개했다. 당시 심사위원 이하라 우사부로(伊原宇三郎, 1894–1976)는 "조선의 지방색이 예술적으로 드러난 작품이 극히 적었다. 기후, 풍토, 생활 모두 합쳐서 내지(內地)와는 다른 조선에서는 장래 조선 독자의

예술이 살아나야 한다는 생각을 한다"는 심사평을 했다.[7]

이러한 언급은 한국 미술의 독자성을 격려하는 것처럼 들리지만 결과적으로 일본 본국에서 열리는 관전과 비교해 도시적인 것과 지방적인 것, 본국과 식민지의 이항대립적인 차이와 다름을 찾는 것이었다. 농촌이나 시골의 모습을 그린 향토색 작품들은 한국의 이미지를 정체된 모습으로 보이게 했고, 조선의 문명개화에 대한 그들의 사명감을 확신하게 만들었다.

향토색이 과연 독자적인 정체성이나 한국의 정서를 보여 주는 민족주의의 발현인지, 아니면 일본이 기대하는 식민지의 이국성(異國性)을 보여 주고자 했는지, 또는 이국성을 단지 제국주의적 욕망으로만 보아야 하는지에 대한 문제는 당시뿐 아니라 해방 이후의 미술 평론가들 사이에서도 논의의 대상이 되어 왔다. 평론가 이경성(李慶成, 1919–2009)은 잃어버린 고향 의식을 되살려 민족의식을 고취하려는 심성의 표시로 보았고, 오광수는 "생활 감정이나 양식의 일본화를 막아 준 하나의 구실로 평가할 수 있으나, 다른 한편으로 본다면 진취적인 창작 활동을 통한 자유주의의 고취, 정신적인 해방감을 통한 민족주의의 고양을 억제하는, 일종의 식민지 정책의 일환"이라고 지적했다.[8]

향토색 논쟁에서 빠질 수 없는 화가가 1930년대에 가장 활발하게 작업을 한 이인성이다. 이인성은 대구에서 태어나 보통학교를 다니면서 그림에 뛰어난 솜씨를 보였다. 부모의 몰이해에도 불구하고 열심히 그림을 그렸던 그는 1928년 16세의 나이에 조선미술전람회에 입선하게 된다. 1931년 이인성은 대구여자고등보통학교 교장이며 미술품 수집가였던 일본인 시라가 주키치(白神壽吉)의 도움으로 도쿄로 건너가 태평양(타이헤이요)미술학교에 등록했다. 일종의 학원 비슷한 교습소였던 이 학교를 이인성이 어느 정도 열심히 다녔는지는 확실하지 않지만, 그 후 그는 제국미술원전람회와 신문전 같은 일본에서 열린 관전에 입선하고 동시에 조선미술전람회에도 계속 출품하다가 1935년에 한국으로 돌아왔다. 그는 1944년까지 계속 조선미술전람회에서 입선과 특선을 거듭함으로써 이 시기의 가장 성공한 화가로 인정받았다.

이인성의 초기 작품에는 주로 근대화되어 가는 대구의 모습이나 부유한 가정의 실내, 또는 정원에 앉아 있거나 집 안에서 정원을 내다보는 여성을 그린 그림들이 많다. 그런데 그가 조선미술전람회에 출품한 그림들은 대조적으로 향토색 정취가 짙은 작품들이어서 그가 의도적으로 입선하기 위한 작품을 제작하지 않았나 추측하게 된다. 이인성 특유의 감상적이면서 여운을 주는 대표적인 향토색 작품은 1936년에 일본의 문부성미술전람회 감사전(監査展)에 출품해 입선하고 다시 1937년 제16회 조선미술전람회에 무감사(無監査) 추천

4
안석영, 「동미전과 합평회」, 『조선일보』,
1930년 4월 23–26일 자; 김복진,
「정축조선미술계의 대관」, 『조광』, 1937년
12월.

5
안석영은 "이영일 씨의 농촌 아이에 대해
말하면 도회지의 귀공자가 여행 중의
인상을 옮겨 놓은 인상화에 지나지 않다고
말하고 싶다. 더구나 조선의 농촌 아동이
(…) 이 씨의 작품에 표현된 평화로운
낙토의 아동과 같을 수 있을까"라고
비판했다. 안석영, 「미전인상 2」,
『조선일보』, 1929년 9월 7일 자. 김기창의
「엽귀」는 흔히 「가을」로 알려졌지만 원래
조선미술전람회에 출품했던 당시의
제목으로 농촌에서 일하는 일꾼들에게
밥을 가져다주고 돌아오는 길이라는
의미다.

6
『경성일보』, 1935년 3월 27일 자.

7
『매일신보』, 1939년 6월 2일 자.

8
이경성, 『한국근대미술연구』(서울:
동화출판공사, 1974), 102; 오광수,
『한국현대미술사』(서울: 열화당, 1979), 70.

fig. 2
김기창, 「엽귀」, 1935, 비단에 수묵 담채,
170.5×110cm. 국립현대미술관 소장.

fig. 3
윤효중, 「사과를 든 모녀상」, 1940년대,
나무, 170×102x66.5cm. 서울대학교
미술관 소장.

출품한 「한정」(閑庭)이다.fig.4 100호 캔버스 두 점을 수평으로 연결한 「한정」은 초목이 있는 정원에서 한 소년이 피리를 불고 있고 또 다른 소년은 팔을 괴고 듣고 있는 작품으로, 화가 심형구(沈亨求, 1908–1962)는 "고결한 조선의 정서가 잘 발휘되었다"고 평했다.[9] 한가롭게 피리를 부는 인물의 소재는 전통 회화에서 그 뿌리를 찾을 수 있다. 청아한 피리 소리는 이 작품을 세속의 고단한 삶을 잊어버리고 목가적이고 이상적인 세계를 추구하는 도교적인 작품으로 해석하게 하면서도, 한편으로는 현실 도피적으로 보이게도 한다.[10]

이인성의 「가을 어느 날」(1934)에는 가을이 되어 시들기 시작하는 해바라기와 화초들이 있는 붉은 대지의 풍경 속에 가슴을 드러낸 젊은 여성과 아이가 서 있다.fig.5 작품의 모델은 영자라는 인물과 이인성의 동생 인순이었다. 한국의 적토의 향기가 한없이 좋다고 말한 이인성은 파란색의 가을 하늘과 대비되는 붉은 흙색을 조선색으로 사용하면서 기후와 풍토를 표현하고자 했다.[11] 가을의 대지 속에서 젖가슴을 드러낸 조선 여성과 아이는 문명에 오염되지 않은 자연과 동일시되었고 결실과 풍요의 이미지로 나타난다. 한편 반라의 여성은 고갱의 타히티 시기의 작품에 나오는 여성 이미지를 연상하게 하는데 실제 이인성이 수집한 그림엽서 중에는 고갱의 「바닷가의 여인들(모성)」(Femmes sur le bord de la mer, ou Maternité I, 1899)이 있어 그가 고갱의 작품에 관심을 가지고 있었음을 알 수 있다.fig.6 그러나 이인성이 의도했든 아니든 이 작품은 일본인 심사위원들을 에로틱하고 이국적인 식민지에 대한 환상으로 이끌어 간다. 누드화의 경우 포즈를 취한 여성이라는 느낌이 강한 반면 이렇게 자연 속에 서 있는 반라의 여성은 실제 여성인 것 같은 느낌을 주고 이것은 보는 사람에게 여성을 욕망의 대상으로 읽을 수 있는 불안정한 문맥을 만들어 낸다. 일본인 심사위원들의 눈에는 이러한 가을 풍경 속의 여성이 조선의 이미지로 비치고 식민지 조선의 은유가 된다.

1938년과 1939년에 이인성은 두 점의 작품 「춤」과 「뒤뜰」fig.7을 조선미술전람회에 출품했다. 현재 사진으로만 남아 있는 이 두 작품에서 춤추는 무희는 윤기 나는 쪽머리나 앞으로 여민 옷자락 등으로 미루어 볼 때 기녀의 재현으로 보아도 무리가 없다. 춤추는 기녀의 모습은 조선시대 신윤복의 회화를 계승하는 전통적 이미지의 하나이며, 이인성의 무희는 당시 민속이나 전통에 대한 관심의 연장선에 있기도 하다. 그러나 전통 의상을 입은 한국 여성은 일본인 화가나 관광객에게는 식민지 문화의 표상(表象)이었고 식민지에 대한 이국적 이미지를 만들어 내는 존재로 민족주의와 식민주의의 경계에 있다고 할 수 있다. 일본인 관광객들은 일본과 한국 사이의 교통이 편리해지던 다이쇼 말기나 쇼와 초기부터 그 수가 증가했는데, 식민지에 놀러 온 관광객이나 미술가들에게

이국적 호기심의 대상이 된 것은 주로 식민지 여성이었다. 결국 일본인 관광객과 미술가의 '시선'의 대상으로서 한국의 여성은 식민지의 은유였던 것이다.[12]

기생은 한국을 대표하는 관광 상품이기도 했다. 기생의 사진은 1910년대 조선철도국에서나 일본인 회사에서 대량으로 발행해 기차, 철도역, 호텔 등에서 판매한 관광 엽서에서도 발견되는데 이것은 식민지 여성의 사진을 그림엽서로 발간했던 유럽의 예를 모방한 것이었다.[13] 일본 관광객은 한국의 기생 엽서를 구입해 간단한 글과 함께 일본으로 보냈을 것이며, 이는 식민지 여성에 대한 환상을 부추겼을 것이라고 판단된다. 한국 기녀에 대한 일본인의 관심은 집요했고 여러 화가의 관심을 끌었다. 기생을 그린 일본인 화가와 작품을 예로 들면 이시이 하쿠테이(石井柏亭, 1882–1958)의 「홍련」(紅蓮, 1918), 츠지다 바쿠센(土田麥僊, 1887–1936)의 「평상」(平牀, 1933)fig.8, 이하라 우사부로의 「조선의 기녀」(1938), 야스이 소타로의 「기생」(1936년경), 그리고 고지마 토라지로(兒島虎次郎, 1881–1929)와 나카자와 히로미츠(中澤弘光, 1874–1964)의 「조선가기」(朝鮮歌妓, 1940) 등 다수가 있다. 제작 연도로 보아 이 작품들은 대부분 이 화가들이 조선미술전람회의 심사위원으로 왔을 때 그려진 것으로 보인다.[14] 이외에도 『경성일보』에는 일본인 화가들이 그린 조선 기생들의 모습이 실리기도 하였다.[15]

향토색 소재를 다룬 작품들이 민족주의와 식민주의가 겹치는 회색 지대가 되었지만 녹향회 그룹에 참여한 바 있는 오지호와 김주경의 경우 독자적인 성과를 낳았다. 이들이 탐닉한 사조는 인상주의였다. 오지호는 도쿄에서 공부할 무렵인 1920년대 후반에 인상주의는 이미 지나간 양식이라는 것을 알고 있었지만, 자신의 개인적 감각과 맞았다고 회고했다.[16] 그는 인상주의 회화에서 빛나는 광선이 만들어 내는 색채에 매혹되었다. 오지호는 "한국의 자연은 일본의 자연과는 달라. 청정하고 밝고, 환한 것이 한국의 자연이라면 일본의 자연은 어둡고 침울한 것이 특징이지. 습기가 많기 때문이야. 맑고 밝은 한국의 자연을 표현하기 위해서는 고전적 사실주의나 자연주의, 또 추상주의로는 어울리지가 않아. 찰나적인 외광에 의해 영감을 자극, 표현되는 인상의 기법이 적격이지"라고 말했다.[17]

개성에서 송도고등보통학교의 교사(1935–1944)로 있었던 시기에 오지호의 인상주의는 정점에 이르고 독자적인 미술관이 확립된다. 이 시기의 특징은 분할주의적 붓 터치의 사용이지만 그 적용은 작품마다 조금씩 달랐다. 「임금원」(1937)에서 오지호는 시점을 과수원 나무들에 가깝게 다가가 사과나무의 이파리가 캔버스를 가득 채우게

9
심형구, 「조미전 단평」, 『조선일보』, 1937년 5월 23일 자.

10
김영나, 「이인성의 성공과 한계」, 『이인성』, 한국의 미술가 시리즈(서울: 삼성문화재단, 1999), 29-45.

11
평론가 윤희순은 향토색 논의에서 적토의 조선 자연에 주목할 것을 요구했다. 신수경, 『이인성(1912-1950)의 회화연구』(석사 논문, 홍익대학교, 1995), 55에서 인용.

12
김영나, 「이인성의 향토색, 민족주의와 식민주의」, 『20세기의 한국미술 2』, 86-109.

13
같은 글, 99.

14
같은 글, 100.

15
『경성일보』, 1937년 6월 17일, 1939년 6월 21일 자.

16
오지호, 「내가 인상파에 심취했던 시절」, 『공간』, 1976년 4월, 43.

17
이성부, 「오지호의 생애」, 『오지호 작품집』, 오병욱 편(서울: 오승우, 1988), 24.

fig. 4
이인성, 「한정」, 1936, 캔버스에 유채.

fig. 5
이인성, 「가을 어느 날」, 1934, 캔버스에 유채, 97×162cm. 리움미술관 소장.

fig. 6
고갱, 「바닷가의 여인들(모성)」, 1899,
캔버스에 유채, 95.5×73.5cm, 예르미타시
박물관 소장.

fig. 7
이인성, 「뒤뜰」, 1939.

fig. 8
츠지다 바쿠센, 「평상」, 1933,
비단에 채색, 152.5×209.5cm.
교토시교세라미술관 소장.

한국미술의 정체성 모색   183

그려 화면의 표면에 집중하게 만든다.fig.9 그는 「임금원」을
사흘 동안 그렸는데 토요일에는 꽃이 좀 부족한 듯하더니
일요일에는 만개하고 월요일에는 벌써 지기 시작했다고
회고했다.[18] 사흘간 아침부터 저녁까지 광선이나 기후
조건이 일정하지 않았을 것을 생각해 보면 그가 반응한 것은
인상파처럼 한순간의 광선의 효과가 아니라 형태가 광선을
반사할 때 느껴지는 자연의 본질적인 생명감이었고, 이것은
오지호 인상주의의 독자적인 해석이었다.

1937년의 「도원풍경」은 화면 아래의 대지 부분에는
인상주의의 분할 터치로 색채가 섞여 있지만, 복숭아나무들은
개개의 획이 서로 섞이지 않고 일정한 방향으로 점점이 찍혀
신인상주의적 양식이 적용되었다.fig.10 복숭아꽃의 분홍색에도
푸른 터치가 섞여 있고 바닥에는 초록, 노랑, 붉은 색채들의
짧은 붓 터치가 한 방향으로 채색되어 활기찬 느낌을 준다.
이 작품에 대해 오지호는 다음과 같이 썼다. "빛의 약동!
색의 환희! 자연에 대한 감격—여기서 나오는 것이 회화다.
(…) 만개한 복숭아꽃, 외얏꽃, 그 사이로 파릇파릇 움트는
에메랄드의 싹들! (…) 섬세히, 윤택하게 자라는 젊은 생명!
이 환희! 이 생의 환희!"[19] 오지호는 자연을 대할 때 느끼는
황홀감을 찬란한 색감이 충만한 공간으로 표현했던 것이다.

1939년의 「남향집」은 인물과 풍경을 복합한 오지호의
야심작이다.fig.11 이 작품에는 햇볕이 환하게 내리쪼이는
오지호의 초가집(개성) 앞에 큰 대추나무가 한 그루 있고,
조그만 문 앞쪽에 한 여자아이(둘째 딸 금희)의 모습이
보이며, 집 밖에는 흰 강아지가 자고 있다. 우연히 잡힌 듯한
순간을 그린 이 작품의 기법은 「임금원」이나 「도원풍경」과는
다르다. 「남향집」에서 오지호는 시각 경험을 순수한 광선으로
대체하려고 했다. 집 앞의 돌이나 나무 둥치에 힐끗힐끗
보이는 누런색, 푸른색, 보라색은 하나하나의 획이 분리되었던
「도원풍경」과 달리 색점과 색점 사이에 또 다른 터치들이 쌓여
올라가면서 전 화면을 덮고 있다. 무엇보다 집의 돌벽에 뻗은
나무 둥치와 가지의 그림자들은 보라색, 푸른색, 붉은색의
색점으로 채색되어 전체 화면을 신선하고 밝게 만든다.

오지호가 "조선을 그리자. 맑고 밝은 조선의 자연, 사계절이
분명하고, 하루에도 얼마든지 광에 의해 변화무쌍한 조선의
자연을 그리자. 조선의 새 그림을 그리자"라고 한 것처럼 그의
풍경화는 조선의 맑고 깨끗한 공기와 빛을 신선하면서도
순수한 색채를 통해 표현했다는 점에서 당시 다른 화가들의
작품과 달랐다.[20] 그는 프랑스의 인상주의 화가들처럼
회화란 삶과 자연의 긍정적인 재현이라는 인식을 한국적으로
전환하고자 했다.

한국의 자연에서 정체성을 찾으려고 한 것은 물론
오지호가 처음이 아니었다. 고희동은 조선에는 조선에

독특한 것이 있으며 그 천후와 지리 사이에 거생(居生)하는
민족의 미가 있다고 말한 바 있다.[21] 평론가 윤희순도 조선적
정조를 나타내기 위해서는 초가집이나 아기 업은 소녀 같은
주제보다는 조선의 청명한 공기와 자연에 주목해야 하며 맑고
희망찬 약동을 그려야 한다고 말해, 민족 미술의 특성을 지세,
기후, 풍토 등과 연관시키는 환경론의 영향을 보인다.[22]

윤희순의 글에서나 반도라는 지형적 환경 때문에 고담하고
청아한 맛이 조선적 미술의 특성이라고 말한 김용준의 글에서
나타나듯이 1930년대에는 미술이 지역이나 환경에 영향을
받는다는 사고가 퍼져 있었는데 이것은 보링거(Wilhelm
Worringer, 1881–1965)나 텐(Hippolyte Taine, 1828–1893)의
이론에서 비롯되었다. 독일의 미학자 보링거는 미술은 인간과
외부 세계와의 관계가 친화적이냐 아니냐에 따라 서로 반대
성향을 보인다고 말했다. 즉 친화적이었던 유럽의 남쪽
나라에서는 자연을 그대로 재현하는 고전주의를 탄생시켰고,
북쪽 나라에서는 더 표현적이고 추상적인 미술이 탄생했다는
것이다. 그의 이론은 남유럽의 이탈리아와 북유럽의 독일
미술의 차이에 적용해 볼 수 있다. 예술 작품은 작가의
환경에서 나온다고 본 이폴리트 텐의 이론도 자주 거론되었다.
그러나 이들의 학설에 대해 독자적인 작품은 환경보다는
작가의 개성이나 천재성에 의한 것이라는 반발도 만만치
않았다.

환경론을 받아들인 화가는 구본웅이었다. 그는 "지리적
관계와 역사적 관습은 우리에게 민족성 내지 지방색을 규정케
하지 않았습니까. 이 성색(性色)은 유기적 내지 무기적의 모든
점에서 볼 수 있으니 같은 민족 안 지방 사람은 생활 풍습과
언어 행동이 같음은 말할 것도 없이 취미와 기호도 공통성을
가졌지요. 이는 하루아침에 이루어진 것이 아니요 구별된
풍토와 오랜 역사가 그리 시킴이니 (…) 우리에게는 우리로서의
특유성이 있겠습니다"라고 말했다.[23]

오지호와 함께 김주경도 밝고 맑은 조선의 자연을
표현하려 했다. 두 화가는 각각 열 점의 원색 도판을 곁들여
『이인화집』(二人畵集)을 출판했는데 개인 화집으로는
처음이었다. 김주경은 오지호가 고려미술원에 다닐 때 알게
된 오랜 친구였다. 김주경은 고려미술원에서 중앙고보
도화 선생인 이종우의 지도를 받고 그 후 도쿄미술학교
도화사범과에 입학하게 된다. 도쿄에서 김주경은 일본의
프로 미술동맹에 가입하기도 했으나 이후 미술은 무엇보다
개인의 표현이라는 생각으로 탈퇴했다. 그럴지만 미술이
계몽적이어야 하고 민중에게 새로운 희망을 주어야 한다는
믿음은 끝까지 가지고 있었던 것으로 보인다.

1930년대 후반에 그린 「가을볕」(1936), 「오지호」(1937)에서
김주경은 인상주의, 후기인상주의를 넘어서 야수주의적

18

"5월의 햇볕은 상당히 강렬하였고
그리는 도중에 꽃은 자꾸 피었다.
왱왱거리는 벌들과 한가지로 아침부터
저녁까지 이 임금원에서 사흘을 지냈다.
그리고 이 그림이 거의 완성하면서
꽃도 지기 시작하였다." 오지호·김주경,
『이인화집』(경성: 한성도서, 1938), 7;
오지호, 『팔레트 위의 철학』(죽림, 1999)에
재수록.

19

『이인화집』, 6. 오지호, 『팔레트 위의
철학』에 재수록, 619.

20

이성부, 『오지호 작품집』, 24-26.
추상미술의 선구자였던 김환기도 자신이
푸른색을 즐겨 쓰는 이유는 한국의 하늘과
동해는 푸르고 맑으며 이러한 나라에 사는
한국 사람들은 깨끗하고 단순한 것을
좋아하기 때문이라고 말한 바 있다.

21

고희동, 「서양화의 연원(1)」, 『서화협회보』,
1권, 1호, 1921.

22

윤희순, 「제11회 조선미술전람회의
제현상」, 『매일신보』, 1932년 6월 1-8일
자.

23

구본웅, 「제13회 조선미전을 봄」,
『조선중앙일보』, 1934년 5월 30일-6월
6일 자.

fig. 11

오지호, 「남향집」, 1939, 캔버스에 유채,
80×65cm. 국립현대미술관 소장.

한국미술의 정체성 모색

터치를 보이는데 누구보다도 1905년경 마티스의 화풍을 연상시킨다. 김주경은 특히 가을을 좋아했던 것 같다. 1936년의 「가을볕」fig.12에 대해 그는 "가을 햇볕이 빛나는 세계야말로, 신비의 힘을 어지러이 뿌리는, 노래와 춤이 찬연한 융합"이라고 썼다.[24] 캔버스에는 흰 바탕이 그대로 남아 있기도 하고, 기름진 물감에 담긴 경쾌한 색채가 화면 위를 가볍게 스쳐 지나간다. 김주경은 「가을의 자화상」(1936)에서 맑고 푸른 하늘과 구름이 4/5 이상을 차지하는 가운데 그림을 그리는 화가 자신을 화면 아래에 작게 묘사하는 과감한 구성을 채택해 자연의 광대함을 가슴으로 마주하는 겸허함을 강조했다.fig.13 관람자는 뒷모습을 보이는 화가 바로 뒤에서 자연을 마주하고 있는 듯한 느낌을 받는다. 오지호와 김주경은 조선의 맑은 하늘, 햇빛, 바람, 그리고 그 가운데서 성장하는 나무, 꽃을 찬양한다. 이들은 과거 지식인이나 선비들이 시를 읊고 감평을 쓰면서 지적 의미를 부여한 전통 산수화에서 벗어나, 평범하고 순수한 자연 그 자체를 찬미하고 있다.

화가들만이 자연을 새롭게 발견한 것은 아니었다. 자연 속의 산책은 신문지상이나 잡지에서 교양인을 위한 심신의 재충전을 위해 독려되었다. 이광수가 "대자연을 접하는 것은 세상의 악착스러운 것을 잊고 생명의 기쁨을 깨닫는 것"이라고 말한 것처럼, 자연은 도시의 지식인들에게 생명을 느끼고 심신을 상쾌하게 하는 곳이었다.[25] 이제 자연은 감상의 대상일 뿐 아니라 생명, 자유, 미를 내포하는 의미를 띠게 되었다. 오지호와 김주경의 자연은 경이롭고 생기가 넘치며, 누구나 쉽게 향유할 수 있는 순수한 한국의 자연이었다.

전통의 부활

일련의 서양화가들은 여전히 서양미술 사조에 관심을 가지면서도 전통을 재인식하고 각성하게 된다. 화가 김만형(金晚炯, 1916-1984)은 "희랍 조각만을 완벽한 작품으로 믿고 오던 눈에 경주 석굴암의 본존·보살상 등의 완벽한 미는 너무나 큰 경이였다. 강서 고분 청룡도의 패기만만한 선, 빈틈없는 구성, 백제 관음의 정적한 분위기, 정치한 고려 공예품들, 심오한 청자색, 소박한 백자 등등, 우리 몸 가까이 있으면서도 등한히 생각하던 것이 무한한 감격과 환희와 교시를 준다"고 말했다.[26] 도쿄미술학교를 나온 도상봉은 서화 골동에 관심을 가졌고 특히 도자기를 사랑해 아호도 도자의 샘을 의미하는 도천(陶泉)이라 하였다. 1933년도 작 「도자기와 여인」처럼 조선백자는 그의 작품에 자주 등장한다.fig.14 의자에 앉은 여성은 구성의 중심이지만 그에 못지않게 좌우에 배치된 도자기, 시계, 장롱은 직선과 곡선, 그리고 견고한 입체 형태와 주변 공간과의 관계가 세심하게 조절되어 묘사되었다. 대낮의 광선이 정교하게 관찰되면서 색채는 흰색과 갈색 톤의

은은하고 부드러운 대비를 준다.

과거에 대한 의식적인 도취는 같은 시기에 근대성과 모더니즘을 추구하던 미술가들과는 역행하는 것이기도 했지만 전통의 독자성을 찾는 것은 의미가 있는 일이었다. 이종우, 이병규(李昞圭, 1901-1974), 송병돈(宋秉敦, 1902-1967), 김용준, 황술조(黃述祚, 1904-0939), 구본웅, 김응진(金應璡, 1907-1977), 길진섭은 1934년 목일회를 조직하고 전통을 바탕으로 하는 한국적 서양화를 구현해 내고자 했다. 조선미술전람회를 거부한 목일회는 목시회(牧時會)로 개명하고, 1937년 6월 화신화랑에서 그룹전을 가졌다. 이 전시에는 기존 회원 외에도 백남순, 임용련, 장발, 이마동, 신홍휴, 이봉영, 홍득순(洪得順), 공진형(孔鎭衡)이 새로이 참가했다. 목시회 회원들도 입체주의, 야수주의, 표현주의와 같은 서양미술의 흐름이 동양미술의 핵심인 주관적 세계를 지향한다고 믿고 있었다.

서양화를 그리던 화가들이 동양미술의 전통을 탐구하는 것은 일본 미술계에서부터 시작되었다.[27] 서양화가 요로츠 데쓰고로(萬鐵五郎, 1885-1927)는 동양의 문화 전통이 지닌 세계적 가치를 발견하자는 분위기에 앞장선 미술가로, 문인화를 높이 평가하면서 1915년부터 붓과 먹을 사용했다. 기시다 류세이(岸田劉生, 1891-1929)도 유화와 수묵화를 모두 시도한 화가였다. 다이쇼 시기에 들어와 일본의 서양화가들은 20세기 초 프랑스에서 일어난 야수주의에 보이는 주관적인 색채와 필치에 의한 표현력이 동양적 운필과 유사하다고 보았다. 미술사학자 다나카 도요조(田中豊藏, 1881-1948)는 이러한 경향을 남화(南畫, 남종화[南宗畫]의 준말)의 특징이라고 지적하면서, 사실에서 떠나 주관적인 표현을 추구하는 서양미술의 새로운 움직임은 이미 아시아에서 실천돼 왔으며 이제 남화와 서양화는 공통된 방향으로 가고 있다고 주장했다.[28] 쇼와 시기에 접어들면서 일본 정서를 추구하는 신일본주의의 움직임과 더불어 소위 '일본적 포브' 양식이 유행하게 된다. '일본적 포브'란 야수주의의 밝고 풍요로운 색채를 받아들여 자연을 생생하게 재구성하면서 남화풍의 화법을 과감히 적용해 일본의 독자적인 정감을 살린 유화를 의미한다. 야수주의는 아직도 과격하게 보이는 입체주의와 같은 추상미술을 수용하지 않고서도 자연을 감각적이고 주관적으로 표현할 수 있는 양식으로 비쳤고 일본적 정서에 맞았던 것으로 보인다. 고지마 젠자부로(兒島善三郎, 1893-1962)나 야스이 소타로 등이 이끌었던 '일본적 포브'는 선명하고 산뜻한 색채와 거의 동양화의 필치에 가까운 속도감과 생동감 있는 붓질을 사용해, 자유분방한 원색의 대비와 평면성을 강조하는 유럽의 야수주의와는 차이가 있었다.

목시회의 회원으로 야수주의에 심취해 있었던 구본웅은

24
오지호·김주경, 『이인화집』, 19; 오지호,
『팔레트 위의 철학』, 673에 재수록.

25
서유리, 「근대적 풍경화의 수용과 발전」,
『한국근대미술과 시각문화』, 103.

26
김만형, 「나의 제작태도」, 『조광』, 1942년
6월.

27
야마나시 에미코, 「국립중앙박물관 소장
이왕가 구장 일본서양화에 관하여」,
『일본근대미술 서양화편』, 192.

28
같은 글, 191–193.

fig. 12
김주경, 「가을볕」, 1936, 캔버스에 유채.

fig. 13
김주경, 「가을의 자화상」, 1936, 캔버스에
유채, 65.2x49cm.

fig. 14
도상봉, 「도자기와 여인」, 1933, 캔버스에
유채, 117×91cm. 리움미술관 소장.

fig. 15
구본웅, 「고행도」, 1935, 종이에 먹,
27.3×24cm. 개인 소장. 이미지 제공:
케이옥션.

fig. 16
구본웅, 「만파」, 1937, 종이에 먹,
27.3×24cm. 개인 소장. 이미지 제공:
케이옥션.

일본 유학에서 돌아온 후 전통에 대해 성찰하고 있었다. 그는 서예를 동양미술의 극치라고 말하면서 선의 율동과 조화의 추상적 미를 오랜 역사를 가진 민족의 특징으로 보았다.[29] 구본웅이 1935년에 제작한 「고행도」는 불교를 주제로 하는 수묵 담채화로 선 중심의 드로잉에 가깝다.fig.15 보리수 아래에 앉아 있는 부처님은 악마인 지신(地神) 마라와 그의 세 딸의 유혹을 받고 있는데 부처님이 깨달음을 얻으면서 손가락을 땅에 대는 항마촉지인(降魔觸地印)을 하자 땅이 흔들리면서 유혹을 물리친다는 내용이다. 「만파」(卍巴, 1937)에서는 부처님이 땅 위에 앉아 있고 마라의 세 딸과 기괴한 동물들은 지하 세계로 빨려 들어가고 있다.fig.16 1934년에서 1936년까지 우고당(友古堂)이라는 골동상을 운영하면서 고미술에 깊이 관심을 갖게 된 구본웅은 유화로 괴석도 많이 그렸다. 괴석은 자연의 가장 오래된 대상일 뿐 아니라 그 불변성이 선비의 절개와 이상적인 군자를 의미해 문인화에서 자주 다룬 소재였다.

1930년 도쿄에서 구본웅은 김용준과 함께 백만양화회(白蠻洋畵會)를 결성했는데 이마동, 길진섭, 김응진이 참여했다. 1926년에 도쿄미술학교 서양화과에 들어가 1931년에 졸업한 김용준은 일본에 있을 무렵 프로 미술의 영향을 받아 부르주아 전유물인 아카데미즘을 거부하고 시대의식을 가지고 투쟁해야 한다고 주장했다. 그러나 얼마 후 프로 미술에 한계를 느끼고 순수미술로 돌아온 그는 수묵화, 사군자, 서예 등을 배우기도 하다가 아예 수묵화가로 전향했다.[30] 후일 월북 작가가 되는 김용준의 작품은 현재 몇 점밖에 남아 있지 않아 평가가 쉽지 않으나 이론에 관심이 많았던 그는 많은 글을 남기고 『문장』을 비롯한 여러 잡지에 표지화와 삽화 등을 그렸다. 그의 전통에 대한 관심은 고미술을 좋아한 문인 이태준과의 우정에서 비롯되기도 했다고 전해진다.

전통이란 오랜 기간을 거치는 동안 살아남은 의미 있는 현상으로 그 민족에게 정체성을 부여하지만 단일한 것, 획일적인 것이 아니며 여러 시각에서 바라볼 수 있다. 당시 김용준, 구본웅, 이태준이 선별한 전통은 문인 취향을 강조하는 선비의 전통이었다. 이태준이 편집 주간이었던 『문장』(1939년 2월–1941년 4월)은 조선의 고결한 선비 정신을 계승하고 동양 문화를 부흥시키려고 했다. 필진으로는 이병기(李秉岐, 1891–1968), 정지용 등이 있었고 표지화나 삽화는 길진섭, 정현웅, 김용준이 많이 그렸으며, 『문장』의 제호(題號)에는 추사 김정희의 서체를 사용했다. 서예는 『문장』 그룹이 모두 찬양하는 장르였다. 문인화의 기운생동한 필선과 시서화 사상에 심취해 있었던 이태준 역시 서양의 야수주의나 표현주의의 선과 형태 왜곡은 직관적 감성으로

그리는 문인화와 공통점이 있다고 보았고 현시대를 동양으로 돌아오는 시기로 이해했다.

이태준은 "서양화가 색채 본위인 만큼 피는 느껴져도 동양인의 최고 표정인 선(禪)은 좀처럼 느낄 수 없으므로, 서양화보다는 동양화를 더 즐길 줄 아는 이가 문화가 좀 더 높은 사람"이라고 말하면서 동양 문화에 대한 자긍심을 한껏 표현했다.[31] 그는 "동양의 교양으로 고도의 것이면 고도의 것일수록 선(禪)의 경지를 품지 않은 것이 드물 것이다. 서구 사람들은 방 속에서 미인의 나체를 그리고 있을 때 동양 사람들은 정원에 나와 괴석을 사생하고 있지 않았는가? 이런 취미는 미술에서뿐이 아니다. 동양의 교양인들은 시·서·화를 일원(一元)의 것으로 여겼다. 한 사람의 기술로서 이 세 가지를 다 가졌을 뿐 아니라 정신으로 괴석을 시·서·화에 다 신봉하였다"라고 했다.[32]

이태준과 절친이었던 김용준도 "우리들은 아직도 조선의 새로운 예술을 발견치 못하였다. 우리들은 아직도 서구 모방의 인상주의에서 발을 멈추고, 혹은 사실주의에서, 혹은 입체주의에서, 혹은 신고전주의에서 혼돈의 심연에 그치고 말았다. 우리들이 취할 조선의 예술은 서구의 그것을 모방하는 데 그침이 아니요, 또는 정치적으로 구분하는 민족주의적 입장을 설명하는 그것도 아니요, 진실로 그 향토적 정서를 노래하고 그 율조를 찾는 데 있을 것이다. 그것을 찾기 위하여는 우리들은 석일(昔日)의 예술은 물론이거니와, 현대가 가진 모든 서구의 예술을 연구하여야 할 필요를 절대적으로 느낀 것이다. 왜 그러냐 하면, 서구의 예술이 이미 동양적 정신으로 돌아오기 때문이다"라고 주장했다.[33]

문인화가로서 정체성을 내건 김용준은 서(書)를 "예술의 극치"로 보고 시서화가 종합된 예술을 꿈꾸었다.[34] 그는 1940년 12월 『문장』의 표지화로 괴석 위에 앉은 까치를 그렸고, 1941년 3월에는 추위를 이기고 꽃을 피워 봄이 오고 있음을 알리는 흰 매화를 그렸다.fig.17 문인화에서 즐겨 다룬 난, 매화, 괴석, 문방구류는 늘 그의 표지화에 등장했고 제발(題跋)과 낙관을 사용하기도 했다. 김용준은 유려한 붓놀림과 먹의 다양함으로 문인 수묵화의 전통과 선비적 정서를 부활시켜 계승하려 했고, 이러한 시도는 전통을 근대적으로 보이게 했다. 김용준의 「문방청취」(1942) 같은 작품은 과일, 문방구류나 도자기 등 여러 정물을 섬세하게 묘사하는 기명절지의 형식을 따르고 있다.fig.18 이 작품에는 원근법을 적용해 그린 고서(古書)가 펼쳐 있고 긴 목의 고려청자, 길상을 의미하는 불수감(佛手柑) 등의 정물이 담채로 간결하게 그려져, 그 자신이 말한 '고담한 맛'을 담고 있다. 제발에 김용준은 석류꽃 피는 여름인 음력 5월 노시산방(老柿山房)에서 그렸다고 밝혔다.

29
구본웅, 「제13회 조선미전을 봄 1」,
『조선중앙일보』, 1934년 5월 30일 자.

30
김용준, 「무산계급회화론」, 『조선일보』,
1927년 5월 30일–6월 5일 자;
「프롤레타리아 미술비판—사이비 예술을
구제하기 위하여」, 『조선일보』, 1927년 9월
18–30일 자.

31
이태준, 『무서록』(박문서관, 1941). 1994년
깊은샘에서 나온 재발간본 135에서 인용.

32
이태준, 「서구정신과 동방정취」, 같은 책,
56.

33
김용준, 「동미전을 개최하면서」,
『동아일보』, 1930년 4월 12–13일 자.

34
김용준은 「제11회 서화협전의 인상」에서
서와 사군자는 예술의 극치이며
동양화부에 있어서는 남화의 지지자가
많아지기 바란다고 썼다. 『삼천리』,
1931년 11월.

fig. 17
김용준, 『문장』 3권 3호 표지, 1941년 3월.
국립현대미술관 미술연구센터 소장.

fig. 18
김용준, 「문방청취」, 1942, 종이에 수묵
담채, 29×43.5cm.

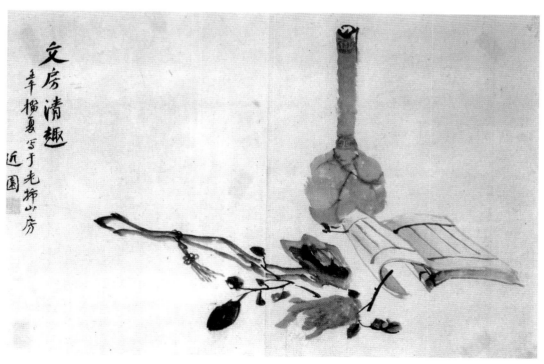

『문장』 그룹과는 별도로 이여성(李如星, 1901-?)은 조선학
운동과 더불어 각종 문헌을 고증해 옛 풍습을 재현하고 후세에
남기기 위해 역사화를 그렸다. 그는 서화협회전에 입선하기도
하고 이상범과 2인전(1935)도 가진 화가였지만, 『조선일보』,
『동아일보』에 재직한 언론인이자 학자였고, 해방 이후에는
월북하여 정치가로도 활동한 인물이었다. 그가 1930년대
중반에 그린 「격구도」(擊毬圖)는 고려시대에 했던 마상경기로
말을 타고 공을 막대기로 멀리 보내는 전통 무예였다.fig.19 그림
윗부분에 그는 『경국대전』, 『용비어천가』에 나오는 격구에
대한 글을 적어 놓았다. 이 작품은 이여성이 제작한 열두 점의
역사화 중 하나로 나머지 작품들은 화재로 소실되었다. 복식을
연구하기도 한 이여성은 「격구도」에서 고증에 의한 복식의
사실적인 묘사를 하고 있다.

전통을 추구하는 현상은 소재의 측면에서 전통을 재생하는
방법으로도 나타났다. 한복을 입은 여인을 그린 작품들이 이
시기에 다수 제작되는 경향이 바로 그런 예이다. 김기창의
「고완」(古翫, 1939) 같은 작품에서는 한복을 곱게 입은 여성이
덕수궁의 이왕가미술관에서 삼국시대의 금동반가사유상이나
고려자기 등을 감상하고 있다.fig.20 한복의 여인이라는 소재는
향토색과 겹치기도 하지만 이 작품의 경우 교양을 갖춘 근대적
여성상의 표현으로도 볼 수 있다.

김복진도 한복을 입은 여인을 조각하였다. 「백화」(1938)는
이제까지 여성 조각상이 대부분 누드였던 데 비해 한복을 입은
특정 인물이라는 점에서 의미가 남다르다. 백화는 1932년
박화성(朴花城, 1904-1988)이 『동아일보』에 연재한 소설
「백화」의 주인공으로 고려의 기생이었다. 이 소설은 고려
말기 간신배들에 의해 아버지가 무고하게 세상을 떠나자
딸 백화가 고난을 견디고 명기(名妓)가 되어 결국 아버지의
누명을 벗겨 준다는 줄거리로, 사회 구조의 모순을 파헤쳤다는
평을 받았고 1937년에는 연극으로도 공연되었다. 김복진은
백화의 여주인공을 맡았던 배우 한은진(韓銀珍, 1918-2003)을
모델로 작업해 제17회 조선미술전람회에도 출품하고 일본의
제2회 신문전에도 출품했다. 작품은 현존하지 않으나
사진만으로 판단하건대 각각의 전시에 출품된 「백화」는
서로 다른 작품으로 추정된다. 조선미술전람회에 출품한
「백화」fig.21는 좌대와 치맛주름이 신문전 출품작fig.22과는
다르다. 조선미술전람회 출품작의 치맛자락은 부드럽게
처리되었으며 인체는 전반적으로 기둥과 같은 수직성을 띤다.
두 작품의 재료가 석고인지 나무인지에 대해서도 여러 의견이
개진되었다.35

김복진은 전향서를 쓰고 출옥한 후 표면적으로는 사회주의
운동과 거리를 두었고 1936년 15회 조선미술전람회에 「불상

습작」을 출품하였다. 서양 조각의 훈련을 받은 김복진이
불상 조각을 한 사실은 의외라고 여길 수 있다. 그러나 그가
감옥에 있으면서 불법에 귀의한 개인적인 이유 외에도
도쿄미술학교 재학 시 불상의 모각(模刻)을 강조하는 교육을
받았으며, 스승이었던 다카무라 고운이나 다테하타 타이무가
불상 조각을 여러 점 제작한 것을 미루어 보면 그의 불교
조각에 대한 관심은 당연하다고까지 생각된다.36 김복진이
제작한 중요한 불교 조각은 전라북도 김제의 금산사 미륵전의
미륵불이다.fig.23 1934년에 화재로 주존불이 소실되자
금산사는 공모전을 통해 김복진을 선정했고, 그는 원래의
불상 사진을 참고로 높이가 11미터가 넘는 미륵불을 1936년에
완성하고 1938년 9월에 낙성식을 거행했다.37 정면상인
이 소조상은 통일신라시대의 불상같이 정형화된 규범을
따르면서 왼손에는 보주형 연봉오리를 받쳐 들고 오른손은
시무외인(施無畏印, 중생의 두려움을 없애고 위안과 평정을
주는 수인)을 하고 있다. 서양 조각을 전공한 김복진의
작품답게 이 미륵불은 신체의 각 부분이 균형 잡혀 있고,
양감이 강조되었으며 근엄하면서도 당당하다.

1939년에 김복진은 법주사 미륵대불을 의뢰받았으나 머리
부분을 완성하고 전체 비례를 잡아 놓은 상태에서 자금난으로
중단되었는데 그가 1940년에 사망하면서 미완성으로 남아
있었다. 이후 이 작업은 윤효중, 장기은(張基殷, 1922-1961),
임천(林泉) 등에 의해 1963년에 시멘트로 완성되었는데,
이 거대한 불상은 1987년에 철거되고 금동불로 대체되어
김복진의 원형은 거의 사라지게 되었다.

동양화가 이응노(李應魯, 1904-1989)는 전통을
계승하면서도 새롭게 바라본 흥미로운 화가였다. 그는 나이
19세인 1923년에 김규진의 문하로 들어가 사군자를 배우고
1924년 제3회 조선미술전람회에 입선하면서 화가로서의
일생을 시작했다. 그 후 1935년에 일본으로 건너가
가와바타화학교에서 일본화를, 혼고(本鄕)회화연구소에서
서양화를 배운 그는 남화의 대가인 마츠바야시
게이게츠(松林桂月, 1876-1963)에게 사사하면서 화풍이
변화하기 시작한다. 1920년대가 전통 동양화를 배운 시기라면
1930년대는 자연의 사실주의를 탐구한 시기였다.

이응노의 변화한 화풍은 금강산을 그린 작품에서
나타난다. 1931년에 철원과 내금강을 연결하는 금강산
관광 철도가 개통되면서 1920년에는 불과 700여 명이었던
관광객이 1933년경에는 4만 명에 가깝게 증가하고 사진첩,
그림엽서들이 많이 발간되었다.38 화가들도 조선시대에
정선이나 김홍도(金弘道, 1745-?) 등이 영감을 받았던 이
명산을 여행하고 전통적 주제를 새롭게 그렸다. 이응노가
1945년 봄에 그린 「외금강」은 1941년의 금강산 여행을 기억해

35
김이순, 「김복진의 목조각」, 『한국의
근현대미술』(서울: 조형교육, 2007),
53–82; 윤범모, 『김복진 연구』, 102–112.

36
타나카 슈지(田中修二), 「일본 근대조각과
이왕가 컬렉션」, 『국립중앙박물관 소장
일본근대 미술, 조각·공예편』, 222.

37
불교문화재연구소, 『근현대문화 유산
종교분야(불교) 목록화 조사연구
보고서』(문화재청, 2013), 96–99.

38
이태호, 「일만이천봉에 서린
꿈—금강산의 문화와 예술 300년」,
『몽유금강, 그림으로 보는 금강산 300년』,
전시 도록(서울: 일민미술관, 1999), 117.

fig. 19
이여성, 「격구도」, 1930년대 중반, 비단에
채색, 90.5×87cm. 말박물관 소장.

fig. 20
김기창, 「고완」, 1939.

그린 대작이다.fig.24 전경에는 서양의 원근법이 적용되어 세 개의 거대한 산봉우리가 연속적으로 솟아 올라가 있고 그 뒤로는 첩첩이 산봉우리와 협곡이 보인다. 산봉우리에는 붉은색, 노란색이 가는 필선으로 세밀하게 찍혀 가을 풍경을 그린 것으로 추정된다. 이 작품은 실경에 바탕을 두고 작가가 해석하는 산세의 에너지가 주관적으로 구현된 작품으로 진경산수의 현대적 계승으로 볼 수 있다.

새로운 세대로 등장한 정종여 역시 금강산과 경포대를 그렸다. 그는 1929년에 일본으로 가 1934년부터 오사카미술학교에서 일본화를 전공해 1942년에 졸업하고, 경성에서는 이상범의 청전화숙에서 지도를 받았다. 정종여의 대표작은 주로 실경을 바탕으로 한 수묵 담채풍의 산수화를 꼽지만, 그는 화조화, 인물화 등 다양한 소재를 다룰 수 있는 화가였다. 전통적인 산수화를 계승하는 「금강산 전망」(1942)과 같은 작품에서는 부감법을 사용해 파노라마같이 펼쳐지는 산세를 그리면서도 어촌에서 분주하게 일하는 어부와 머리에 소쿠리를 이고 걸어가는 아낙네들의 모습을 포함해 일상에 대한 관심을 보인다.fig.25 정종여는 평범한 사람들의 생활이나 군중의 모습을 관찰하고 스케치한 습작을 많이 남겼는데 가을에 감나무 아래에서 흥에 겨워 춤을 추고 즐기는 사람들의 모습을 그린 「시하연」(柿下宴, 1944)은 전통적인 풍속화를 근대적인 주제로 확장시킨 작품이라고 볼 수 있다.fig.26

한국적 미술의 정체성을 이론적으로 규명하려는 노력은 평론가나 학자들에 의해서도 진행되었다. 그때까지 한국미술사를 저술한 사람들은 주로 일본인이었다. 조선에서 고적조사를 주도하고 『조선미술사』(1932)를 쓴 세키노 다다시는 고건축, 탑파, 고분의 부장품에 대한 지식은 있었으나 조선시대 회화에 대해서는 상대적으로 잘 알지 못했다. 이러한 이유에서인지 그는 신라(기원전 57–935)나 고려(936–1392)와는 달리 조선(1392–1910)의 문화는 전근대적이고 정체되었다고 보았다. 그에 의해 정리된 한국의 미술사는 타율성 사관과 정체성론으로 이어져 조선은 자체적으로 근대화를 이루어 낼 수 없는 국가였기 때문에 일본에 의해 근대화가 이루어질 수밖에 없었다는 논리를 뒷받침해 주는 것이었다.

미학자이자 민예운동가 야나기 소에츠는 도자기를 좋아한 조각가 아사카와 노리타카의 소개로 1916년에 처음 한국에 왔다. 그 후 20여 차례 방문하면서 도자기를 좋아하게 되었고 후에는 목가구, 석공예, 생활 공예로 관심을 확장시켰다. 그는 1920년 『시라카바』(白樺) 제2호에 삼국시대와 통일신라시대의 불교 미술을 소개하는 글을 썼고, 1922년에는 잡지 『신초』(新潮) 1월 호에 조선미술론을 펼쳤다.[39] 그 글에서

야나기는 조선의 역사가 고뇌의 역사이고 조선미술의 특징은 백색과 선에 있으며, 한(恨)이 있는 '비애의 미'라고 말했다. 그는 "반도라는 사실이 곧 이 나라의 운명의 방향을 정했다. (…) 괴로움과 외로움이 전신에 배어 있다. (…) 흰옷은 언제나 상복이었다. 고독하고 신중한 마음의 상징이었다. (…) 이 민족이 맛본 고통스럽고 의지할 곳 없는 역사적 경험은 그러한 의복을 입는 것을 오히려 어울리게 만들어 버리지 않았는가. 색깔이 풍부하지 못한 것은 생활에서 즐거움을 잃었다는 확실한 증거가 아닌가"라고 지적했다.[40] 한국의 미술을 반도라는 지정학적 배경과 외세에 의존하는 타율성으로 인해 몸에 배인 한과 삶의 고통의 반영으로 본 그의 글들은 후일 한국적 미의 다양성을 제대로 보지 못했다는 큰 반박을 받게 된다.[41]

이러한 관점의 야나기의 글들은 주로 1914년에서 1924년 사이에 쓴 것으로, 이후 그의 관심은 비애의 미보다는 민예품의 자연스러운 건강미로 옮겨갔다. 무명의 공예가가 만든 무작위적이고 소박한 미를 조선 민예품에서 발견한 그는 1920년대 후반 일본에서 일어난 민예운동의 창시자가 되었다. 야나기는 순수미술과 응용미술을 상하 관계로 이해한 서양식 체계는 도자, 직물 등 공예품이 중요한 동양의 미술 체계에 적절하지 않다고 보았는데 이 부분에서 그는 당시 문화적 국수주의 경향으로 흐르고 있던 일본 지식인들의 분위기에 공감했다.[42] 민예품에 대한 야나기의 시각은 또한 19세기 중엽 영국의 윌리엄 모리스(William Morris, 1834–1896)가 기계적 대량 생산을 반대하면서 주도한 '미술 공예 운동'(Arts and Crafts Movement)과도 관련이 있는 것으로 보인다.[43]

3.1 운동 이후 야나기는 일본의 조선 정책을 비판하는 글을 기고했고, 1924년에는 아사카와 형제들과 함께 조선민족박물관을 설립하기도 한다. 이러한 사실은 야나기가 한국과 한국미술에 애정을 가지고 있었음을 증명하지만 한편 일본인으로서 그때까지 한국인은 알아보지 못했던 조선미술과 민예품을 감별하는 안목과 가치를 가르친 문화적 권위는 그를 식민 지배국 지식인이라는 시대적 프레임에서 자유롭지 못하게 한다.

한국인으로는 오세창이 신라시대의 솔거에서부터 동시대의 서화가 정대유까지의 기록을 모아 서화 인명록을 출간했다. 역관이자 서화 수집가 오경석(吳慶錫, 1831–1879)의 아들로 개화 관료였던 오세창은 3.1 운동의 민족대표 33인의 하나이기도 했다. 그는 서화의 자료들이 흩어지고 없어지는 것이 안타까워 자료를 모으기 시작해 1917년에 방대한 규모의 고서화를 체계적으로 정리한 세 권의 필사본을 완성했고 다시 1928년에 『근역서화징』(槿域書畫徵)을 활자본으로 발간했다.

39
柳宗悦,「朝鮮の美術」,『朝鮮とその藝術』,
柳宗悦 全集 6(東京: 筑摩書房, 1981),
89–109.

40
야나기 무네요시,『조선과 그 예술』,
이길진 옮김(서울: 신구문화사, 1994),
87과 99에서 인용. 전문은 81–103.

41
조선미,「柳宗悦의 한국 미술관에 대한
비판 및 수용」,『한국현대미술의 흐름』,
석남 고희기념논총간행위원회 편(서울:
일지사, 1988), 360–384.

42
킴 브란트,「욕망의 대상: 일본인
수집가와 식민지 조선」, 이원진 옮김,
『한국근대미술사학』, 17집(2006): 260.

43
Yuko Kikuchi, "The Myth of Yanagi's
Originality: The Formation of *Mingei*
Theory in its Social and Historical
Context," *Journal of Design History*, vol.7,
no.4 (1994): 247–266.

fig. 25
정종여,「금강산 전망」, 1942, 종이에
수묵 담채, 10곡 병풍, 135×350cm.
국립현대미술관 소장.

fig. 26
정종여,「시하연」, 1944, 종이에 수묵
담채, 20.7×29.8cm. 유족 소장.

서예가 392명, 화가 576명, 서화가 149명의 계보를 기록한
이 책에는 특히 조선시대의 서화가 상당수 포함되었다.
『근역서화징』은 서화가 개인에 대한 평전이라기보다는
회화사에 남을 과거의 대가들을 서술한 민족 유산의
기록으로서 의의를 가진다.

　　전문적인 교육을 받고 조선미술의 정체성을 규명하고자
한 사람은 고유섭(高裕燮, 1905–1944)이었다. 고유섭은
1930년 경성제국대학의 미학미술사학과를 졸업했는데 당시
한국인 졸업생은 고유섭 외에 후일 서울대 미학과 교수가
된 박의현(朴義鉉) 두 명뿐이었다. 그는 졸업 후 1933년부터
개성부립박물관 관장으로 있으면서 일본인 학자들이 이루어
낸 전체적인 윤곽 속에서 한국 미술의 고유성에 대한 이해
및 민족적 자의식을 고취하는 글을 여러 차례 발표했다.[44]
그는 미술의 성격은 불변적이거나 고정적인 것이 아니라
늘 새롭게 파악되기 때문에 변화할 수 있다고 말해 민족성,
풍토성의 요소에 의해 결정된다고 믿는 환경론에 반박했다.
그는 야나기가 "중국, 조선, 일본의 예술적 구분을 형, 선,
색으로 본 것은 국가적, 국민적 특색이라고 하기에는 너무
시적 구별에 불과하다"고 하면서 반도적 결정론을 비판했다.[45]
그는 조선미술의 특성은 "무기교의 기교", "무계획의 계획"
"무관심성" "구수한 큰 맛"과 "고수한 작은 맛"으로 보았다.
그 이유는 조선의 미술은 생활에서 나왔기 때문에 형태의
완벽성을 추구하기보다는 자연에 순응하려는 특징이 있으며
순박하고 계산적이지 않다고 설명했다.

　　고유섭은 왕조사를 기준으로 양식적 구분을 시도했다.
예를 들면 삼국시대를 생성기, 통일신라시대를 절정기,
고려시대를 쇠퇴기의 시작으로, 그리고 조선시대를 한층 더
쇠퇴한 시기로 보았다. 이와 같이 문화를 생성, 발전, 절정,
쇠퇴의 순환주기론으로 보는 관점은 독일의 철학자 헤겔(G. W.
Friedrich Hegel, 1770–1831)의 영향으로 보이지만 조선시대를
평가 절하한 것은 일본 관학자들의 식민사관을 반영한
것이기도 하다. 고유섭의 한계는 그가 받은 일본식 교육이나
그 시대의 지적 분위기를 넘어서기가 어려웠기 때문이라고
보인다. 고유섭의 글은 그럼에도 불구하고 한국인으로는 처음
한국미술의 특징 및 고유성을 규정하려 한 시도였다는 점에서
중요하다. 그의 이러한 노력도 1944년에 40세의 젊은 나이로
타계하여 더 깊이 있는 연구로 연결되지는 못했다.

　　전통에 대한 또 하나의 통찰력 있는 시각은 1946년에
윤희순의 글에서 발견된다. 그는 "우리들의 전통이라는 것은
실상은 외래문화의 교류에서 빚어진 독자적인 민족성의
발현이라는 것을 알아야 한다. 요컨대 전통을 세계문화 진출
때문에 방기하거나, 이와 반대로 회고의 상상에 빠짐으로 해서
답습하는 것으로만 일삼으려는 두 점을 경계하여, 건설적인

계승과 발전으로 민족문화에 이바지하는 것이 현대 작가에게
부과된 사명일 것"이라고 말했다.[46]

44

고유섭에 대해서는 김영나, 「한국미술사의
태두 고유섭, 그의 성과와 한계」,
『20세기의 한국미술 2』, 67-85.

45

고유섭, 「금동미륵반가상에 대한 고찰」,
『고유섭 전집 2』(서울: 통문관, 1993), 187.

46

윤희순, 「조형예술의 전통과 그
계승발전의 문제」, 『조선미술사』(서울:
서울신문사, 1946), 146-150. 복간된
『조선미술사 연구』(서울: 열화당, 2001),
192에서 인용.

일본 근대미술 전시와 이왕가미술관

조선총독부박물관의 발굴품과 고미술 수집에 집중하던
일제는 점차 근대미술에 관심을 가지면서 1933년부터 고종의
승하 이후 사용하지 않고 있던 덕수궁 석조전에서 일본에서
장기 대여해 온 동시대 미술품과 공예품 전시를 시작했다. 총
9집에 달하는 『이왕가덕수궁진열 일본미술품도록』에서는
이 전시의 목적이 조선에 거주하는 이들에게 최고의
미술을 감상할 기회를 제공하고 나아가 조선의 미술계를
발전시키기 위함이라고 밝히고 있다. 이 일본 근대미술
전시의 계획에는 도쿄제국대학 명예교수이자 역사학자인
구로이타 가츠미의 구상 아래 제국미술원장 마사키
나오히코(正木直彦, 1862-1940), 도쿄고등공예학교 교수
다나베 고지(田邊孝次, 1890-1945), 전 도쿄미술학교 교장 와다
에이사쿠(和田英作, 1874-1959) 등이 관여했고, 실행위원으로
마사키 외에 요코야마 다이칸(橫山大観, 1868-1953), 카와이
교쿠도(川合玉堂, 1873-1957), 야마자키 조운(山崎朝雲,
1867-1954), 아카마쓰 린사쿠(赤松麟作, 1878-1953), 이시이
하쿠데이(石井柏亭, 1882-1958), 미즈타니 구니시로(滿谷國四郎,
1874-1936) 등의 화가들이 작품을 선정한 것으로 알려진다.[47]
전시 작품은 주로 도쿄미술학교, 교토회화전문학교, 궁내성
또는 개인 소장가로부터 대여한 작품들로, 일본화는 2층에,
서양화는 3층에 전시했다. 이후 매달 10여 점 정도 회화 작품을
교체하면서 조금씩 작품을 구입하기 시작했는데 모두 이왕직
예산으로 충당했다.

소장품은 이과회나 춘양회(春陽會, 슌요카이) 전람회에서
보이던 작품도 있었으나 제국미술원전람회나 일본미술원전의
관전풍의 작품이 많았다. 이왕가박물관이 이때 구입한
작품은 일본화 93점, 서양화와 판화 41점, 공예 44점, 조각
20점 등 총 198점이었다.[48] 이 중에는 여러 점의 일본의
역사적 인물상이나 무사상들이 포함되어 있어 조선미술계를
발전시키려는 목적보다 궁극적으로 일본 문화를 소개하려는
의도가 있었다는 것을 알 수 있다. 상설전이었던 이 전시회는
교체되는 작품들이 언론에 보도되면서 일반인들의 관람을
유도했다. 일본 근대미술의 상설 전시가 한국 미술가들에게
어느 정도 영향을 미쳤는지 확실하지 않지만 경성미술구락부
등에서 일본 화가들의 작품 판매가 증가한 것은 사실이었다.[49]

1938년에는 석조전 서쪽에 미술관 기능을 갖춘 새
건물이 신축되어 이왕가박물관의 소장품과 근대미술품을
통합해 이왕가미술관이라는 명칭으로 개관하였고 전쟁으로
중단되는 1943년까지 운영했다.fig. 27 건축가는 나카무라
요시헤이(中村與志平, 1880-1963)로 1층에 수장고, 2층과 3층에
전시실이 있었다. 박물관의 명칭을 미술관으로 바꾼 것은
조선총독부박물관을 명실공히 대표 박물관으로 내세우기
위해서였다고 보인다. 이로써 서관에는 한국의 고미술을
진열하고 연결 통로로 이어지는 동관인 석조전에 일본화,
서양화, 조각, 공예 등 일본 근대미술품을 전시함으로써
한국미술사의 마무리가 자연스럽게 일본의 근대로 모아지게
했다. 이렇게 한국미술의 역사는 미술관이라는 공적 기관에서
정리되어 식민 권력에 의한 학습의 도구가 되었다.

시국미술

1937년 중일전쟁이 발발하면서 모든 일상은 전시 체제로
돌입하게 되었다. 일본은 한국인의 일상생활과 정신을
통제하고자 했다. 1938년에는 제3차 조선교육령을 통해
각 학교에서 조선어 교육을 배제해 나갔다. 1939년에는
성과 이름을 일본식으로 바꾸는 창씨개명이 강요되었고
예술인 중에서도 일본인 이름으로 개명한 사람들도 상당수
되었다. 1940년 8월에는 『조선일보』와 『동아일보』가 강제

47
야마나시 에미코, 「작풍과 미술 개념
수용의 관점에서 고찰한 이왕가컬렉션」,
『미술자료』, 87호(2015): 129.

48
이구열, 「국립중앙박물관의 일본근대미술
콜렉션」, 『일본근대미술』(서울:
국립중앙박물관, 2001), 175.

49
권행가, 「컬렉슨, 시장, 취향:
이왕가미술관 일본근대미술 컬렉션 재고」,
『미술자료』, 87호(2015): 195-196.

fig. 27
나카무라 요시헤이가 설계한 덕수궁
석조전 서관(1938), 유리건판, 12x16.4cm.
국립중앙박물관 소장.

폐간당했다. 총독부는 1938년에 국민정신총동원운동을
벌이면서 일본과 조선이 힘을 합쳐 그들이 말하는 성전(聖戰)을
이룩하자고 독려했는데, 실제 목적은 조선의 인적 물적 자원을
총동원하려는 것이었다. 전쟁이 확전되면서 1943년에 학도
지원병을 모집해 약 4,500명의 학생을 전쟁터로 끌고 갔고,
비행장, 탄광, 군수공장, 철도 등의 공사장에 100만 명 이상의
한국인 노동자를 징용하였다.[50]

지명도가 있는 문인이나 미술가는 일제의 압박으로 또는
자발적으로 강연이나 작품을 통해 학도병 지원을 격려하거나
내선일체를 지지하는 발언을 하게 된다. 미술인 중에서 그
대표적인 예가 구본웅이었다. 그는 "미술인도 또한 뜻과 기를
다하여 국민으로서의 본분을 다하여 온 것은 말할 바 없으니
혹은 종군화가로서 성전을 채취하며 혹은 시국을 말하는
화건(畵巾)을 지음으로써 뚜렷한 성전미술을 낳게까지 되어 온
것이 금일의 미술계이며 3년간의 미술 동향이었다. (…) 우리들
미술인은 적극적으로 역할을 다하여 사변 승리를 위하여,
신동아 건설을 위하여 미술의 무기화에 힘쓸 것이며 나아가
신동아 미술의 탄생을 꾀할 것이라 하겠으니"라는 글을 썼다.[51]

1940년에는 조선총독부 차원에서 국민총력조선연맹이
조직되었고 그 안에 문화부와 선전부가 있었다.
경성미술가협회, 단광회(丹光會), 조선남화연맹 등이 결성된
것도 이들의 주도에 의해서였다. 국민총력문화부장 야나베
나가사부로(矢鍋永三郎)의 다음과 같은 말은 당시 미술의
목적을 확실히 제시한다. "말할 것도 없이 조선은 일본이다.
(…) 국민미술의 범주에서 벗어난 조선미술은 존재하지
않는다. 다른 의미의 조선미술이라고 한다면 그것은 학자의
연구 대상이나 골동품처럼 과거에 있었던 것이다. (…) 조선의
미술에는 조선 풍토의 영향이 있고, 이 풍토성이 조선미술의
특성이라는 견해가 있다. 이 견해는 분명 일리가 있으나,
이것은 예술의 정신, 국민적 지향에 맞서 주장될 성질은
아니다. (…) 이 조선의 미적 전통의 지양, 황국화(皇國化)의
길이야말로, 조선미술의 현재 나아갈 방향이다."[52]

관변단체로 1941년에 조직된 경성미술가협회
(조선미술가협회로 개명)는 한국과 일본 미술가들이 포함된
친일 미술인의 총력 협의체였다. 회장은 총독부 학무국장
시오하라 도키사부로(塩原時三郎)였고 평의원으로 이종우,
배운성, 김인승, 심형구, 장발, 김은호, 이영일, 이상범, 이한복,
김경승이 있었다. 이 단체는 국방 기금 마련을 위한 전람회
개최 등 전시(戰時) 체제에 적극적으로 협조했는데 연관된
전시로는 『반도총후미술전』(1942, 1943), 『결전미술전』(1944)
등이 있었다.

일본은 1943년에 자국 내에서도 전쟁화 전담 기구를
설립하고 전쟁기록화, 또는 일본군을 영웅화한 전쟁화

220여 점(공식적으로 위탁한 작품만 포함)을 제작했으며, 이
작품들은 군에 헌납되어 순회 전시되었다. 전쟁화와 관련된
많은 기록이 사라졌지만 일본에서 전쟁화를 그린 화가의 수는
약 300명에 달했다고도 한다. 일본인 화가들의 전쟁화 작품은
『지나사변종군화전』이라는 제목으로 1938년 11월 27일부터
12월 4일까지 경성에서도 전시되었는데 주로 일본군이 중국을
공격하고 중국인들이 황군 입성을 환영하는 장면 등을 그린
작품 약 100점이었다. 이 전시에는 후지시마 타케지(藤島武二,
1867–1943), 카와바타 류우시(川端龍子)와 같은 화가의 작품도
포함되었다.

다수의 한국 미술가들도 화필보국(畵筆報國)을 내세워
전쟁을 후원하는 작품들을 제작했는데 이러한 행위는 후일
이들에게 친일 미술인이라는 멍에를 씌우고 해방 이후
대한민국미술전람회(약칭 국전)에서 배제시키는 결과를
가져왔다. 화필보국의 대표적인 작품은 김은호가 1937년에
그린 「금차봉납도」였다. 이 작품은 친일파 귀족 윤덕영의
부인이 상류층 여성을 중심으로 애국금차회(愛國金釵會)를
결성하고, 전쟁을 지원하는 의미에서 즉석에서 금차(금비녀)
열한 개, 금반지와 금귀이개 각각 두 개, 은비녀 한 개, 현금
889원 90전을 모아 국방헌금으로 미나미 지로 총독에게
증정하는 장면이다.

「조선징병제 시행기념헌납도」(1943)는 1943년 8월
징병제가 실시되는 것을 기념해 단광회 회원 열아홉
명이 공동 제작해 일본군 사령부에 기증한 작품이다.fig.28
화면에는 지원병의 행진이 배경으로 깔리면서 학도병으로
징발된 청년을 배웅하는 장면이 나타나고 비행기를 든
어린아이도 보인다. 이 작품 제작에 참여한 단광회 화가들은
김인승, 김만형, 손응성(孫應星, 1916–1979), 심형구, 박영선,
임응구(林應九, 1907–1994), 이봉상 등 한국인 화가 일곱
명과 야마다 신이치를 비롯한 일본인 화가 열두 명이었다.
『매일신보』도 조선징병제 실시 계획을 찬양하기 위해 8월
1일부터 7일까지 「님의 부르심을 받들고서」라는 제목으로
고희동, 배운성, 이용우, 김기창, 이상범, 김인승, 김중현 등의
화가와 시인을 동원해 시화(詩畵)를 연재했다. 여기서 '님'이란
천황을 의미하며 내선일체라는 명목으로 일본을 위해 나아가
싸워야 한다는 의미이다.

작품에 따라서는 순수한 미술적 시도로도 볼 수 있지만
당시의 맥락으로 보아서는 정치성을 띤 작품들도 있었다.
힘차게 활시위를 당기는 여성의 기개를 보여 주는 윤효중의
「현명」(弦鳴, 1942)은 1944년 제23회 조선미술전람회에
출품하여 최고상인 창덕궁상을 수상한 작품으로 총독관저에
소장되어 있었다.fig.29 「현명」은 한복을 입은 여인이 과녁을
향해 왼쪽 발을 앞으로 내디디면서 시위를 당기려고 하는

50
한영우, 『다시 찾는 우리 역사』(서울:
경세원, 1997), 528.

51
구본웅, 「사변과 미술인」, 『매일신보』,
1940년 7월 9일 자.

52
矢鍋永三郎, 「戰時生活と 朝鮮美術」, 『朝鮮』,
1942년 6월 4-14일; 권근영, 『서산 구본웅
연구』(석사 논문, 서울대학교, 2002),
55에서 재인용.

fig. 28
단광회, 「조선징병제 시행기념헌납도」,
1943.

fig. 29
윤효중, 「현명」, 1942, 나무,
165×110×50cm. 국립현대미술관 소장.

모습을 조각한 작품이다. 이제까지의 조각이 대부분 한 장소에서 움직임이 없이 서 있는 모습이었던 데 비해 「현명」에서는 열린 형태의 자세로 주변 공간까지도 작품의 한 부분이 되었다. 제작 연대가 전쟁 말기라는 점, 그리고 화살을 당기는 여성의 강인한 이미지에서 이 작품은 군국주의 미술이라고 할 수 있다. 윤효중은 1943년 조선미술전람회에서는 바느질하는 한복의 여인을 조각한 「천인침」(千人針)이라는 목조 작품으로 총독상을 받았다. 천인침이란 1미터 정도의 흰 천에 천 명의 여성이 붉은 실로 한 땀 한 땀씩 천 땀을 꿰매어 바느질해 병사들에게 보내자는 운동이었다. 이 천을 병사들의 배에 두르거나 모자에 꿰매면 총알을 피할 수 있다고 믿었다는 것이다.

무엇보다도 가장 광범위하게 또 효율적으로 선동할 수 있었던 장르는 잡지나 신문과 같은 인쇄 매체였다. 전시 체제로 들어가면서 여러 잡지가 사라졌지만 『조광』, 『동양지광』, 『삼천리』, 『신시대』, 『국민문학』은 1940년대 전반까지 발행되고 있었다. 일본은 새롭게 농촌의 여성을 대상으로 하는 관제 잡지 『가정지우』(家庭之友, 1936년 발간, 1941년에 '반도의 빛'[半島の光]으로 이름 변경)를 발간했는데 이 잡지는 한 번에 약 10만 부를 발행해 그 파급력이 적지 않았다.[53] '정치화된 신체' 이미지는 대부분의 잡지 표지를 휩쓸고 있었다. 여성은 아직도 둥글고 복스러운 미인 이미지로 나타나지만, 몸뻬 바지를 입고 노동을 하거나 근로 여성이나 종군 간호부와 같이 체력을 단련한 강인한 이미지로 『소국민』, 『신시대』, 『소년』 같은 잡지의 표지에 등장했다. 전쟁에는 전후방이 따로 없으며 각자의 직장이야말로 전장이라는 슬로건과 함께 여성에게는 전쟁에 나간 남성을 대신하여 후방에서 가정을 지키고 아이들을 건강한 황국의 시민으로 교육하는 역할이 주어졌다. 건강한 신체는 국가의 신체를 상징했으며, 가슴을 드러내고 아이에게 모유를 먹여 건강한 남자아이를 육성하는 모자상이 다수의 잡지 표지에 등장한다.

표지화와 삽화로 이름을 날린 대표적인 화가는 정현웅이었다. 그는 원래 조선미술전람회에 여러 번 입선과 특선을 거듭한 화가로 근대적 도시 풍경이나 「아코디언」(1937), 「백마와 소녀」(1938) 같은 유화 작품들을 제작했는데 특히 피카소의 장밋빛 시대나 청색시대의 작품에서 영감을 받은 것으로 보인다. 이후 『동아일보』, 『조선일보』, 그리고 『삼사문학』에 실린 그의 삽화들은 탄탄한 데생 실력을 바탕으로 하면서 다양한 시점을 사용해 이전의 삽화와는 분명히 구별되는 발군의 실력을 보였다. 1940년 이후 군국주의 체제로 들어가면서 정현웅이 그린 『반도의 빛』 표지들에는 미모의 여성과 아이가 일장기를 흔들고 배경에는 일장기를 꽂은 집들이 나타난다. 1943년 10월 호 표지에는

어린 아동이 군인에게 고맙다는 인사를 하는 모습이 보인다. 군인들과 어린아이들이 같이 있거나 일본기가 새겨진 장난감 비행기를 가지고 노는 아이들의 모습은 이제 일상의 한 장면으로 나타난다. 정현웅이 그린 『소국민』(小國民) 1945년 2월 호 표지에는 항공모함에서 전투기의 발진을 깃발로 신호하는 군인의 모습이 나온다. 군장을 갖추고 행진하는 군인, 훈련받는 건강한 청년들, 하늘을 나는 조종사, 근육질 노동자들은 일본 제국의 청년 이미지였다.

『매일신보』는 사진 화보 잡지인 『매신사진순보』 (每新寫眞旬報)를 발행했다. 1941년 10월 호 표지fig. 30에는 상고머리를 한 아이들 셋이 실뜨기 놀이를 하면서 손을 가운데로 모으고 있다. 삼각형으로 안정된 대칭 구도를 보이는 이 사진에서 왼쪽의 아이는 한국의 아동이고 다른 두 아이는 일본 옷을 입고 있어 사진이 내포하는 의미는 역시 내선일체다. 『매신사진순보』는 이외에도 열을 지어 행진하는 군인들의 모습을 표지에 실어 보는 사람도 마치 이 장면에 참여하는 듯이 느끼게 하고 환호하게 만들었다.

fig. 30
『매신사진순보』 표지, 1941년 10월.

전쟁이 막바지에 다다르면서 문화 활동도 더 이상
지속하기가 어려웠다. 일본의 관전인 신문전은 1943년에
막을 내렸고 조선미술전람회는 1년 후인 1944년 제23회
전시가 마지막이었다. 전시의 어려운 상황에서도 김인승의
「춘조」와 같이 한가롭게 음악 감상을 하는 작품이 1942년의
제21회 조선미술전람회에 출품되었다는 사실은 순수미술
작품이 계속 제작되고 있었음을 말해 준다. 1943년 제22회
조선미술전람회에서는 장우성의 「화실」이 창덕궁상을
받았다.fig.31 '화실'이나 '화가와 모델'이라는 주제는 서양의
화가들이 흔히 다뤘고, 특히 피카소가 즐겨 그려 유행시켰다.
장우성은 양복을 입은 자신을 파이프를 물고 잠시 휴식을
취하고 있는 모습으로 그렸는데 한복을 입은 여성 모델은
화집을 보고 있다. 탁자 위에는 붓과 물감, 꽃병 등 화실에서
쉽게 볼 수 있는 물건들이 놓여 있다. 고희동의 부채를 든
「자화상」과 비교해 보면 장우성은 자신이 근대적 예술가라는
자부심을 은연중에 드러내고 있다.

장우성처럼 동양화가들이 서양화에서 다루던
주제를 끌어들인 또 다른 예는 이유태의 「여인 삼부작,
지·감·정(智·感·情)」(1943)으로, 같은 해 조선미술전람회에
출품되었다.fig.32, 33, 34 「지」에서는 모란꽃이 화려하게 핀
정원에 길게 머리를 땋은 젊은 여성이 앉아 있고, 「감」에서는
신부가 혼례를 치르고 있으며, 「정」에는 아이를 안고 있는
쪽을 진 어머니 이미지가 나타난다. 이렇게 여인의 일생의
여러 단계를 주제로 하는 작품들은 19세기 후반 서양미술에서
자주 등장했는데, 특히 고갱의 「우리는 어디에서 왔으며,
누구이며, 어디로 가는가」(D'où Venons Nous Que Sommes
Nous Où Allons Nous, 1897)나 뭉크의 「생의 프리즈」(Frieze
of Life, 1890년대) 연작을 떠올릴 수 있다. 그러나 이유태의
영감은 일본의 서양화가 구로다 세이키의 같은 제목의 작품

「지·감·정」(智·感·情, 1899)에서 온 것으로 보인다.fig.35, 36, 37
구로다의 작품은 외광파 양식에서 벗어나 유럽 미술에서처럼
사상이나 추상적 개념을 인체로 표현하려는 시도였다.
구로다의 「지·감·정」은 인간의 감정을 누드 여성의 자세와
얼굴 표현으로 개념화했다는 점에서는 서양미술을 따라가고
있지만 배경을 황금색으로 하고 일본 여성을 모델로 했다는
점에서 동서양을 복합하고자 한 시도였다. 이유태의 작품은
반면 추상적 개념의 회화가 아니라 이야기 중심으로, 젊은
여성이 결혼을 하고 어머니가 되는 과정을 보여 주는데, 지적
교양을 쌓고 사랑을 하며 자식을 낳는 여성의 생애를 표현하고
있다. 흥미로운 부분은 「감」에서 화면의 맨 오른쪽 인물이
반으로 잘렸다는 점인데 이런 구성은 드가나 로트렉이 자주
사용하던 방법으로 우연하게 한순간에 잡힌 장면인 듯한
느낌을 준다. 그는 이듬해인 1944년에는 「탐구」와 「화운」의
연작을 발표해 지성적인 여성과 정서적인 여성을 대비시키는
시도를 하기도 했다.

새로운 세대의 화가들도 등장했다. 특히 1930년대에
서양화단의 활약에 비해 위축되었던 동양화단에서는 채색
인물화 분야에서 훌륭한 인재의 등장을 예고했다. 도쿄의
여자미술전문학교를 나온 박래현은 나이 21세의 젊은 화가로
제20회 조선미술전람회에 「부인상」(1941)으로 입선했다.
고운 옥색과 흰색의 한복을 입은 여인이 뒤돌아 의자에 앉아
있는 모습은 전형적인 일본화를 습득한 결과이다.fig.38 빈
배경과 부드러운 선으로 정의한 인체의 평면성, 그리고 뺨에
댄 왼손과 종이학을 쥐고 있는 오른손의 섬세한 처리는 이
작품의 신비로움을 더해 준다. 박래현은 1940년에 일본으로
가서 미술학교를 졸업한 후 이와부치 호가(岩淵芳華, 1901-
1956)의 화실을 다니다 1945년에 귀국하기 때문에 이 작품은
일본에 있을 때 그린 것으로 보인다. 박래현에 이어 역시 같은

fig. 31
장우성, 「화실」, 1943, 종이에 채색,
210×167.5cm. 리움미술관 소장.

fig. 32
이유태, 「여인 삼부작, 지」, 1943, 종이에
수묵 채색, 198×142cm. 리움미술관 소장.

fig. 33
이유태, 「여인 삼부작, 감」, 1943, 종이에
수묵 채색, 215×169cm. 리움미술관 소장.

fig. 34
이유태, 「여인 삼부작, 정」, 1943, 종이에
수묵 채색, 198×142cm. 리움미술관 소장.

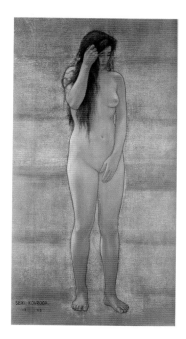 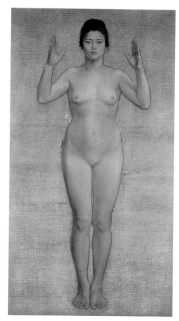 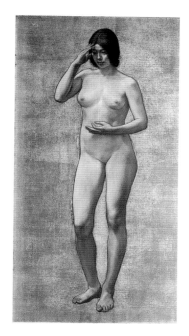

fig. 35
구로다 세이키, 「지」, 1899,
캔버스에 유채, 180.6×99.8cm.
도쿄국립문화재연구소 소장.

fig. 36
구로다 세이키, 「감」, 1899,
캔버스에 유채, 180.6×99.8cm.
도쿄국립문화재연구소 소장.

fig. 37
구로다 세이키, 「정」, 1899,
캔버스에 유채, 180.6×99.8cm.
도쿄국립문화재연구소 소장.

fig. 38
박래현, 「부인상」, 1941, 종이에 채색,
94.5×80.5cm. 이건희 컬렉션.

여자미술전문학교를 졸업한 천경자의 「노부」(1943) 역시 일본화 교육의 영향이 보인다.**fig.39** 신문을 읽는 노부인의 모습은 교육 수준이 높은 여성의 재현으로 볼 수 있다. 자주색, 검은색의 색채 대비나 직선이나 곡선의 실루엣이 만들어 내는 선과 형태의 추상적 효과는 격조 있는 표면에 장식적인 효과를 강조해 이 작가의 타고난 감각을 잘 드러낸다.

　호남화단에서는 허련의 손자인 허건(許楗, 1908–1987)이 목포를 중심으로 활약하고 있었다. 그는 1930년 제9회 조선미술전람회에 입선했고 1944년의 마지막 전람회에서는 「목포일우」(木浦一隅, 1944)로 총독상을 받기도 했다. 그는 호남화단에 뿌리 깊은 남종화를 이어 갔지만 사생을 바탕으로 채색을 사용하면서 근대적인 감각을 표현하고자 해, 광주를 중심으로 한 화단을 이끌었던 허백련의 고답적인 화풍과는 달랐다. 「목포교외」(1942)는 멀리 보이는 산과 대비해 전경에 확대된 산 둔덕에 오밀조밀 모여 있는 초가집과 밭, 야산의 나무들을 세밀하게 묘사한다.**fig.40** 그는 담황색과 섬세한 필선으로 부드러운 질감을 주는 독자적인 화풍을 완성하고 있다.

1941년에는 조선신미술가협회가 결성되었다. 이쾌대(李快大, 1913–1965), 이중섭, 문학수, 최재덕(崔載德, 1916–?), 김학준(金學俊, 1911–?), 진환(陳瓛, 본명은 진기용[陳鎮用], 1913–1951), 김종찬(金宗燦) 등 일곱 명이 모여 도쿄의 긴자에서 창립전을 가졌고, 같은 해에 신미술가협회로 개명해 경성의 화신화랑에서 다시 그룹전을 열었다. 이 그룹은 그 후 윤자선(尹子善, 1918–?)과 홍일표(洪逸杓, 1917–2002)가 합류해 4회까지 전시회를 진행하다 1944년에 해산되었다. 이쾌대를 중심으로 주로 제국미술학교 출신이 많았던 이 그룹은 공통의 양식을 추구하기보다는 독자적인 개성을 강조했다.

　이쾌대는 신미술가협회의 중심이었다. 그는 이 무렵 「무희의 휴식」(1937)이나 「상황」(1938)에서 한복을 입은 여성을 주제로 작품을 여러 점 제작했는데 아마도 동양화가이면서도 전통 복식을 연구하고 있었던 형 이여성의 영향을 받은 것으로 보인다. 이쾌대가 1941년에 그린 「부녀도」는 유화이지만 담채와 같은 옅은 채색과 윤곽선을 강조해 조선시대 신윤복의 미인도 등을 자세히 연구한 것으로 보인다.**fig.41** 그는 조선 회화의 선의 흐름과 공간의 평면성에 주목했다. 「부녀도」에서 여인들의 배경에 병풍을 쳐 공간을 압축시켜 얕게 평면화하는 양식은 일본의 신일본주의 미술 작품에서 많이 사용하던 방법이기도 하다.[54]

　「부인도」(1943)에서도 한복을 입은 여성이 중앙에 자리 잡고 배경에는 말이 달리고 새가 날아다니는 풍경이 그려져 깊은 공간이 부정된다.**fig.42** 섬세하게 선을 강조해 표현된

여성의 자세는 르네상스 시기의 초상화에서 흔히 사용하던 정점이 위에 있는 삼각형 구성을 따랐는데 이 구도는 후일 그의 1948년도 「자화상」에도 사용되고 있다. 이쾌대의 이러한 작품들은 동양과 서양의 요소를 융합하려는 시도로 풀이되지만 당시에는 좋은 평을 받지는 못했다. 윤희순은 「부인도」가 "화면이 산만하여 상(想)의 초점을 알 수 없을 뿐 아니라 회화적인 색채의 미나 형(形)의 미(美)도 이루지 못하였다"고 비판했고 정현웅도 동양적인 것을 의도하는 것 같은데 너무 피상적이라고 지적하면서 재능을 살려 자중하기 바란다고 충고했다.[55]

　월북 작가로 알려진 최재덕의 현존하는 작품은 「한강의 포플러 나무」(1940)이다.**fig.43** 부유한 지주의 아들이었던 그의 그림은 섬세한 색채 구사와 서정적인 분위기가 높이 평가되었다. 「한강의 포플러 나무」는 포플러가 거의 전 화면에 걸쳐 있어 관람자의 시선은 건너편 한강 밖으로 가지 못하고 계속 표면에 머무르게 된다. 이 작품에서는 그가 평면성을 강조하면서 추상미술에 가깝게 접근하고 있음을 보인다.

　최재덕을 비롯한 신미술가협회 회원들이 가장 많이 그린 주제는 소, 말, 새 등의 동물이었다. 문학수는 말을, 이중섭은 소, 말, 새 등을 주요 소재로 그렸지만 이러한 동물들은 최재덕과 진환의 작품에도 많이 등장한다. 소는 인내심과 강인한 생명력으로 민족의 상징이었다. 진환은 「날개 달린 소와 소년」(1940년대)을 그렸는데, 날개가 달린 환상적인 소와 그 옆에 소 등에 올라탄 소년은 신화적인 상징성이 있을 것으로 추측되지만 그 정확한 의미를 파악하기는 어렵다.**fig.44**

　경성의 화단에서 멀리 떨어진 강원도의 양구와 춘천 등에서는 후일 한국 화단에서 주목받게 되는 화가가 작품에 몰두하고 있었는데 바로 박수근(朴壽根, 1914–1965)이었다. 어려서 프랑스의 화가 밀레의 작품을 화집에서 보고 그와 같은 화가가 되기를 기도했다는 박수근이 처음 시도한 것은 인상주의 화풍이었다. 조선미술전람회의 첫 입선작 「봄이 왔다」(1932)는 기와집이 있는 농가를 배경으로 빨랫줄에 옷가지를 걸고 있는 여인과 놀고 있는 아이가 보이는 사실적인 풍경화였다. 이후 박수근을 사로잡은 주제는 그가 늘 보던 농촌 여인의 가사 노동이었다. 밀레의 작품처럼 그는 자연의 질서에 따라 인내하며 살아가는 농민의 소박한 삶의 진실성을 화면에 옮기고자 했다.[56] 박수근의 여인은 아이를 업고 있기도 하지만 대부분 혼자 등장한다. 절구질이나 맷돌질을 하는 클로즈업된 여인들은 모두 고개를 숙이고 얼굴이 보이지 않는다. 마치 박수근에게 여인은 한 인물로서 존재한다기보다 노동하는 대상인 것처럼 보인다.

　절구질하는 여인은 박수근이 가장 많이 그린 주제 중 하나로 여러 제목으로 제작되었다. 그중 하나가 제15회

54
야마나시 에미코, 「국립중앙박물관 소장 이왕가 구장 일본서양화에 관하여」, 『일본근대미술 서양화편』, 195.

55
윤희순, 「신미술가협회전」, 『국민문학』, 1943년 6월, 122-123; 정현웅, 「신미술가협회전」, 『조광』, 9권, 1943년 6월, 98-100.

56
김영나, 「박수근과 밀레」, 『박수근, 봄을 기다리는 나목』, 전시 도록(서울: 국립현대미술관, 2021), 62-71.

fig. 39
천경자, 「노부」, 1943, 종이에 수묵 담채, 118×146cm. 리움미술관 소장.

fig. 40
허건, 「목포교외」, 1942, 종이에 수묵 채색, 137×171.5. 국립현대미술관 소장.

fig. 41
이쾌대, 「부녀도」, 1941, 캔버스에 유채,
73×60.7cm. 개인 소장.

fig. 42
이쾌대, 「부인도」, 1943, 캔버스에 유채,
70×60cm. 개인 소장.

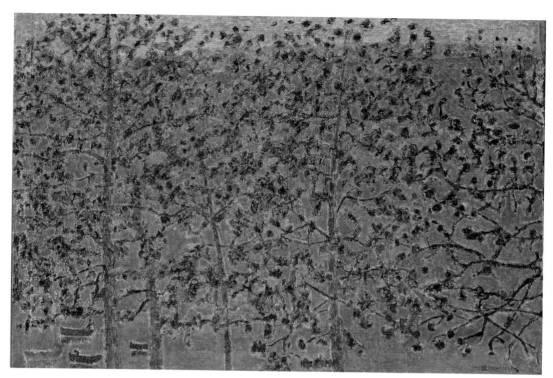

fig. 43
최재덕, 「한강의 포플러 나무」, 1940,
캔버스에 유채, 65×91cm. 개인 소장.

fig. 44
진환, 「날개 달린 소와 소년」, 1930-
1940년대, 종이에 채색, 30×22.5cm.
국립현대미술관 소장.

조선미술전람회의 입선작 「일하는 여인」(1936)으로 배경이나 주변의 대상을 세밀히 관찰하고 삼차원의 공간을 강조하는 사실적인 그림이다. 그러나 2년 후에 제작한 「농가의 여인」(1938)에서는 주변 배경을 생략하고 여인과 절구에 집중하고 있다.fig.45 박수근은 이처럼 절구질하는 여인의 모티프를 여러 작품에서 반복해서 그렸는데 그가 많이 수집한 조선의 풍속을 찍은 사진 엽서들을 주로 참고한 것으로 보인다. 그러나 그는 화단에는 거의 알려지지 않았고 작품도 높이 평가받지 못했다. 예를 들면 김복진은 「농가의 여인」에 대해 "백흑조의 계음이 적절하나 이와 같은 습작은 안이하며 좀 더 변화를 보였으면 한다"는 지적을 하였다.[57]

해방 후에도 박수근은 농촌의 가사 노동을 하는 여인들을 반복해서 그렸다. 그러나 이 무렵부터 그의 독자적인 양식의 모색이 시작되었다. 색채는 모노톤에 가까운 황갈색으로 일관되게 처리되고, 화면이 거친 질감으로 덮이고 있으며, 형태는 입체적이라기보다 윤곽선으로 규정하면서 그의 화풍은 더욱 과감해지고 있었다.

1945년 8월 15일 일제는 연합군에 무조건 항복했고 한국은 해방되었다. 그러나 해방의 기쁨도 잠시 연합국의 일원이었던 미국과 소련이 한국의 남과 북으로 각각 들어와 군정이 시작되었다. 1948년 8월 15일에 남한에는 이승만(李承晩, 1875-1965)을 대통령으로 선출한 대한민국 정부가, 그리고 1948년 9월 9일에 북한에는 김일성(金日成, 1912-1994)을 내각수반으로 하는 조선민주주의인민공화국이 들어섰다. 이러한 정치적 상황에서 미술가들도 격동의 역사와 혼란에 휩쓸리지 않을 수 없었다. 해방된 지 사흘 만인 8월 18일에 문화인들이 모여 조선문화건설중앙협의회를 결성하면서 그 산하에 조선미술건설본부를 두었고 본부장은 고희동이 맡았다. 여기에 친일 미술가로 낙인이 찍힌 김은호, 이상범, 김기창, 김인승, 김경승, 심형구, 윤효중 등은 제외되었다. 이후 계속된 좌우익의 정치적인 갈등은 미술가들이 쉽게 자신의 작업에 열중할 수 없게 만들었다.

그럼에도 불구하고 1945년 전후에도 주목할 만한 작품들은 나왔다. 일상적이거나 사회적인 주제에 관심을 가졌던 이응노는 「시장」(1940년대)에서 아기를 안고 있거나 장바구니를 들고 있는 여인들, 장사꾼들과 물건을 사는 사람들이 잔뜩 몰려 있는 장면을 그렸다. 인물의 크기를 원경으로 갈수록 점점 작아지게 하고 무채색인 배경의 산과 대비해 앞의 인물들을 짙은 색채로 그려 다양한 원근법을 적용하고 있다. 남녀노소가 만세를 부르고 일본 순경과 대치하는 「3.1 운동」(1946)은 드물게 당대의 사건을 주제로 그린 일종의 역사화라고 할 수 있다.fig.46 이쾌대의

「해방고지」(1948) 역시 절망과 실의에 빠져 있던 군중에게 해방을 알리면서 흥분과 희열에 찬 감정 표현과 운동감의 극적인 구성으로 이제까지 시도되지 않았던 군상의 주제를 성공적으로 완성했다.fig.47

하나의 국가를 다시 이루고자 하는 노력과 희망은 그러나 1950년 한국전쟁의 발발로 사라지고 말았다. 1940년대 말에서부터 한국전쟁 기간에 많은 작가들이 월북 내지 월남하는 이동을 겪어야 했다. 월북 작가로는 배운성, 이여성, 김용준, 김주경, 이쾌대, 길진섭, 정종여, 정현웅, 조규봉 등이 포함되었다. 월북의 이유에는 자신의 신념에 따라 움직인 사람도 있겠지만 가족이나 지인과의 관계 때문에, 또는 자의건 타의건 전쟁 기간 공산 치하에서 협력한 문제 등 여러 가지가 있었다고 보인다. 반면 이중섭, 김병기, 최영림, 박수근 등은 남쪽으로 내려왔고, 혼란 속에서 이인성, 진환은 우발적인 사고로 세상을 떠났다. 이러한 일련의 상황은 미술계에 국한된 것이 아니라 거의 모든 분야에서 일어난 일이었다.

해방 후 80년 가까운 시간이 지난 오늘날에도 한국은 아직 분단국가로 남아 있고, 그동안 남쪽과 북쪽의 미술 활동은 서로 완전히 다른 방향으로 전개되었다. 남쪽에 있는 미술가들은 해방 후 신설된 미술대학에서 교편을 잡고 새로운 세대를 양성하거나, 더 큰 세계에서 공부하기 위해 유럽이나 미국으로 떠나기도 했다. 미술계에서는 한국인의 정체성에 대한 주장이 견고해지면서 채색화는 일본색에 오염되었다고 배척당했고 전통 수묵화가 부각되었다. 무엇이 한국적인 것인가에 대한 집착은 식민지를 겪은 후에 나타나는 증후로도 보이는데 이후 현대미술의 중요한 쟁점이 되었다. 혼란이 어느 정도 정리된 1950년대 후반부터는 그동안 변화한 세계 미술의 흐름이 미술가들을 사로잡았고 추상미술이 대세가 되었다. 이와는 반대로 전후 북한이 채택한 미술의 방향은 소련의 사회주의 사실주의였고 신설된 평양미술대학에서도 러시아 미술은 정규 과목이었다. 이렇게 분단 상황이 계속되면서 한국과 북한의 미술계는 점점 더 공통점을 찾기 어렵게 되었고 마치 서로 다른 세계에 있는 것처럼 보인다. 그럼에도 불구하고 한국 근현대 미술사는 남과 북의 미술이 모두 서술되지 않고는 완결되었다고 할 수 없을 것이다.

57
박수근미술관 편, 『새로 보는 박수근:
박수근 100장면』(서울: 수류산방, 2015),
84에서 재인용.

fig. 45
박수근, 「농가의 여인」, 1938.
© 박수근연구소.

fig. 46
이응노, 「3.1 운동」, 1946, 종이에 수묵
담채, 50×61cm. 개인 소장.© Lee Ungno
/ ADAGP, Paris − SACK, Seoul, 2023.

해방 전후의 미술

fig. 47
이쾌대, 「해방고지」, 1948, 캔버스에 유채,
181×222.5cm. 개인 소장.

'98 건축문화의 해 조직위원회, 국립현대미술관 편.『한국건축 100년』. 전시 도록. 서울: 피아, 1999.

'98 사진영상의 해 조직위원회, 예술의전당 편.『한국사진역사전』. 전시 도록. 서울: 연우, 1998.

『광장 : 미술과 사회 1900-2019』. 전시 도록. 서울: 국립현대미술관, 2019.

강민기 외.「한국근현대 미술 연구의 궤적과 현황」.『한국근현대미술사학』24집(2012): 7-126.

국립현대미술관 편.『근대를 보는 눈 – 한국근대미술: 수묵채색화』. 전시 도록. 서울: 삶과 꿈, 1998.

국립현대미술관 편.『한국미술 1900-2020』. 서울: 국립현대미술관, 2021.

국사편찬위원회 편.『근대와 만난 미술과 도시』. 한국문화사 21. 서울: 두산동아, 2008.

권행가 외.『시대의 눈: 한국근현대미술가론』. 서울: 학고재, 2011.

김영나 편.『한국근대미술과 시각문화』. 서울: 조형교육, 2002.

김영나.『20세기의 한국미술』. 서울: 예경, 1998.

──── .『20세기의 한국미술 2: 변화와 도전의 시기』. 서울: 예경, 2010, 개정판 2014.

김윤수 외.『한국미술 100년』. 전시 도록. 파주: 한길사, 2006.

김진송.『서울에 딴스홀을 허하라: 현대성의 형성』. 서울: 현실문화연구, 1999.

부산근대역사관 편.『사진엽서로 떠나는 근대기행』. 전시 도록. 부산: 부산근대역사관, 2003.

석남고희기념논총간행위원회 편.『한국현대미술의 흐름』. 서울: 일지사, 1988.

이경민.『경성, 사진에 박히다: 사진으로 읽는 한국 근대 문화사』. 서울: 웅진씽크빅, 2008.

이구열.『근대한국미술사의 연구』. 서울: 미진사, 1992.

──── .『근대 한국화의 흐름』. 서울: 미진사, 1984.

──── .『우리 근대미술 뒷 이야기』. 파주: 돌배게, 2005.

이구열 외.『근대한국미술논총』. 청여 이구열 선생 회갑기념논문집. 서울: 학고재, 1992.

최열.『한국근대미술의 역사』. 서울: 열화당, 1997.

최인진.『한국사진사 1631-1945』. 서울: 눈빛, 1999.

『한국근대회화 선집』. 양화. 1-13권. 서울: 금성출판사, 1990.

『한국근대회화 선집』. 한국화. 1-13권. 서울: 금성출판사, 1990.

한국근현대미술사학회 외.『한국근현대미술사의 복원, 북으로 간 미술가들 저작목록』. 대전: 국립문화재연구소, 2020.

한국미술사학회.『근대미술의 대외교섭』. 서울: 예경, 2010.

한국미술연구소 편.『조선미술전람회기사자료집』.『미술사논단』8호 별책 부록. 1994.

──── . 한국의 미술가 총서. 서울: 삼성문화재단, 1997-1999.

홍선표.『한국근대미술사: 갑오개혁에서 해방시기까지』. 서울: 시공사, 2009.

Kyunghee-Pyun and Jungah Woo, eds. *Interpreting Modernism, Fluidity and Fragmentation*. New York and London: Routledge, 2021.

Kim, Youngna. *Tradition, Modernity and Identity, Modern and Contemporary Art in Korea*. Elizabeth, NJ: Hollym Publisher, 2005.

──── . *20th Century Korean Art*. London: Laurence King, 2005.

──── . "Urban Space and Visual Culture: The Transformation of Seoul in the Twentieth

Century." In *A Companion to Asian Art and Architecture*. Edited by Deborah Hutten and Rebecca M. Brown. Wiley Blackwell Companions to Art History. Blackwell, 2011. 153–177.

———. "Korea's Search for a Place in Global Art History." *Art Bulletin*. March, 2016. 7–13.

———. "Where We've Been and Where We are Going: Korean Art History and Museums." In *Art of Korea, Histories, Challenges and Perspectives*. Edited by Jason Steuber and Allysa Peyron. University of Florida Press, 2018. 6–17.

金英那. 『韓國近代美術の100年』. 東京: 三元社, 2011.

———. 「韓國美術におけろ近代模範とすびきあろいわ超克すびきモデルとしでの西洋」. 『日本におけろ外來美術の受容に關する조사 研究報告書』. 東京文化財研究所, 2006. 293–300.

1부

『1883 러시아 청년 사바틴, 조선에 오다』. 전시 도록. 문화재청, 2020.

국립고궁박물관 편. 『100년 전의 기억, 대한제국』. 전시 도록. 서울: 국립고궁박물관, 2010.

———. 『창덕궁 대조전 벽화』. 전시 도록. 서울: 국립고궁박물관, 2015.

국립중앙박물관 편. 『근대서화: 봄, 새벽을 깨우다』. 전시 도록. 서울: 국립중앙박물관, 2019.

국립현대미술관 편. 『근대를 보는 눈 – 한국근대미술: 공예』. 전시 도록. 서울: 얼과알, 1999.

———. 『대한제국의 미술: 빛의 길을 꿈꾸다』. 전시 도록. 서울: 국립현대미술관, 2018.

권행가. 『이미지와 권력, 고종의 초상과 이미지의 정치학』. 파주: 돌베개, 2015.

김영나. 「박람회라는 전시 공간, 1893년 시카고만국박람회와 조선관 전시」. 『서양미술사학회 논문집』 13집(2000): 75–111.

김예진. 『관재 이도영의 미술활동과 회화세계』. 박사 논문, 한국학중앙연구원, 2013.

김정신. 『한국의 교회건축』. 미세움, 2012.

목수현. 『태극기, 오얏꽃, 무궁화: 한국의 국가 상징 이미지』. 서울: 현실문화A, 2021.

박소현. 「제국의 취미, 이왕가미술관과 일본의 박물관 정책」. 『미술사논단』 18호(2004): 143–169.

안창모. 『덕수궁, 시대의 운명을 안고 제국의 중심에 서다』. 파주: 동녘, 2009.

엄승희. 『일제강점기 도자사 연구』. 서울: 경인문화사, 2014.

윤세진. 「근대적 미술담론의 형성과 미술가에 대한 인식」. 『한국근대미술과 시각문화』. 서울: 조형교육, 2002. 57–84.

이경민. 『우리 사진의 역사를 열다』. 서울: 한미사진미술관, 2006.

이성시. 「조선총독부의 고적조사와 총독부박물관」. 『미술자료』 87호(2015): 23–57.

정지희. 『20세기 전반 한국 은공예품 연구』. 박사 논문, 고려대학교, 2016.

진경돈, 박미나. 「1900년 파리만국박람회 한국관의 건축 경위 및 건축적 특성에 관한 연구」. 『한국실내디자인학회논문집』 17집, 4호(2008): 11–22.

최경현. 「육교시사를 통해 본 개화기 화단의 일면」. 『한국근대미술사학』 12집(2004): 215–253.

최지혜. 『한국 근대 전환기 실내공간과 서양 가구에 대한 고찰: 석조전을 중심으로』. 박사 논문, 국민대학교, 2018.

한국 박물관 100년사 편찬위원회 편. 『한국박물관 100년사 1909–2009』. 서울: 국립중앙박물관, 한국박물관협회, 2009.

홍선표. 「19세기 여항문인들의 회화활동과 창작성향」. 『미술사논단』 1호(1995): 191–219.

———. 「한국개화기의 삽화연구: 초등교과서를 중심으로」. 『미술사논단』 15호(2002): 257–293.

2부

강민기. 『근대전환기 한국화단의 일본화 유입과 수용』. 박사 논문, 홍익대학교, 2004.

국립중앙박물관 편. 『국립중앙박물관 소장 일제강점기 공공건물 벽화』. 서울: 국립중앙박물관, 2018.

국립중앙박물관 편. 『일본근대미술: 일본화편』. 서울: 국립중앙박물관, 2001.

국립현대미술관 편. 『구한말 미국인화가 보스가 그린 고종황제 초상화특별전시』. 전시 도록. 서울: 통천문화사, 1982.

김소연. 「한국 근대 '동양화' 교육 연구」. 박사 논문, 이화여자대학교, 2012.

김승익. 「1910–1930년대 재한화가들의 조선미술전람회에 대한 논의」. 『한국근현대미술사학』 27집(2014): 65–86.

김영나. 「서양화의 출발점, 한국의 인상주의」. 『근대미술연구』 3권. 서울: 국립현대미술관, 2005. 96–182.

———. 「선망과 극복의 대상: 한국근대미술과 서양미술」. 『서양미술사학회 논문집』 23집(2005): 89–123.

———. 「전통과 현대 사이에서, 첫 번째 서양화가 고희동」. 『20세기의 한국미술 2, 변화와 도전의 시기』. 개정판. 서울: 예경, 2014. 51–65.

———. 「한국근대서양화의 대외교섭」. 『근대미술의 대외교섭』. 한국미술사학회 편. 서울: 예경, 2010. 65–82.

———. 「한국근대조각의 흐름과 성격」. 『미술사학』 8호(1994): 45–70.

김용철. 「도쿄미술학교의 입학제도와 조선인 유학생」. 『동악미술사학』 6호(2005): 51–64.

김이순. 「한국근현대미술에서 '조각' 개념과 그 전개」. 『한국근현대미술사학』 22집(2011): 36–53.

김정선. 「조선총독부 벽화에 관한 고찰」. 『미술사논단』 26호(2008): 141–170.

김주영. 『일제시대의 재조선 일본인 화가연구: 조선미술전람회 입선 작가를 중심으로』. 석사 논문. 서울대학교, 2000.

서울대학교 박물관. 『춘곡 고희동 40주기 특별전』. 전시 도록. 서울: 서울대학교 박물관, 2005.

윤범모. 『김복진 연구』. 서울: 동국대학교 출판부, 2010.

이중희. 「조선미술전람회 창설에 대하여」. 『한국근대미술사학』 3집(1996): 94–146.

정호진. 「조선미술전람회제도에 관한 연구」. 『미술사학연구』 205호(1995): 21–48.

조은정. 「서화협회전 운영에 대한 연구」. 『한국근현대미술사학』 29집(2015): 136–159.

최공호. 「공예, 모던의 선택과 문명적 성찰: 용어 사용 이후의 위기와 어젠더」. 『한국근현대미술사학』 22집(2011): 23–35.

키타 에미코(喜多惠美子). 「한일 프롤레타리아 미술운동의 교류에 관하여」. 『미술사논단』 12호(2001): 59–81.

———. 「수원 프롤레타리아 미술전람회를 통해 본 미술개념」. 『한국근대미술사학』 11집(2003): 77–108.

3부

강상훈. 『일제강점기 근대시설의 모더니즘 수용』. 박사 논문. 서울대학교 공과대학, 2004.

국립현대미술관 편. 『미술이 문학을 만났을 때』. 전시 도록. 서울: 국립현대미술관, 2021.

국립현대미술관 편. 『신여성 도착하다』. 전시 도록. 서울: 국립현대미술관, 2017.

권행가. 「1930년대 고서화전람회와 경성의 미술시장: 오봉빈의 조선미술관을 중심으로」.

『한국근현대미술사학』 19집(2008): 163-189.

―――. 「자유미술가협회와 전위 사진: 유영국의 경주 사진을 중심으로」. 『미학예술학 연구』 51집(2017): 159-200.

김미금. 『배운성의 유럽체류시기 회화 연구 1922-1940』. 석사 논문, 홍익대학교, 2003.

김상엽. 「경성의 미술시장과 일본인 수장가」. 『한국근현대미술사학』 27집(2014): 155-175.

김영나. 「논란 속의 근대성: 한국 근대 시각미술에 재현된 신여성」. 『미술사와 시각문화』 2권(2003): 8-37.

―――. 「1930년대의 전위그룹전 연구」. 『20세기의 한국미술』. 서울: 예경, 1998. 63-114.

김이순. 「제국일본의 식민지배와 공공기념물」. 『한국근현대미술사학』 34집(2017): 7-34.

김현숙. 「이중섭 예술의 양식 고찰: 고구려 고분벽화의 영향을 중심으로」. 『한국근대미술사학』 5집(1997): 36-75.

목수현. 「1930년대 경성의 전시 공간」. 『한국근현대미술사학』 20집(2009): 97-116.

서유리. 『시대의 얼굴, 잡지 표지로 보는 근대』. 서울: 소명출판, 2016.

오윤정. 「경성의 모더니스트와 다방 낙랑파라」. 『한국근현대미술사학』 33집(2017): 33-56.

이지희. 『1920-30년대 파리 유학 작가 연구: 유학 배경 및 유학지에서의 활동을 중심으로』. 석사 논문, 서울대학교 미술대학, 2011.

조윤경. 『장발의 생애와 작품 활동에 대한 연구: 가톨릭 성화를 중심으로』. 석사 논문, 서울대학교 미술대학, 2000.

Kim, Youngna. "Artistic Trends in Korean Painting during the 1930s." In *War, Occupation and Creativity, Japan and East Asia 1920–1960.* Edited by Thomas Rimer and Marlene Mayo. Honolulu: University of Hawaii Press, 2001. 121–146.

Lee, Jungsil Jenny. "Modernity through Tradition: 'Korean' Ink Paintings by Ku Ponung (1906–1953)." *Artibus Asiae*, vol. LXXXI, no. 1 (2021): 79–119.

松岡 とも子. 韓國近現代畫家金煥基の南北分斷體驗と制作: 1950年代におけるモチーフの變遷と時代性に着目して. 博士學位論文, 總合硏究大學院 大學文化科學硏究科 地域文化學 專攻, 2022.

4부

강민기. 「1930-1940년대 한국동양화가의 일본화풍의 전개와 수용」. 『미술사논단』 29호(2009): 223-248.

권행가. 「컬렉션, 시장, 취향: 이왕가미술관, 일본근대미술컬렉션 재고」. 『미술자료』 87호(2015): 186-208.

김영나. 「이인성의 향토색: 민족주의와 식민주의」. 『미술사논단』 9호(1999): 191-225.

―――. 「이인성의 성공과 한계」. 『이인성』. 한국의 미술가. 서울: 삼성문화재단, 1999. 29-45.

―――. 「한국미술사의 태두 고유섭: 그의 역할과 위치」. 『미술사 연구』 16권(2002): 503-518.

김현숙. 『한국근대미술에서의 동양주의 연구: 서양화단을 중심으로』. 박사 논문, 홍익대학교, 2001.

『동양을 수집하다: 일제강점기 아시아 문화재의 수집과 전시』. 전시 도록. 서울:국립중앙박물관, 2014.

목수현. 「한국박물관 초기 설립과 운용」. 『일본근대미술 일본화편』. 국립중앙박물관 편. 서울: 국립중앙박물관, 2001. 191-201.

브란트, 킴(Brandt, Kim). 「욕망의 대상: 일본인 수집가와 식민지 조선」. 이원진 옮김. 『한국근대미술사학』 17집(2006): 231-316.

야마나시 에미코. 「작풍과 미술 개념 수용의 관점에서 고찰한 이왕가컬렉션」. 『미술자료』 87호(2015): 128–151.

윤범모. 「항일미술과 친일미술」. 『한국근대미술사학』 7집(1999): 214–240.

――――. 「신미술가협회 연구」. 『한국근대미술사학』 5집(1997): 76–142.

윤세진. 「현실과 예술, 그 '사이'의 비평: 김용준의 20–30년대 비평연구」. 『한국근대미술사학』 17집(2006): 47–70.

장상훈. 「일제의 박물관 운영과 동양문화재 수집, 그 제국주의적 기획」. 『동양을 수집하다』. 전시 도록. 서울: 국립중앙박물관, 2014. 178–187.

조선미. 「柳宗悅의 한국미술사관」. 『미술사학보』 1집(1989): 151–187.

Kim, Youngna. "Yi In-sung's Local Colors: Nationalism or Colonialism." *Oriental Arts*, vol. XLVI, no. 4 (2000): 20–30.

――――. "The Achievements and Limitations of Ko Yu-seop, A Luminary in Korean Art History." *Archives of Asian Art*, vol. 60 (2010): 79–87.

찾 아 보 기

한국의 미술들: 개항에서 해방까지
김영나 지음

초판 1쇄 발행. 2024년 1월 2일
2쇄 발행. 2024년 7월 18일

편집. 박활성, 이동휘
디자인. 워크룸
제작. 세걸음

발행. 워크룸 프레스
서울시 종로구 자하문로19길 25, 3층
전화. 02-6013-3246
workroom@wkrm.kr
www.workroompress.kr

ISBN 979-11-93480-08-3 03600
38,000원

김영나

서울대학교 고고미술사학과 명예교수, 전 국립중앙박물관 관장.
미국 펜실베이니아주 뮬렌버그 대학교를 졸업하고 오하이오
주립대학교에서 박사 학위를 받았다. 덕성여자대학교와
서울대학교 고고미술사학과 교수로 재직했고 도쿄대학과 하버드
대학교 객원 연구원으로 활동했다. 서양미술사학회, 미술사와
시각문화학회, 미술사교육연구회, 한국근현대미술사학회 회장,
서울대학교박물관 관장을 역임하는 한편, 2011년부터 2016년까지
국립중앙박물관을 이끌며 연구, 전시, 교육 분야에서 박물관을
세계적인 수준으로 끌어올리는 데 기여했다.

저서로 『조형과 시대정신』, 『서양현대미술의 기원』, 『20세기의
한국미술』, 『1945년 이후 한국 현대미술』, 『Twentieth Century
Korean Art』, 『Modern and Contemporary Art in Korea: Tradition,
Modernity and Identity』, 『韓國近代美術の100年』 등이 있다.